# 囚徒健身

## 用失传的技艺练就强大的
## 生存实力

〔美〕保罗·威德◎著
谷红岩◎译

视频升级版

北京科学技术出版社

CONVICT CONDITIONING

Copyright © 2009 Paul "Coach" Wade published by Dragon Door Publications

Little Canada, MN 55164, USA

www.dragondoor.com

Translation Copyright © 2020 by Beijing Science and Technology Publishing Co., Ltd.

All rights reserved.

著作权合同登记号　图字：01-2012-5303

## 图书在版编目（CIP）数据

囚徒健身:视频升级版 /（美）保罗·威德著 ；谷红岩译. -- 北京 ：
北京科学技术出版社，2020.10（2025.8重印）
书名原文: Convict Conditioning
ISBN 978-7-5714-0908-1

Ⅰ．①囚… Ⅱ．①保… ②谷… Ⅲ．①男性－健身运动－基本知识 Ⅳ．①G883

中国版本图书馆CIP数据核字(2020)第080527号

| | |
|---|---|
| 策划编辑：孔　倩 | 电　　话：0086-10-66135495（总编室） |
| 责任编辑：田　恬 | 0086-10-66113227（发行部） |
| 责任校对：贾　荣 | 网　　址：www.bkydw.cn |
| 图文制作：邓　波 | 印　　刷：北京宝隆世纪印刷有限公司 |
| 责任印制：李　茗 | 开　　本：720mm×1000mm　1/16 |
| 出 版 人：曾庆宇 | 字　　数：300千字 |
| 出版发行：北京科学技术出版社 | 印　　张：17 |
| 社　　址：北京西直门南大街16号 | 版　　次：2020年10月第1版 |
| 邮政编码：100035 | 印　　次：2025年8月第10次印刷 |
| ISBN 978-7-5714-0908-1 | |

定价：98.00元

献给梅拉尼 • 奥尔特（Melanie Shoshana Ault），一位值得我去赴汤蹈火的女士。

# 声 明

没有健康，体格和力量便毫无意义。只要你的锻炼方式正确，这三者自然会同步发展。锻炼者的个人情况各不相同，需要也千差万别，但本书处处都在强调安全锻炼的重要性。小心行事，对自己负责——你有责任好好照顾自己的身体。所有医学专家都认为，锻炼者在根据计划开始锻炼之前应该先咨询医生。切记：安全为上！

本书并非传记，书中介绍的人物及他们的姓名、故事和生活环境或有所变动，或已经全部改变。不过书中的锻炼技巧、锻炼方法、锻炼理念等都依然可靠。只要付诸行动，你一定会出类拔萃。

# 中文版序

本书首次在美国出版，至今已有多年，此间有诸多愉快的经历，真是三生有幸。近来最大的荣耀则是得知本书要译成中文出版。

我和许多西方人一样，都对中国文化（尤其是中国人在人体运动方面发展出的那些精妙系统）怀有敬畏之心。确切地说，中国人深谙"体操运动"的真正价值已有数千年之久。中国人对体育训练（包括武术与现代运动）的诸多贡献，便是最好的证明。"身体智慧"深深地植根于中国文化中，因此，运用我的方法来锻炼，中国读者有先天优势。

通常来说，美国人对待身体训练的态度与中国人迥异。他们都钟爱能够使运动变得更加容易的大大小小的玩意儿：美国人在训练时喜欢用大重量的钢铁、昂贵的器械，以及其他各种类型的设备；如果使用药物和危险的化学药剂能够使运动成绩大幅提高，他们一定会使用。这样做会使训练者的个头看似很大、身体看似很有力，但其付出的代价可谓不菲。采用这些方法练就的体格很不自然——尽管这样的方式能够使训练者变强壮，但这种强壮并不平衡：他们的肌肉僵硬，关节容易受伤；他们动作迟缓，不能迅速或协调地使出自己的力量。

其实有一种方法，让训练者无需忍受关节疼痛或身体不适，便可以练就极致的肌肉力量、惊人的块头以及超强的爆发力。该方法很自然地运用人的自身体重，而不是那些奇形怪状的器械。

很幸运，我在近 20 年的服刑期间学到了这一传统的方法。在没有器械可用的虎狼之地，一代一代的美国囚徒经过实践，发展出了只用自身体重就可以练就极致爆发力与超强力量的高级技巧。我在本书中介绍的就是这些技巧的精髓。

尽管我曾入狱，但希望广大中国朋友能够既往不咎，别太计较我在多年前由于一时糊涂犯下的错。出狱之后，我致力于帮助更多的人达到健康与力量的极致。本书绝无美化监狱之意。恰恰相反，我的使命就是将这些方法带出那个肮脏的所在，使其得见天日，这样人人（而不再仅仅局限于几个阶下之囚）都可以从中受益。

本书在美国出版之后，数以万计的人才发现，其实根本不需要器械、药物或什么奇怪的花招，就可以掌握高水平的运动技能、获得强劲有力的体格。我想你也会发现这条永恒的真理。

我保证：以本书为师，你将与强壮相伴！

保罗·威德

# 前　言

　　1969年的一天，两位和尚正在发表关于冥想和开悟的演讲，而一位年轻气盛的剑桥大学本科生则静静地坐在那里。

　　两位和尚看上去平静而安适，他们的眼睛周围长满了代表幽默的皱纹，好像他们的内心正享受着永恒的快乐，对他们来说无物不美，别无所求。他们的话冲击着那个年轻人的心（基本已荒芜），此时，焦躁不安的情绪充斥着他的大脑。

　　其中一位和尚谈到冥想能带来的精神自由时，打了个比方："你被绑着关在囚室中，但此时你仍然享有精神自由，谁也无法将其夺走。"

　　那个年轻人从座位上气冲冲地站起来，反驳道："怎么可能？监狱就是监狱，束缚就是束缚，被关押起来还谈什么自由？"

　　另一位和尚向生气的年轻人微微一笑，说道："问得好！"他的话中没有半点儿虚情假意，也毫无讽刺之意。随后，两位和尚继续演讲，就像水流流过棱角分明的石块一样。

　　40年后（2009年），这位情绪多变的剑桥学生变得更加智慧，也更加成熟。他经营着一家很有活力的企业——龙门书社（Dragon Door Publications）。这是一家正迅速成长的专门出版健身类书籍的出版社。

　　我要向大家介绍一本书，它是我读过的最令人兴奋的书。这是一本关于监狱的书、关于自由的书、关于生存的书、关于人性的书、关于力量的书。这是一本军人、警察、消防员以及所有想保护他人的人都应该一读的书。这本书适合职业运动员、身材走样的白领、居家主妇和那些想让岁月倒转的人，它还应该在中学和大学里被传阅。总之，这是一本为任何一个寻求超级生存能力的人写的书。

　　本书的作者曾是一名囚徒，在超过20年的时间里，他的自由被剥夺——关押在美国最严酷的几所监狱中。为了简单而残酷的生存需要，他不得不求助于力量。他一无所有，除了自己的身体与心灵。困难重重之下，他选择自我培养，创造了无人能夺的自由——让身心强大的自由。

　　囚徒写的健身书？在业界颇有声望的龙门书社为什么会出版这样的书？这不会有赞颂罪犯之嫌吗？

　　美国的许多顶级健身专家都审阅过本书，且都爱上了里面的内容。事实上很多人都对本书赞不绝口。但同时，他们也因作者的出身而犹豫不决。

　　"囚徒健身？约翰，这本书内容绝顶好，军人应该人手一本，执法人员也要人手一本，父母应该给孩子买一本……可一旦了解到作者的出身，能有几个人愿意读呢？"

　　我承认，我曾动摇过。不是因为内容，而是因为作者的经历。难道我就因为这一点而低估广大读者的宽容度、低估作者保罗•威德的信服力吗？成千上万想要寻求力量的人，会因作者的出身就将本书弃之不顾吗？难道要把这样的好书降格为只有一小部分不介意作者出身的人才能读到的秘籍吗？

我越想越坚信，我们应该出这本书。因为本书正好说明：只有最危险的环境才能催生出最强大的力量训练体系。本书旨在帮助你变得强大，成为一个根本没有人敢侵犯的人。本书能让你获得绝顶的力量，给他人传达明白无误的信号："想都别想！"

还有，本书强调的核心是：无论你被关在多么小的空间之内，无论外界环境如何，强化身体和心灵都是你的自由，任谁都无法剥夺的自由。保罗•威德不但证明了这一点，而且还创作出了一套"你也可以"的训练方法。

翻开书读读，你很快就会发现，本书并不是在赞颂"囚徒"。相反，这本书将使你真心期望自己绝不进那种地方——保罗熬了那么多年的地方。最重要的是，本书将会让你的体能达到一个你原以为不可能的高度。

下面，我们再来考虑另一件事：这些健身知识是一个曾经住过监狱的人传授的，这是否有点儿美中不足呢？假如是警官或健身教练通过使用保罗总结的方法使自己的力量达到了前所未有的水平，那他们是否会因为运用了来自这样一个出身不好的人总结的经验和知识，而让人觉得其行为不检或离经叛道呢？要我说，不会。因为这就违背了本书宣扬的伟大的精神真理：不要评断别人，免得被别人评断。而且也违背了本书的中心思想：任何人都有自我救赎的潜力，不管身处何地。

约翰•杜•凯恩（John Du Cane）
龙门书社首席执行官

# 目　录

## - 第一部分 -

# 预 备

如今提到"健身"与"力量",人们想到的就是那些笨重的、充了气一样的健美运动员,还有健身房、花哨的训练器械、营养补剂和各种药物。

以前并不一直是这样的。

曾经有一段时间,男人们会练出超人的力量,但除了自己的身体之外,他们什么都不用:没有哑铃、杠铃,没有机器,没有蛋白粉,什么都没有。

如果你想了解更多其中的真相,那么读下去……

# 第一章 力量之旅

# 启　程

走进世界上任何一间健身房，你都会发现一堆用类固醇"催肥"、自以为很强壮的家伙——因为他们的臂围可达 45 厘米、他们能卧推起重重的杠铃、他们的身型看上去无比壮硕，尤其是穿上紧身背心或 T 恤衫时。

但是在这些人当中，有多少人**真正强大有力**呢？

- 多少人具有真正的能派上用场的运动能力呢？
- 多少人能俯身来 20 个完美的单臂俯卧撑呢？
- 多少人的脊椎足够强健、灵活、健康，能够后弯腰摸到地板呢？
- 多少人能单靠膝盖和臀部的力量单腿径直下蹲至地面再站起来呢？
- 多少人能抓住高过头顶的横杆来一个毫无瑕疵的单臂引体向上呢？

答案是：

**几乎没有。**

你会发现，今天在任何一家健身房里锻炼的健美者几乎没有一个能完成这些简单的动作。然而，现在的媒体和大众却将健身房里那些身材臃肿的装腔作势之徒视为力与美的象征。

那种体形已经成为公认的终极健康的标志，这在我看来简直荒谬之极。一个人宣称他在健身房里能举起多重的杠铃，这有什么意义？如果他连自己的身体都无法运用自如，那他又怎么配得上"强壮"二字呢？

## 强壮起来

如今，大多数在健身房锻炼的瘾君子都中看不中用。这些人可能有刻意练出的、粗大的四肢，但那种粗大只是来自于肌肉组织，其实他们的肌腱和关节非常弱。让一个大块头做单腿深蹲（屁股挨地的那种）不超过两次，他的膝盖韧带就会难以消受。大多数健身者确实有力量，但他们不会协调地运用自己的力量。如果让他们倒立行走，他们就会摔个嘴啃泥。

那些渴望变得强壮有力的现代人竟然不惜花费不菲的费用去办昂贵的健身卡，而仅仅是为了使用哑铃、杠铃和其他的"玩具"。看到他们，我不知该哭还是该笑。我该笑是因为这是一个完美的骗局，健身业骗了全世界的人，让大家以为没有器械就不能健身。然后，就会有人买下这些器械或以高昂的价格将其出租。而我该哭则是因为这根本就是一出悲剧，普通的健身者（不使用类固醇）年复一年地锻炼，身材变化却微乎其微，甚至还损失了一些真正的运动能力。

　　健身业和大量的广告会不间断地给你洗脑，让你以为没有那些器械就不能健身。但事实上，要想孔武有力根本无需哑铃、拉力器、花哨的器械或其他废物。其实，在不使用任何特殊器械的情况下你完全可以变得像赫拉克勒斯（Hercules）一样力大无穷，真正有力量、有活力。不过，要想开发真正属于自己身体的力量，你先得知道如何去做，你需要正确的方法，真正的技艺。

　　我所说的这种方法其实一直都在。它是在古代传统训练方法的基础上建立的；它历经数百年的时间逐渐形成，并在无数次实践中得到一次又一次的验证；它具有将弱不禁风之人锻造成钢铁战士的超级能力。这就是"升级式体操"——一种运用人类的身体使之发展到极致的技艺。今天，体操被视为一种有氧运动或肌肉耐力训练，不为人重视。但在过去，即20世纪下半叶之前，世界上最强壮的运动员都是通过练习"升级式体操"让自己日复一日、年复一年地变得更强壮、更有力的。

# 被人遗忘的自身体重锻炼

　　很不幸，你在任何健身房都学不到这门技艺。现如今（其实就是最近），绝大多数运动员对此技艺都闻所未闻。上世纪，有诸多新健身法开始流行，它们都要借助一定的健身器材，比如杠铃、哑铃、拉力器或其他新玩意儿。从那时起人们开始幼稚地迷恋于各种器材，这样一来用自身体重锻炼的方法就被无情地挤出了局。有关如何恰当地练习体操的知识，几乎被健身器材制造商的宣传广告挤压得没有一点儿空间。其实那些商人就是想让你相信，没有他们的产品你就没法训练身心。

　　受到这些影响，体操的传统技艺已经降级为"孩子"的健身方法。今天的体操动作包括俯卧撑、引体向上、深蹲等，这些都是很好的练习动作。但是在做这些动作的过程中你没有负重，所以反复做虽然可以提高你的耐力，但不会使你的力量大大增强。真正的传统体操——即"老派"体操——大师，都知道该如何训练才能激发出一个人最大、最纯粹的力量，这种力量远远超过一般健身者通过杠铃或组合器械锻炼出来的。我见过一些通过"老派"体操锻炼的人，他们都强壮有力，甚至能徒手弄断钢制手铐、撕开铁栅栏。如果让他们在墙上打一拳，那足以让砖块碎裂。

　　你想拥有这种"超凡"的身体力量吗?

　　在本书中我会教你如何实现这一目标，不过不是去健身房或者狂做俯卧撑，那样都无法实现你的愿望。只有了解了如何练习"老派"体操，你才能释放自己身体中最原始的力量。

# 我师出何门

很幸运，"老派"体操的那一套还存在，但只存在于那些黑暗的地方。在那里，一个人只有足够强大才可保命，但那里可能根本没有杠铃、哑铃以及其他现代化的健身器械。我说的"那里"就是监狱、拘留所、劳改机构以及不管什么名字，只要是文明人关押粗野之人的地方就行。

我叫保罗·威德，说来惭愧，我对监狱生活了如指掌。1979 年，我第一次犯罪便进了圣昆汀（San Quentin）州立监狱，此后的 23 年中，有 19 年我都是在美国几所管教极为严酷的监狱中度过的，其中包括安哥拉监狱（又名安哥拉劳改营，Angola Penitentiary）和马里恩监狱 (Marion)——残酷程度与"人间地狱"恶魔岛监狱 (Alcatraz) 不相上下。

一排排单人囚室，这是地球上最孤单的地方。

我很了解"老派"体操，或许现在没有人比我知道得更多。在我服刑的最后一段日子中，大家给我起了个绰号"Entrenador"，这是西班牙语，意思是"教练"，因为新来的菜鸟都会到我这里学习如何在很短的时间内变强大。我也因此得到很多人的拥护，并收到他们给的不少好处。我觉得自己受之无愧，因为我的方法行之有效，我能做 12 个自由单臂倒立撑——至今我还没见过有其他人能做到，即使把获得过奥运会体操冠军的运动员也算在内。在监狱中，我们每天轮班干体力活——让囚徒在农场干活是一种减少麻烦的有效手段，一天活干下来人通常会筋疲力尽，自然也就没精神再打扰狱警了。我曾连续6年获得安哥拉监狱俯卧撑／引体向上年度大赛冠军，这项比赛是由一名囚徒创办的。1987年，我还参加了加利福尼亚举重锦标赛并获得了季军，其实我从未接受过举重训练，我只是因为跟人打赌才参加比赛的。多年以来，我始终坚持用自己的方法进行锻炼，我都记不清有多少年了。不过，这套锻炼方法的确让我的身体变得特别健壮。20年来，我不得不与退伍老兵、变态和疯子等为伍。由于生活所迫，这些家伙大都会努力锻炼，但绝大多数都没我强壮。另外，世界上一些颇有成就的运动员其实也曾是罪犯，所以你可能并没有在健身杂志上看到过关于他们的健身方法的介绍。

　　服刑期间，我一直努力使自己变得强壮并保持最好的状态。竭尽全力锻炼，成了我唯一的目标，只不过我不是在舒适的健身房里——周围没有镀铬的健身器械，没有晒得黑黝黝的装腔作势之徒，也没有身裹弹性纤维的妩媚女人。我也不像今天大多数私人教练那样，通过3周的课程就获得教练资格。我绝对不是某些肥猪作家，一辈子没有一天汗流浃背地度过，却拼凑出很多有关健康或健身的书籍。我也不是什么天才运动员。第一次狱中受伤，发生在我22岁生日后的第3周。当时我体重68千克，身高186厘米，我的手臂瘦长，看上去就像烟斗通条，甚至还不及通条结实。有了早些时候的险恶经历，我很快就认识到囚徒们恃强凌弱就像呼吸一样平常，而遭到恐吓更是家常便饭。我不希望自己成为任何人的"婊子"。我认识到要想不成为别人的目标，最安全、最有效的方法就是让自己变强，而且要快。

　　很走运，进到圣昆汀监狱几周之后，我就被安排与一名前海豹突击队员同在一间囚室。他受过军事训练，体形健硕。他教我做一些基本的健身动作，如俯卧撑、引体向上、深蹲。我学到了做这些动作的正确方法，仅仅跟他训练几个月后我的块头就增大了不少。每天在囚室里锻炼，我的体能提升很快，不久之后有些动作便能做上数百个了。我想让自己变得更强大，为了达到这一目标我不遗余力。我向我能找到的每一个人学习，在我的狱友中有体操运动员、军人、举重运动员、习武者、瑜伽练习者、摔跤运动员，甚至还有几位医生。

　　那时，我根本没机会进健身房，我只能在囚室中徒手锻炼。所以，我得尝试各种不同的锻炼方式，努力让自己的身体成为一间健身房。锻炼成了一种"药"，而我也沉浸其中无法自拔。6个月后，我的块头和力量就大有长进。1年之内，我就跻身监狱中身体最强壮者的行列——这全靠传统体操。这种锻炼方法在监狱外早已无人问津，而在监狱里，与之相关的知识却"代代相传"。这是因为对囚徒而言，很少有别的方法可以用——那里既没有普拉提课，也没有跑步机。现在，很多人都在谈论监狱里的健身房，但老实说直到最近几年监狱里才设立了健身房，而且设备也相当破旧。

　　在我的狱友中，有一位名叫乔•哈提根（Joe Hartigen）的无期徒刑犯，是我的良师益友。我认识他时，他已经71岁了，并且已经在狱中度过了30多年。他上了年纪，身上还有很多伤，尽管如此，他还是坚持每天早晨都在囚室里锻炼。他非常强壮，我见过他只用两根食指做负重引体向上，只用一根大拇指做单臂俯卧撑，而他做这些时甚至都不见费力。他比那些所谓的"专家"更了解健身。他那强壮的身体是在 20 世纪上半叶的老式健身房里练出来的，那时大多数人听都没有听过可以更换杠铃片的杠铃。那些家伙大多用自身体重锻炼，他们的锻炼方法如今被视为体操的一部分，而不属于力量训练。当然，他们也使用"器械"，但不是躺在可调节的舒适座椅上，而是要拖拉又大又不规则的物体，如加载重物的桶、铁砧、沙袋或其他人。像这样的负重训练涉及很多与力量有关的重要因素——如抓握耐力、肌腱强度、速度、平衡、协调和野性魄力，这些在现代健身房里都已消失不见了。

　　这种锻炼法竟然可以使老前辈的身体如此强壮。20 世纪 30 年代，乔在圣路易斯与"铁臂阿童木"（The Mighty Atom）共同锻炼。"铁臂阿童木"是有史以来最著名的大力士之一，身高只有 163 厘米，体重约 64 千克。"铁臂阿童木"是一个奇迹，他的日常表演会令众多的现代健美者哭着去找妈妈。他能挣脱铁索、徒手把大钉子钉进松木板里，还能把小钉子咬成两半。1928 年，他仅仅通过拉住了拴在飞机上的一根绳子，就成功地阻止了飞机起飞（他甚至都犯不上用手，只是把绳子系在了头发上）。与现代健身房里的鼠辈不同，"铁臂阿童木"的身体的任何地方都强壮无比，而且他能在任何地方证明这一点。

他所做的另一件令人惊叹的事便是不用工具给小汽车换轮胎——他可以徒手拧开车轮上的螺栓，然后再抬起汽车，把备用轮胎装上。在 20 世纪 30 年代中期，他遭到六个魁梧的货轮装卸工的袭击，结果这六个家伙被收拾得很惨，还

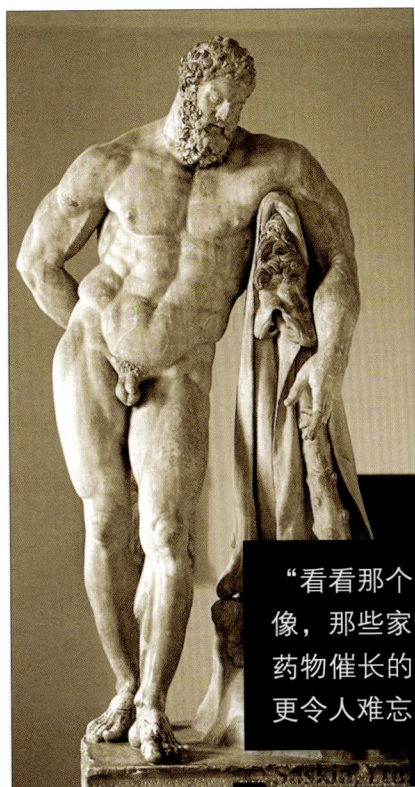

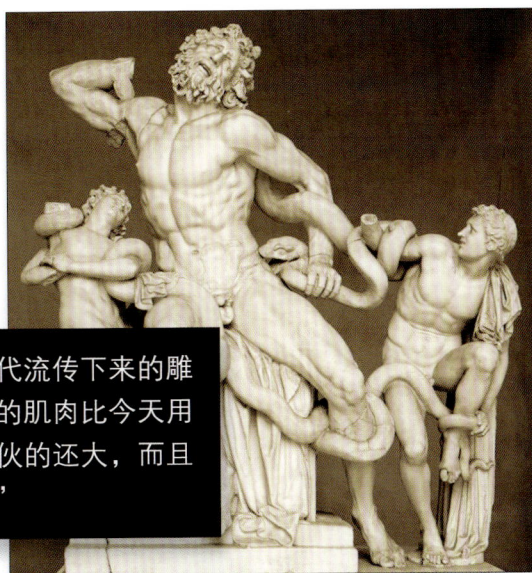

"看看那个时代流传下来的雕像，那些家伙的肌肉比今天用药物催长的家伙的还大，而且更令人难忘。"

进了医院。幸运的是，他本人没有因此而进监狱，因为把铁条像发卡一样弄弯对他来说是再平常不过的事情。这些都是类固醇流行之前那个时代的传奇。"铁臂阿童木"也像乔一样，不需要借助骗人的肌肉药物，而直到晚年他还强壮得令人胆寒。事实上，80 岁之前他一直在进行大力士表演。在经济大萧条的年代，乔认识了许多大力士，还与其中一些人一同锻炼过。在狱中，他经常给我讲那些"强人轶事"，如今这些世界顶级强人的名字早已消失在了历史的漫漫长河之中。

我能大量地接触并学习他们的锻炼哲学真是非常幸运。比如，乔就强调了这样一个事实：过去很多人都是用自身体重训练来真正强壮体魄的。当然，为了展示力量，他们也要借助外物——如铁桶和钉子，但大多数时候，他们都是通过控制自己的身体来增强自身的力量。事实上，乔憎恨杠铃和哑铃。在监狱的餐厅中他经常对我说："如今，人们试着用杠铃和哑铃让自己的块头变大，这真是愚蠢。其实，用自己的身体就可以练就让人刮目相看的体格，而这就是古希腊和古罗马运动员的训练方法。看看那个时代流传下来的雕像，那些家伙的肌肉比今天用药物催长的家伙的还大，而且更令人难忘。"确实如此，看看拉奥孔（收藏于梵蒂冈）和赫拉克勒斯这两座雕像你就能明白。在艺术家创作这些雕像时充当模特的古代运动员的肌肉显然非常发达，我想他们即使来到现在，也很容易就能赢得健美比赛的冠军。其实直到 19 世纪人们才发明了可配重的杠铃。要是这些事实还不足以让你赞同我的观点，那你可以看一看现代的男性体操运动员，这些人几乎都在用自身体重锻炼。在他们之中，很多人的体格都足以令许多健美者汗颜。

虽然乔已经离我而去了，但我向他保证过，他传授给我的训练智慧绝不会失传。那其中的很大一部分都写在这本书中了。安息吧，乔！

# 学成出师

这些年里，我有机会观察到上千个囚徒的锻炼，有的在院子里的力量训练区（如果监狱有的话），有的在囚室里。我和许许多多行家都聊过——很多都是精英级的强人。对他们而言，锻炼就是一种信仰，一种生活方式。这么说并没有夸大其词。这些年，我学到很多有关健身的秘诀和技巧，并把它们慢慢融入了我的体系。我和其他狱友一样，从监狱生活中意识到了身体强健的重要性，因为狱中很少有安全舒适的生活。我不断地付出努力与汗水，尝试着把听到的健身知识转换成具体的实践。为了亲自验证各种信息的正确性，我一天都没停过。所以，在众多的狱友中我以沉迷于锻炼、时刻保持巅峰状态而著称。有我参与的事情总是速战速决，因为我的力量很好、爆发力极强。久而久之，我便成了一个传奇。很自然地，我比没有锻炼的时候获得了更多尊敬，甚至还因为这样的生活方式和能力获得了某些狱警的赞誉。90 年代，我在马里恩监狱服刑，两名狱警被谋杀，之后那里便采用了永久封杀的管理方法（"永久封杀"的意思是，所有囚徒每天都有 23 个小时是被单独监禁的，天天如此）。为避免再出差错，警卫每 40 分钟便巡逻一次。在马里恩，有个不胫而走的笑话：有一次，警卫看见我在做俯卧撑，40分钟后他再次巡逻的时候看见我还在做俯卧撑，而且是完全相同的动作。

在服刑的最后几年中，作为健身强人的我名声大震，每天都有很多人（主要是新来的囚徒）来找我，让我当教练。他们都听说我能让他们在短时间内变成狱中硬汉，而且我的收费适中。他们想学到失传的技艺（在监狱外确实难得一见），想学会如何练出足以震慑人的肌肉、强大的体能、野兽般的体魄和强悍的力量——在不使用器械的情况下，因为他们中的大多数地位太低，不能进入院子里的力量训练区锻炼。

我在狱中教过上百个囚徒，也因此获得了很多宝贵的经验，这些经验是我无法通过自己单独锻炼而获得的。我知道了如何将自己的技巧应用于具有不同体型和不同新陈代谢能力的人身上，也了解到一些会影响健身的精神因素，如不同的人有不同的健身动机。我因此得以不断调整自己的锻炼体系，一步步细化我的锻炼系统，从而让任何水平的人都能很轻松地掌握。

现在你手上拿的这本书，就是我在狱中总结的"秘密健身手册"，它代表了我的教学成果，我的心血。如果我没有把我的学员训练到足够强壮，等待他们的可不仅仅是在某次比赛中错失一次机会，或是在健美比赛中屈居亚军。监狱里很残酷，在这里，变得强大是为了活命；在这里，要是你很弱或是让别人觉得你很弱，就意味着丧命。接受过我的训练的人都还活着，而且活得很好。

感激这一切！

# 熄灯！

在硬碰硬的残酷环境中，男性具备的力量和气场何等重要。关于这一点，我的体会足以写一本书了，或许有一天我会把这些都写出来。但目前这本书并不是关于监狱生活的，而是关于健身的。我在其中也提到了一些狱中的经历，这只是为了让大家了解传统训练技巧究竟在什么样的环境中得以幸存，那是一个野蛮的、与世隔绝的、惊悚的地方。你不需要亲自到监狱中——离得远点儿！不过，我可以打保票，既然我这一套对身处最艰难、最邪恶环境中的人都管用，那对你也会管用。

相信我！

# 第二章  失传的技艺

# "老派" 体操

如今，体操一词，在健身界已不太常被提及了。体操这个词（calisthenics）直到19世纪才开始在英语中出现，它其实源于古老的希腊语"kallos"（意为美）和"sthénos"（意为力）。

简单地说，体操是用自身体重与身体惯性锻炼身体的一种技艺。本书介绍的锻炼体系，实际上是体操的高级形式，它能使人的力量与运动能力得到最大限度的增强。可惜的是，现代人并不认为体操是一种实打实的力量训练方法。如今，一提到体操，大多数人只会想到反反复复的俯卧撑、仰卧起坐以及难度不大的开合跳、原地踏步等动作。体操已经成了人们健身的次要选择和成本低廉的有氧运动。其实体操的"命运"并非一直如此。

## 古老的自身体重训练法

人类很早就知道，正确利用自身体重进行锻炼既可以塑造完美的身材，也可以打造强悍的力量。在史前时期，当早期人类想增强并展示自己的身体能力时，他们会利用自己对身体的控制力。他们会将身体向上拉起、屈膝跳跃，还会借助手臂的力量把身体推离地面。这些动作最终演化成了体操的基本动作。

古人绝没有把体操视为一种耐力训练方法，而是将其视为一种力量训练体系。体操也是优秀的战士用以增强战斗力、打造令人胆寒的肌肉的手段。

斯巴达人仍然是人类历史上最骁勇的战士。

现存的、关于体操的较早记录之一出自古希腊历史学家希罗多德（Herodotus）之手，他叙述了这样一件事：在温泉关之战（约公元前480年）之前，波斯大军在人数上占有绝对优势，波斯国王薛西斯一世（Xerxes）派一队侦察兵俯视山谷中的对手——由国王李奥尼达（Leonidas）率领的斯巴达战士。让薛西斯一世惊讶的是，侦察兵回来报告说斯巴达士兵正忙着做体操训练，看上去就像是为即将到来的战争活动筋骨。薛西斯一世觉得很可笑，因为在山谷之外有超过12万的波斯大军，而斯巴达一方只有300人。他向斯巴达人发出通牒，命其撤走，不然就将其全部消灭。斯巴达人严词拒绝了，而在之后的战斗中，这300名斯巴达战士成功地把庞大的波斯军队拖在了狭窄的关内，直到其他希腊势力联合起来。在扎克·施奈德（Zac Snyder）拍摄的史诗电影《斯巴达300勇士》（2007年）中，我们也可以领略这场战争的壮观。

斯巴达人一直被认为是最强悍的民族，他们非常重视体操锻炼——这是他们能成为卓越战士的重要原因。在古希腊，不只斯巴达人热爱体操。据帕萨尼亚斯（Pausanius）记载：在最初的奥林匹克竞赛中，表现优秀的运动员（包括顶级拳击手、摔跤运动员以及古代大力士）都是通过体操来锻炼身体的。留存于世的雅典陶器、镶嵌画以及建筑浮雕上的很多图画都明白无误地描绘了正式的体操训练场面，这些最初都是以奥林匹克运动员为模特创作的，而这些运动员的体格则是通过体操锻炼达到了巅峰状态。古希腊人认为，体操可以使人的体格得到最大限度的发展。通过体操锻炼，人的身体不会像今天众多健美者的那样丑陋肿胀，而会呈现完美的比例，看起来自然而和谐。想要达到这种和谐状态并不难，因为体重本身就是一种阻力，这种力不大亦不小，正是大自然的完美阻力。古希腊人知道，体操不仅能增强人的身体力量和运动能力，也会使我们的动作更优雅、身材更优美。因此，体操一词在希腊语中是"美"与"力"的结合。

体操锻炼的技艺也同许多其他知识一样，由古希腊人传给了古罗马人。健身技艺的精髓在角斗士（他们会在露天竞技场中搏杀）中间传承了下来。古罗马历史学家李维（Livy）描述了那时的"超级战士"如何在训练营用自身体重日复一日地锻炼，他们当时的锻炼动作如今被视为高级体操。据说，通过不断重复这些动作，角斗士会变得极为强壮。当时流传着一种说法，认为这些大力士是凡间女子与泰坦族人（一个巨人族，在人类出现以前他们经常与诸神交战）的私生子。通过战斗训练和做体操练就的身体是如此强健，以至于在公元前1世纪，古罗马的角斗士差点儿毁灭了罗马帝国。当时，以斯巴达克斯为首的角斗士起义，想要推翻罗马帝国的统治。尽管角斗士们的装备简陋，而且与罗马军队相比人数也少得可怜，但他们的身体强健有力，最终庞大的罗马军队被打得溃不成军。

毫无疑问，古人使用了许多不同体系的体操来锻炼身体。不过，从留存至今的文字与图像中我们所能了解的是，那些极富传奇色彩的战士和运动员使用的自身体重训练法与今天广为人们熟知的"体操"几乎没有一点儿相似之处——远不是一种软绵绵的有氧训练，而更像是力量训练。事实上，他们的锻炼方法的确更适用于增强力量和爆发力。

# 力量的传统

在古典文明衰败之后，这种锻炼身体的方法持续了很长时间。如果有谁想变得更强壮，终极方式就是根据升级原则用自身体重锻炼。

数百年后，古人的锻炼方法在拜占庭和阿拉伯半岛的军营中依然发挥着重要作用。此时，好战的欧洲人比以往任何时候都更加渴望了解增强身体力量的方法。而十字军恰恰在这时将这一套较为完善的力量训练体系从东方带到了欧洲。众所周知，要成为骑士就要进行身体训练。有很多证据都表明，骑士们进行的那些训练其实就基于体操。如今，留存于世的有图案的手稿和挂毯都表明，骑士会在树上或木制设备上做引体向上，还能倒立着表演力量特技动作（看起来就像倒立撑）。中世纪的战士已经在进行没有杠铃和哑铃的力量训练了，这一事实更是无须争辩。那时的西方军队具有不可思议的力量。据说，深受亨利五世赏识的长弓手能将一棵树连根拔起。这可能有些夸张，但后来人们从亨利八世的"玛丽·罗斯"号军舰上打捞上来一张长弓，其拉力据估计可达 900 牛，相当于 90 千克力。今天，没有一位弓箭手能拉满这样的长弓。

在整个文艺复兴时期，这些老方法还因在军事领域的广泛使用而继续传承，并且被游吟诗人广为传颂。为了生计，杂技演员、歌手、杂耍艺人会在村庄、城镇、宫廷中表演力量特技和体操。在启蒙运动时期，这一方法得以继续传播。

19 世纪，仍然有很多人通过自身体重训练法来增强自己的身体力量。其实，如果说古希腊时代是体育运动的第一个黄金期，那么 19 世纪晚期无疑是第二个黄金期。在那个急剧变动的时代，世界各地的健康专家认识到自身体重训练法具有卓越的价值，他们尝试着将这一锻炼方法科学地记录下来。在普鲁士，富有传奇色彩的退役军官弗里德里希·路德维希·雅恩（Friedrich Ludwig Jahn），使自身体重锻炼变得正规。他创立的自身体重训练使用的器械很少，只有横杆、双杠、鞍马、平衡木，于是大家熟知的"体操"就这样诞生了。在巡游过程中表演力量特技这一传统在马戏团中延续了下来，大力士时代随之开启。大量杰出的健美运动员在世界各地涌现，这一时期有很多具有传奇色彩的大力士，如亚瑟·萨克森（Arthur Saxon）、罗兰多（Rolandow），甚至包括尤金·山道（Eugen Sandow），这些人壮硕的体格成了"奥林匹亚健美先生"塑像的形象来源。他们是有史以来最强大的人，甚至比那些使用类固醇的人还强。萨克森能单手举起 175 千克的重物；罗兰多可以轻而易举地一下撕碎 3 副扑克牌，这几乎是无法想象的；而山道仅仅绷紧肌肉就挣断了缠在他身上的钢索。这些人之所以如此厉害，体操功不可没。别忘了，杠铃和哑铃直到 20 世纪才发明出来。在这些健身器材问世之前，那些健美运动员十之八九是靠倒立和在横杆上锻炼来使自己上半身的肌肉变得异常发达的。

# 20 世纪的传奇人物

甚至直到 20 世纪上半叶，很多力量领域的传奇人物也是通过自身体重训练法来锻炼的。那时，除非你能易如反掌地完成单腿深蹲、引体向上或双手倒立，否则就别说自己强壮。的确，他们也会使用杠铃和哑铃，不过那都是在掌握自身体重训练法之后。

当时，就连那些超级大块头都是高级体操的大师。英国人伯特·阿瑟拉缇（Bert

在人们主要通过"老派"体操增强身体力量的年代，不存在"肌肉僵硬"的大块头。这两张照片，分别是伯特·阿瑟拉缇和道格·赫本的倒立撑表演。

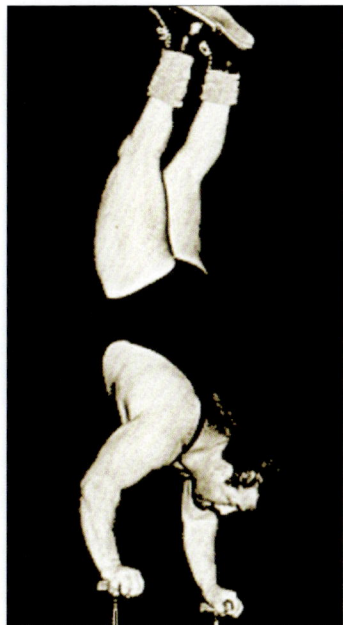

Assirati）从大力士选手转为摔跤运动员。他在上世纪 30 年代名噪一时，就是因为体重超过 110 千克的他能让自己的身体后弯成桥状，再转成单手倒立。直到今天，能在吊环上表演"铁十字"这一不可思议的高难度动作的人中，阿瑟拉缇仍然是最重的。

上世纪四五十年代，世界上最强壮的人很可能是加拿大巨人道格·赫本（Doug Hepburn）。赫本被视为最伟大的推举者之一，他能挺举起重 230 千克的物体；做颈后推举时，能举起重约 160 千克的物体。那时还没有类固醇和兴奋剂。尽管赫本的体重接近 135 千克——几乎能压坏秤具，但他仍将自身体重训练视为力量训练的基本方法。赫本擅长举重，他将自己异常强大的推举力归功于倒立撑。他常在锻炼时做无任何依靠的自由倒立撑，有时还会在双杠上做，这样他就可以比在地面上做时降得更低。这位巨人证明，肌肉发达的身体并不是练习体操的障碍。赫本的块头的确很大，但其肌肉并不僵硬，行动也不迟缓，因为他始终认真地坚持自身体重训练，这种态度在现代健美人士身上很难看到。

也许自身体重训练法最后一个伟大的成就者是"世上最完美的健身者"安杰洛·西

20 世纪五六十年代，查尔斯靠邮购就卖了成千上万套"动态张力"教程。

西利亚诺（Angelo Siciliano），又名查尔斯·阿特拉斯（Charles Atlas）。他将传统体操与一些静力练习技巧融合在了一起。整整一代人都通过他的漫画认识到，无需进行重量训练就能练就不受人欺负的体格。

但"老派"体操也就到这儿为止了。

## 时代终结

20 世纪下半叶以来，许多古老的锻炼方法都被弃之不顾，慢慢消亡。这是工业革命造成的直接后果。人类的生活与科技的结合越来越紧密，运动和力量训练领域也难逃此劫。人类在 20 世纪见证了全新的锻炼方法爆炸式的发展过程，我们对运动的态度也随之发生了翻天覆地的变化。

杠铃和哑铃是其中最核心的变化。杠铃已有数百年历史，但直到 20 世纪英国运动员托马斯·英奇（Thomas Inch）发明了可更换杠铃片的杠铃之后，它们才真正改变了健身的面貌，很快拉力器与配重片也来凑热闹。不久之后，组合器械也出现并成为主流。20 世纪 70 年代，没人不在健身器械上锻炼，诺德士（Nautilus）健身房遍布全美国。如今，世上任何健身房，几乎都少不了复杂且令人费解的组合器械，甚至连杠铃和哑铃都不得不退居二线。那"老派"体操的境况又如何呢？尽管还有少数提倡者（如查尔斯），但它仍然慢慢淡出了历史舞台。

## "老派"体操与"新派"体操的差异

所有这些变化在极短的时间内改变了人们的运动方式，但可怕的是一些极有价值的东西也随之消失了。数千年来——在人类历史的大部分时间里，那些想让自己变得强壮有力的人都是使用自身体重训练法锻炼的。关于锻炼技巧的知识体系和深奥哲学代代相传，专注于力量和爆发力、极其卓越而有效的锻炼方法慢慢进化。这些方法充满智慧，讲求循序渐进。它们能让一个人变得越来越强壮，最后达到人类能力的极限——不仅在力量方面，还包括敏捷性、运动能力和韧性三个方面。总之这些方法是无价的——我说到"老派"体操时，指的就是它们。

20 世纪下半叶，人们开始使用杠铃和哑铃锻炼，而那些来之不易的古老知识却无人问津。现代人被各式各样的健身器械及其使用方法所迷惑，继续通过"老派"体操锻炼的人越来越少。

今天，自身体重训练几乎被器械训练取代。它被视为这些新潮方法的懦弱同胞，只能靠边站。"老派"体操的许多技巧与体系被弃之不用，慢慢也就衰败失传了，幸存下来的只有一些最基本的东西。今天，当大家（甚至包括所谓的健身专家）谈到自身体重训练时，只是涉及一些初级动作（如俯卧撑、深蹲），另外还增加了几个无用的现代动作，如卷腹。这些练习都是为学龄儿童和体弱病残者设计的，普通健身者也可以用它们热身或增强耐力。与以力量为基础的传统体操相比，这些动作可称为"新派"体操。如今，"老派"体操几乎不复存在。

几乎！

# 监狱——"老派"体操的保险箱

在一个地方，"老派"体操还没有绝迹。在那里，这种古老的锻炼体系就像困在琥珀中的远古昆虫一样，保存完好。那个地方就是监狱。

原因不言而喻。在监狱外，新式的锻炼方法层出不穷，"老派"体操早已被挤得没有生存空间，但监狱里的情况大不相同。20世纪五六十年代，拥有杠铃和哑铃的健身房在各地风靡一时，监狱里却没有。直到70年代末，粗陋的重量训练区才在监狱中出现，更别提那些"不可或缺"的组合器械了——基本不会见到它们的身影。

这就意味着，当力量训练在20世纪遭遇"现代化"的巨大冲击时，监狱则像一个保险箱。20世纪前后，各种传统的锻炼方法在健身房的冲击下逐渐消失，但在监狱中，它们依然存在，并没有因为科技和商业的飞速发展窒息而亡。18～19世纪，被监禁的那些家伙（体操运动员、杂技演员、马戏团演员、大力士）知道如何借助自身体重进行训练并把这些知识传授给了其他囚徒。这些知识在监狱里比黄金还珍贵，因为那里只有头顶的横杆、脚下的地板，根本找不到任何健身器械。重要的是，体格强壮、动作敏捷对一个囚徒来说非常必要。要知道，狱中的日子可不好过。

如今的狱中生活很严酷，而100年前的监狱生活则更加严酷。可以想象得出，挨打和虐待是日常折磨的一部分，相互殴打造成重伤甚至致死简直是家常便饭。囚徒在牢房中进行力量训练，说白了就是为了活命。他们玩命地锻炼，相当认真，对他们而言，是否强健有力关乎生死。从这一点上看，这些囚徒无异于李奥尼达率领的斯巴达战士——他们要依靠自己的能力保命。为了让自己变得更强，他们练习传统体操。

# 囚徒健身的起源

时至今日，世界各地的囚徒依然用"老派"体操锻炼。在美国监狱服刑的这20年中，我对力量和健身的痴迷从未改变，于是体操就成为我生活的全部。入狱几年之后，我才开始认识到富有成效的自身体重锻炼的本质与价值。此后的很多年中，我花了数年的时间去了解相关的知识，包括深入、完整地了解老派体操的"秘密历史"，以及监狱在保存这些技艺过程中所扮演的角色。

在狱中，只要有关于锻炼和运动的资料——尤其是使用少量器械或不用器械来锻炼身体的资料——我都会尽量阅读。我也有幸看到过数百位极其强壮的狱友是如何锻炼的，其中许多家伙的本领都非常强。事实上他们之中有些人的身体素质完全可以与最优秀的运动员相媲美，但由于他们特殊的经历以及生活在社会底层的原因，所以你在媒体上绝对不会看到他们的身影，在杂志里也不会读到有关他们锻炼方法的介绍。我了解他们，并就各种锻炼方法和他们进行过深入的讨论。我也有幸与一些前辈囚徒（他们都很老，老到见过老一代的大力士）成为朋友，并相处了很长一段时间，听他们讲过自己的健身经历和理论。我遵照他们的指导，用残酷的方法训练自己，不分昼夜，直到浑身疼痛难忍、双手破皮流血。我教过几百名囚徒，这使我所掌握的健身知识能够在实践中趋于完善。

多年来，我始终致力于研究"老派"体操，希望比其他人了解更多。数年后，我的笔记写满了数十个本子，其中包括我在狱中学到的不同体系中最有价值的观念和技巧，并由此发展出了体操的终极形式——无需准备特殊的器械、耗时少、简便易行，该方法可以循序渐进，最终能使你变得像巨人般强健有力。

这是我见过的最好的健身体系——"囚徒健身"。但它绝不仅仅适合囚徒，不管是谁，任何想立于健康的巅峰并变得异常强大的人，都会从中大获裨益。

# 熄灯！

我发现，每当我和外面的人谈论这种刚毅、硬朗、能够将人推向极限的训练法时，对方总会热血沸腾。毫无疑问，大家喜欢这些！在一次激烈讨论之后，一些举重运动员和田径运动员满脸严肃地对我说，他们一定要掌握自身体重训练法。然而仅仅几周之后我就发现，他们甚至就没尝试一下，而是依旧回到健身房，死心塌地扑在组合器械和自由重量上，和其他人一样遵循那些徒劳无益的训练计划。

我真的不是在责备他们，想让大家相信这样一套似乎都没人使用的方法真的很难。大多数健身者需要见到大量的"证据"，才能真心地相信"老派"体操。他们需要了解这样一个事实：现代健身法低效、昂贵、有害，而循序渐进的自身体重训练法则高效、免费、安全。将来，"传统"方法一定会成为最前沿的方法。

下一章中，我们将讨论体操与现代锻炼方法的差异。

# 第三章 自身体重锻炼与现代健身方法

# 囚徒宣言

　　无需去健身房，无需使用杠铃、哑铃、昂贵的器械和其他骗人的玩意儿，你就可以变得孔武有力，我就是活生生的例子。在遍布全美国的监狱里，我的很多"徒弟"也可为证。

　　但我的方法与现代流行的方法相差很大，许多健身者都会对此法心存疑惑。我的观点之所以与时代格格不入，原因是我来自监狱。那儿没有蛋白粉、没有可调节的杠铃、没有诺德士或博飞（Bowflex）的组合器械，只有严酷的环境：在那里，你只有自己的身体和随处可在的危险，以及大把的时间来打造肌肉，让自己变得更强大。我与很多狱友都实现了这一目标，不过我们利用的是自己的身体，再加上古老的、经过数百年检验的传统技巧，而非依靠那些各式各样的器械和花里胡哨的小玩意儿。

　　有些人永远不会认为"老派"体操有效，因为他们已被洗脑，认为只有借助器械才能激发自己的全部潜能。如果你打算接受我的方法，那就必须把之前接受的那些观点放在一边，你至少得花点时间试试我这一套。这一章我会告诉你，为什么那些关于现代健身的东西都是谎言或者说完全错误，为什么它们都在误导你。

## 现代运动文化——丑陋的私生子

　　我喜爱力量与健身。但当我看到监狱外人们的训练方法和体育运动的发展方向，我几乎想重新回到圣昆汀监狱——敲开监狱冰冷的大门，直接走回囚室。"老派"体操已经绝迹，运动文化也难逃此劫。在此之前，情况从未如此糟糕。

　　亘古未有。

　　有些人不同意我的观点，他们用一些优秀运动员和世界纪录保持者为证，证明健身方法从来都没有像现在这般先进。但请稍等，还是别提那些电视上的运动比赛冠军和职业健美运动员了。拜近来媒体报道所赐，一般公众开始相信这样的事实：大多数顶级运动员（不管你信不信），只是因为服用了体能增强药物——如合成代谢类固醇、睾酮变体、人类生长激素、胰岛素以及许许多多的其他药物，才（暂时）达到了高水平的体能。即使只是刚刚开始职业生涯没几年，他们也会发现自己已经与止痛药、可的松、镇静剂以及其他使关节（暂时）应付违反常理的训练与竞赛压力的药物形影不离了。这里还没提到在职业体育运动领域中泛滥的麻醉药物，比如酒精、大麻、可卡因，甚至是冰毒，这些药物在运动界的使用如今已经极为常见，那些意志薄弱的运动员无法适应比赛的压力，所以会求助于它们。那他们的训练方法又如何呢？和你听过或读到过的故事不同，很少有职业运动员知道该如何好好锻炼。大多数有天赋的运动员都是在高中阶段（甚至更小）就被挑选出来，接受"专业"的指导——教练会为他们打点一切。

# 干掉健身房！

我们先把职业运动员和健美运动员的锻炼方法放在一旁，也暂时先忽略囚徒的锻炼方法。其他人又是怎样的呢？

他们受杂志、电视节目、健身专家甚至政府卫生部门的影响，以为想要拥有好身材就得去健身房。在健身房里他们会做些什么呢？一般来说，他们会做两件事：有氧训练与重量训练——使用各种价格不菲的机器。

我很难想出有比现代健身房里的有氧运动器械区更无用、更压抑、更乏味的地方了。大家可能都见过用这些器械健身的健身会员，他们默默地假想自己在划船、在骑车或者在走上根本不存在的台阶。我可以说这样几乎不会有什么货真价实的效果。

那些进行重量训练的人又如何呢？在我眼里他们可以分为两种类型：第一种是常见的、娇气的"塑形"者——他们采用低次数锻炼或拿起最小巧的哑铃，然后开始一遍遍地举起放下，边做边数数。如果你穿着用弹力纤维制成的衣服在到处都是镀铬的健身器械周围摆造型，看着也许还不错。但实话实说，这对你的健康毫无帮助。第二种就是进行重量训练的"刚健派"，他们真的能做平卧推举（举起很重的重量），也有发达的肱二头肌。然而，这样的训练方法会毁了他们的关节，而且对增强真正管用的力量毫无助益。现代健美训练忽略或者破坏了一些身体部位，如竖脊肌、腰部、手脚、颈部以及人体的深层组织（如腹横肌或肩袖），而这些部位对真正有用的力量和运动能力是至关重要的。很多人认为只要肌肉能把 T 恤衫塞得满满的就够了，果真如此吗？

在毫无益处的训练组之间加入一些愚蠢的、病态的拉伸动作，这基本上就是健身房里的标准程序了，你认为这就是健身了吗？

# 现代健身的骗局

我称赞任何一位离开沙发去锻炼的人，然而在那些众多去健身房锻炼的人中（你可能也身在其中），有几个真正实现了自己的健身目标呢？事实令人高兴不起来，大多数人都会使用上面描述的那些方法进行锻炼，结果却收效甚微。那些专注的家伙，一周一周"跋涉"到健身房，但也许除了最初那一点点进步之外，在他们身上几乎看不出什么变化，更不用说达到巅峰体能了。

而这还是那些坚持锻炼的健身者的情况。90% 的人会在两个月之后因为看不到效果而退出。考虑到毫无起色的瘦小身材、如此乏味的方法，谁还忍心指责那些失去动力的健身者呢？

在 50 年代的加利福尼亚，有些连锁健身房实行终身会员制度，而且价格适中。"终身"的意思是只要一次付清应付款项，便可以随时来健身房训练，终身有效。听起来这是笔不错的交易？确实不错，但那是对健身房老板而言。在众多花钱入会的人中，有 99% 都在数月之后退出了，他们再也不愿意回来了。其实健身房老板深知这一点，这样的情况完全在他们的预料之中。所以，健身房的退会率都高得出奇。

你也这样吗？如果你曾经满怀激情，怀着美好的心愿走进过健身房，你也会在不久之后便放弃吗？如果你不是这样，你也可能听过其他人有类似的经历。但是，如果去健身房锻炼真如宣传的那样有价值，那为什么退会率会如此高呢？大家并没有通过锻炼达到他们期望的效果，这应该是答案的一部分。

健身房的普通健身日程不但没有效率，而且很不方便。不仅仅是训练，你首先要面临的问题就是如何到达健身房。开办一家健身房需要有很大的空间，以便容纳足够多的器械。大多数健身房老板都承担不起城市中心位置土地的租金，所以他们通常会在郊区或旧城区租下或买下一片空地。这样一来，大多数健身者就不得不驱车或乘坐公共交通工具前往。出发前你不但要准备运动服、健身包，还要带上会员卡、水以及洗浴用品等。有几个人在辛苦工作一天或上完一天课之后还有心情准备这些东西呢？

等你到健身房以后，你会发现自己想用的器械经常有人在使用——非工作时间这种情况更常见。在到处都是满身臭汗的人的健身房里无所事事，可不会让人感到舒服（除非你有这种特殊爱好）。

那为什么大家还会自讨没趣呢？因为到处都在宣传——要想拥有完美的身材，就要去健身房；要想成为别人瞩目的焦点，就要成为健身房会员；要想拥有分明的腹肌和发达的胸大肌，就要借助那些昂贵的健身器械；要想避免运动损伤，就需要有专业的运动鞋；要想块头大，就需要吃蛋白粉或其他营养品……为什么要告诉我们这些？各位，说到底，都是为了钱。商业广告里的"专家"告诉你，想要锻炼胸大肌、腹肌或其他什么肌肉，就需要这种或者那种器械。其实，他们就是以卖这些东西为生的家伙。营养补剂也同样如此，那些以展示专业健美运动员并推广营养补剂为主要内容的杂志，并不是由健美爱好者资助的。职业健美本身并没有想象的那么赚钱。这些杂志不是由生产这些营养补剂的公司赞助，就是由这些公司出版的——后者占大多数。然而，这些出版物中那些健美者的健硕身材并不是蛋白粉造就的，而是类固醇的功劳。

在金钱驱使的现代社会中，商家向普通大众宣传的那些所谓的健康生活方式其实是一个巨大的谎言。大多数消费者都陷入了骗局之中。其实，你不需要这些乱七八糟的产品就能使自己的力量和健康状况达到巅峰状态。

你需要的只有自己的身体、正确的知识，还有斩钉截铁的态度而已。

# 用自身体重锻炼的好处

为什么说"老派"体操与现代社会流行的、基于健身房的锻炼是两种完全不同的锻炼方法呢？对这一问题，我可以大书特书。不过，篇幅有限，我打算只讲些两者的基本差别。我总结出以下特别特别重要的六点。

## 1. 用自身体重锻炼需要的器械非常少

绝没有一套力量训练体系能比用自身体重锻炼更符合"独立"与"精简"这两条原则了，绝无仅有。就算热衷于重量训练的人也不得不承认这一点。

对"老派"体操大师而言，他们的身体就是一座健身房。其实大多数体操动作都无需器械，有时你可能想借助一些外物加大动作强度，但即使足不出户你也可以找到这样的物体。你需要的是可以让你抓住、能让你吊在空中的东西，随便看看就能找到它们——门、管道，甚至是树杈。你根本不需要去健身房，即使在家中锻炼你需要的空间也不会很大——只要有一块与你的身体同样大小（有时甚至更小）的地方就足够了。

其他力量训练体系需要用金属重物、绳索、链条或某些器械给你施加阻力，与之不同的是绝大多数体操动作利用的都是你最唾手可得的阻力——你自己的体重。无需在健身房、无需借助健身器械，意味着你就不用准备很多东西，这样你的家中也不会凌乱不堪。此外，这也意味着你可以随时随地锻炼——不管是度假时、出差时还是上班时，而且不用限定地点。这就是体操在监狱中幸存下来并大放异彩的原因——在那里，健身器械少之又少，而囚徒又不能自主选择住所，有时甚至还要被单独禁闭。

还有一大好处，就是体操锻炼不需要花钱。无需器械就意味着无需投资，无需健身房就意味着不用交会员费——永远不用。

## 2. 用自身体重锻炼增强的是实用的运动能力

体操以实用为最终目的，这是体操受到囚徒青睐的另一个原因。在监狱里，当你麻烦临头时，你要有能力化险为夷。"绣花枕头"在夜总会或许还有些用，但在监狱里你需要有独自解决问题的**真正**能力。

其实锻炼时我们并不需要移动杠铃或哑铃。在可以移动外物之前，你首先得移动自己的身体。人的双腿一定要有力，这样一来，在进行跑步和角斗等竞技运动时，你才能轻而易举地承受躯干的重量。另外，你的背部与手臂也要有力，这样你才能自如地控制自己的身体。

可惜的是，许多现代健身者不明白这些。他们锻炼的头等目标就是能移动外物。他们可能精于此道，可他们忽略了移动自己的身体这一最基本的目标。我见过一些"庞然大物"，他们能深蹲 230 千克的重量，可上楼梯时却摇摆蹒跚，像上了年纪的人一样上气不接下气。我认识一位身体发展失衡的举重运动员，他能卧推 180 千克，却几乎无法自己梳头。

练习体操不会出现这些问题，因为体操本质上是"在运动中训练"。"老派"体操会让你成为绝顶强者，而且不管你练到什么程度，在运动时都只会更灵敏、更柔韧，而不是更迟钝、更僵硬，因为你练出肌肉的目的是让它们移动你的身体，而不是移动外物。

## 3. 用自身体重锻炼会让你力大无穷

体操是最有效的锻炼方式，因为体操正是人类的身体进化得适合做的事情，它们不仅仅调用个别肌肉，而是会调用整个身体。也就是说，体操不仅能打造肌肉，还能锻炼肌腱、关节和神经系统。

在动作中肌肉和神经系统的协同作用是体操可以打造惊人力量的原因。受健美哲学的影响，许多重量练习者都相信有棱有角的肌肉才是力量的源泉。但事实上，是神经系统使肌肉细胞"开火"的，所以一个人的力量与爆发力主要由神经系统决定。这就解释了为什么会有这种奇怪的现象：一个人可以比另一个人的块头小很多，但实际的力量比对方大很多。

那些非常强壮的人都会告诉你，肌腱的力量很可能比肌肉块头更重要。体操动作能够以自然的方式锻炼关节和肌腱，并使之达到一个很高的水平——比通过力量训练达到的水平更高。

体操能有效地增强我们身体力量的另一个原因就是，体操动作可以训练许多肌肉群一同发力。例如，深蹲就不仅会锻炼大腿前侧的股四头肌，还能锻炼到臀大肌与臀小肌、脊柱、髋部、腹部和腰部，甚至连脚趾肌肉也需要参与其中；而姿势标准的桥甚至会牵动我们全身的百余块肌肉。

这一点与前面所述的第二点相互呼应。人体自然地进化为以复合、整体的方式工作，而很多健美动作，尤其是使用器械的动作，会人为地把肌肉孤立起来，致使肌肉的发展不协调，功能不平衡。在做健美动作和重量训练时，动作经常被限定在特定的轨道里，这意味着只有很少一部分区域得到了锻炼（有时甚至只能锻炼单一的肌肉群）。但是在体操训练中，你必须移动整个身体，这就要求协调、平衡，甚至还要求精神的集中。所有这些都在增强肌肉力量的同时发展了"神经力量"。

## 4. 用自身体重锻炼能保护关节并使之更强壮

在监狱里，不管你的年龄有多大，你的身体必须强壮。身体虚弱或关节疼痛很容易使你受到他人的攻击，即使你的块头看上去很大也无济于事。你可能会觉得很奇怪，但这就是为什么很多囚徒有意不进行重量训练的重要原因之一。

现代的力量训练与阻力训练存在的一个主要问题就是会损伤关节。人体的关节由肌腱、筋膜、韧带、滑囊这些纤弱的组织支撑着，这些组织都无法承受高强度、大重量训练的冲击。人体的有些部位很脆弱，如手腕、肘部、膝盖、下背部、髋部、脊柱、颈部等。大运动量训练尤其容易使肩部受伤。如果你能找出一位已经练习一两年举重运动，而以上部位又没有慢性关节疼痛的人，那你可是相当幸运。

你可以先别轻信我的话。随便走进一家健身房你就会发现，举重练习者都会用高科技材料制成的带子把腕部和膝盖裹起来、把腰部缠紧，同时还会在肘部使用固定绷带。健身房的更衣室里经常散发着薄荷油和镇痛药的味道，这些都是用来减轻疼痛的。关节问题会与健美者如影随形，而他们滥用类固醇则会使这些问题雪上加霜。然而，肌肉却会以不可思议的速度增大，快得令关节望尘莫及。大多数健美者在将近 40 岁时，身体的损伤已无法逆转，无论他是否还在锻炼，疼痛已然成为其日常生活的一部分。

受伤的原因在于健美动作大都很不自然。为了着重打造肌肉，那些健美者不得不在做动作时以极不自然的动作角度举起极大的重量。这样做的副作用之一就是给脆弱的关节造成了巨大的压力，而关节必须反复忍受这些恐怖的压力。久而久之，纤弱的组织被撕裂，随之而来的还有肌腱炎、关节炎及其他疾病。关节发炎会出现红肿、瘢痕组织，甚至是钙化，这样一来关节就会变得更脆弱、更僵硬。健美的主要目标在塑造肌肉，而肌肉能够比关节更快地适应大重量的刺激。这就意味着，健美者的肌肉越发达，随之而来的病痛问题也就越严重。

循序渐进地按照本书介绍的内容训练，则不会出现关节问题。相反，你的关节在会在不断的运动中得到增强。如果你的关节有旧伤，甚至会慢慢好起来。为什么这些体操动作会对关节有好处呢？有两个原因：从物理学角度来看，做体操动作所承受的阻力不会大于练习者自身的重量，这样健美界推崇的过度负重训练的情况就不会出现了。从人体运动学角度来看，人体经过数百万年进化的首要目的是能够使自己的身体灵活移动，而不是日复一日地以同样的姿势举起越来越重的外物。

运动学家可能会说，体操动作比举重技巧更"本真"。当你移动自己的身体时，比如做引体向上或深蹲时，你的肌肉和骨骼会自发地调整为最有效、最自然的运动方式。相反，举重时你的身体不得不尽可能不自然地移动，从而最大限度地锻炼相应部位的肌肉。引体向上能很好地体现体操"本真"的性质。我们的灵长类远亲要借助树枝让自己在树丛中悠来荡去，即使人类已经进化至今，但遗传下来的身体结构在人体内依然存在，这就是为什么大家能快速而安全地进行引体向上训练的原因。健美者用俯身划船替代引体向上，但人类的身体并没有进化得适合这样做，所以许多举重者做这个动作很容易伤到脊柱、下背部以及肩部。

体操动作会自然地利用关节，从而使关节与肌肉协调发展。久而久之，你的关节就会更加强劲有力，而不会饱受折磨、越来越弱。随着你的关节组织逐步修复，原来的老伤旧痛会一扫而去，以后你也就不会轻易受伤了。

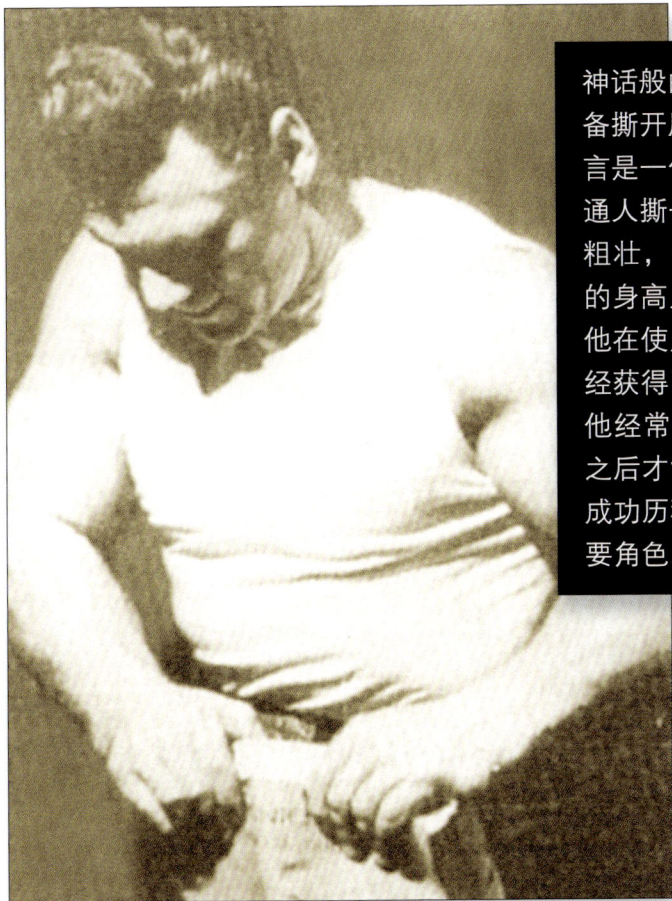

神话般的约翰·格里迈克，正准备撕开厚厚的电话本，这对他而言是一件轻而易举的事，就像普通人撕一张纸那样容易。他手臂粗壮，臂围超过 46 厘米，而他的身高只有 175 厘米。要知道，他在使用类固醇的时代之前就已经获得了此等力量与块头，而且他经常得在铸钢厂工作 12 小时之后才能抽空进行训练。在他的成功历程中，传统体操扮演了重要角色。

## 5. 用自身体重锻炼能快速打造完美体型

力量与健康应该是健身的主要目标。而体操既可以让你的身体尽可能强劲有力，又可以让你的肌肉和关节健康且实用。

但说老实话，大家都想练出点块头来，而且越大越好。因为这既可以增强自信，也能够向其他男人发出这样一种信息——"别惹我"（当然，在与女士相处时不会有什么妨碍），这是监狱文化的重要部分。

现代体操主要是为了增强耐力和有氧能力，但无法发展出极限力量。"老派"体操则会以最直接、最有效的方式给你的骨架裹上大块肌肉，并让你的体能达到巅峰。另外，"老派"体操也不会让你像那些使用类固醇的现代健美人士那样，看上去就像穿着鼓鼓囊囊的畸形的猩猩装，而会让你自然、健康、拥有比例完美的身材，就像那些为古希腊神像做模特的运动员一样。即便在今天，那些运动员依然被视为完美身材的典范。

在使用类固醇之前的时代，人们普遍认为有史以来肌肉最发达、最符合审美标准的人是约翰·格里迈克（John Grimek）。1939 年，他被评为"完美男人"，并两次获得"美国先生"的称号（1940 年、1941 年）——他是历史上唯一一位两次获得此称号的人。他的体格令人望而生畏，直到现在这样认为的人还大有人在。格里迈克简直是男子气概的终极范本。不同于今天那些肌肉僵硬的健美人士，格里迈克还是一名能力非凡的运动员。摆造型时，他会先做个倒立撑，然后再把腿放下来做一个完美的桥，接下来会把腿伸直劈叉坐下。格里迈克是狂热的举重运动员，但他也说自己是主要通过倒立练习锻炼上肢肌肉的。他宣讲体操的价值，但听众似乎寥寥无几。

下次电视上播放男子体操时你不妨看看，他们就是用自身体重锻炼出魁梧健壮的体格的。那些家伙都有强健的二头肌，他们的肩部就像个椰子，背阔肌则像一对翅膀，所有这些都只是靠克服重力移动自己身体获得的。过去的人们都是这样锻炼的。

## 6. 用自身体重锻炼可以保持正常体脂率

其实，健美运动会让你暴饮暴食。忘记你在杂志里看到的那些大块头吧，他们在大部分时间里都没办法保持那样的身材。只有在近乎变态地控制饮食数月之后，他们才能在短暂的赛季内拍出那样的照片。在赛季外的其他时间，他们的体重会猛增——会长二三十千克甚至更多的赘肉。而这还是所谓的专业人士，普通健美者的情况则更糟，他们读到的杂志都告诉他们要摄入比实际所需多得多的蛋白质（其实是为了推销营养补剂）。结果，健美者们会寻找各种机会吞下大量能促进肌肉生长的食品。然而，大多数人都不会使用大剂量的类固醇，而正常的新陈代谢并不能把所有的额外热量转化成肌肉。其结果就是，认真进行重量训练的人大都会营养过剩，脂肪堆积。

重量训练与暴饮暴食紧密相连。专业的举重运动员都认为，如果在锻炼前吃得多一点儿，举得就会好一点儿，肌肉就能多长一点儿。锻炼之后，他们吃得也自然多一点儿。

体操锻炼中的情况则恰恰相反。如果说肥胖与健美运动是最好的朋友，那么肥胖与体操就是天然的敌人。如果你的目标是用 180 千克的重量做俯身杠铃划船，那你可以随意多吃，因为即便你挺着大肚子，也依然可以达到目标。但是，如果你的目标是做单臂引体向上，那你就不能不顾及体重，毕竟还没有人能在变成大胖子之后反而更加擅长做类似的体操动作。

体操的目标就是学会移动自己的身体，你越胖这对你而言就越难。一旦你开始有规律地进行体操训练，你的潜意识就会将体重与训练难度联系起来，并且会自动调节食欲与饮食结构。我的亲身经历使我对此深信不疑。进行体操训练的人会自然地失去赘肉，试试看吧！

# 熄灯！

本书的读者会有许多不同类型：有些是想增加些力量和肌肉的健身爱好者；而有很多可能已经是资深健美人士、重量训练者或健身房的会员了，这些人可能只是随便翻翻与健身有关的书籍，以便学点儿额外的技巧和方法，将其用在自己的训练中——也许只是在度假或离开健身房回家的路上读一读；还有一些可能是对健身感兴趣的热心人士，想知道我们在监狱里是如何锻炼的。

　　不管你属于哪一类，我都希望本书能让你了解用自身体重锻炼的价值。我对传播这一方法充满激情，因为我知道所有人都能从这种在监狱中幸存的方法中获益。对我而言，本书远不止是一本关于健身技巧的书，它是变革现代力量训练的宣言——囚徒宣言。

# 第四章 关于本书

# 囚徒健身

我开始有写这本书的想法，是在安哥拉监狱时，也就是在我八年刑期的第六年。我已经训练了很多家伙，并成功地使他们达到了巅峰。所以，我有一大捆零散的笔记，放在一个大文件夹里。写书并不是我的主意，也不是我那些狱友们的主意，而是一位狱警提出来的，他叫龙尼（Ronnie）。

龙尼是个黑人，他的块头很大，身体壮得像头牛，我和狱友们都很尊敬他，因为他在当地是一位很有名的举重运动员。他看起来像卡车一样结实，事实上他也和卡车一样强壮有力。尽管他说话轻声细语，但没人敢惹他。你绝对不想让他把你撂倒，因为在这一过程中，他几乎能把你的胳膊拧下来。但我和他相处得很融洽，很大一部分原因是我们都对力量感兴趣。有时，他晚上巡视到我囚室外的时候会停下来，跟我聊聊这个或那个练习，或者是听我讲一些"老派"体操的历史。有一天，我正和他说倒立训练的妙处时，他突然脱口而出："你应该把这些写下来，外头没人知道这些东西，都失传了。"我在不同监狱的图书馆看了不少关于健身的杂志和书籍，出狱之后又看了一些。我不得不说，我非常同意龙尼的说法。

接下来的几年，我试着用文字把自己的训练技巧和方法记录下来。该训练体系已经存在，所以把它写出来并不算难，更别说我还有多年训练他人的经验。不过，要将繁杂的知识进行浓缩和提炼然后编成一本书，的确花费了我大量的精力。我以前几乎不怎么写作，不过欣慰的是我还是利用空闲时间把这本书完成了。

这本书便是我这些年努力的结果。为易于理解，我先在此概述一下本书的结构。这样读者就会知道自己能读到哪些内容，以及如何最合理地使用本书。另外，我还想概括一下本书的核心内容，尤其是"六艺"与"十式"。

## 第一部分：预备

第一部分是预备。这一部分将告诉你本书介绍的体系的大背景，包括四章内容：第一章"力量之旅"；第二章"失传的技艺"；第三章"自身体重锻炼与现代健身方法"；第四章"关于本书"。读完这四章之后，你应该对本书介绍的这套训练方法的性质、作用和优势等问题有所了解。另外，你还会了解监狱训练的传统，以及"囚徒健身"的起源和历史。这些章节不仅会帮助你了解我的健身体系，而且也有助于你排除由于"来源不实"而对监狱训练或体操所持有的任何误解。

# 第二部分：六艺

本书第二部分"六艺"，我所介绍的健身体系的精华都在这部分之中。正如标题所示，囚徒健身的基础是六大类不同的动作，即"六艺"。

任何称职的健身教练都会告诉你，有成千上万种练习可以锻炼你的肌肉，但实际上真正好的健身计划只需要一些基本动作。这是因为尽管人体有五百多块肌肉，但这些肌肉都是要与其他肌肉共同工作的。尝试孤立地锻炼肌肉的人往往会忽略这一事实，并逐渐削弱身体作为协调的整体来运作的自然本能。因此，锻炼肌肉最好的方式就是选择可以完全锻炼身体的几个基本动作，在这些动作中不断变强。

## 六艺

我所介绍的健身体系包括能锻炼全身肌肉（从头到脚，绝无遗漏）的六类基本动作。这六类动作基于几百年的传统，并建立在反复实验的基础上，吸取了成功的经验和失败的教训，符合解剖学与人体运动学的基本原理。这六大类动作及其所锻炼的主要肌肉群都已在表1中列出。快速浏览一下表1你就可以发现，这六大类动作可以锻炼人体所有重要的肌肉群。这些动作可以完美地结合在一起：桥可以锻炼背部肌肉，举腿可以锻炼腹部肌肉，俯卧撑可以锻炼上身的推力肌肉，引体向上可以锻炼拉力肌肉。不过，这些动作锻炼的肌肉也并非完全不同。例如，俯卧撑除了锻炼上身的推力肌肉外，也能锻炼腹肌；桥除了锻炼背部肌肉外，也能锻炼三角肌。这个表格仅仅告诉你每个动作锻炼的主要肌肉群。你可以从中看出，这六个动作就足以锻炼全身，再多就过头了，再少则会有疏漏。

## 十式

一个动作反复做很多次没什么不好。但正如第二章所讲的，你在做俯卧撑或引体向上时，若只是增加动作的次数，那么只能增强你的耐力，对增强你的身体力量和打造肌肉没什么效果。而增强力量在任何一个监狱健身体系中都是最关键的，这也是我所介绍的健身体系的核心。因此，我把六艺中的每一艺都细分为十个级别。

这十级动作被称为十式。我之所以将其细分为十级，是为了能让健身者在健身过程中可以循序渐进，逐步从新手级别过渡到大师级别。随着健身者能力的不断增强，其挑战的难度也需不断提高。但这并不意味着每类动作的难度只有十级，其实每一式都可以在难度上进一步细分，手脚的姿势、身体的角度、力臂的长短、借力的有无……都会让一种练习成为难度无穷变化的一系列练习（详见每一式中的"稳扎稳打"部分）。切记：健身要循序渐进，不要急于求成。

在第二部分中，每一艺都单独成章，每一章又包含十式的全部细节。例如，第六章介绍的动作都是深蹲的变式，难度逐级增加，第一式最容易，第十式最难。

## 表1    六艺

| 动作类型 | 锻炼的主要肌肉群 |
| --- | --- |
| 1. 俯卧撑 | 胸肌（胸大肌和胸小肌）、三角肌前束、肱三头肌 |
| 2. 深蹲 | 股四头肌、臀肌、绳肌、大腿内侧肌肉、髋部、小腿、双脚 |
| 3. 引体向上 | 背阔肌、大圆肌、菱形肌、斜方肌、肱二头肌、前臂、双手 |
| 4. 举腿 | 腹直肌（即六块腹肌）、腹外斜肌（腰部肌肉）、前锯肌（肋骨外侧肌肉）、肋间肌（肋骨之间的肌肉）、膈肌、腹横肌、股直肌、缝匠肌、髋部前部的所有复杂肌群、抓握所需的肌肉 |
| 5. 桥 | 所有的脊椎肌肉、下背部、髋部后部、股二头肌 |
| 6. 倒立撑 | 肱三头肌、肩部、上肢带肌、斜方肌、双手、手指、前臂 |

THE BIG 6 POWER MOVES

第一式肩倒立深蹲最容易，第十式单腿深蹲最难。几乎人人都能做肩倒立深蹲，即使他的身体很弱。相反，几乎没人能够第一次就完成单腿深蹲，不管他多么健康、多么强壮。我之所以构建这样的体系，就是为了让健身者做自己的教练，从而在没有器械辅助的情况下，慢慢到达能够做上几十次单腿深蹲的级别。

如果你掌握了第十式，那你的大腿将比健身房里可以负重180千克做深蹲、肌肉僵硬的鼠辈更强壮、更健康、更有力。单腿深蹲是一项令人吃惊的技艺，但是现在没多少人真正知道究竟如何掌握它。他们会尝试着做单腿深蹲，但结果很可能是一次都没法完成。其实，只要通过我介绍的十式逐步训练，你很快就能掌握这门技艺——你既能拥有健康的身体，又能获得心理上的满足。

十式是我的健身体系中最重要、最具革新价值的内容。合理应用这些知识，你的身体就可以在短时期内从柔弱变得强健，我在狱中教过的那些人对此体系可谓视若珍宝。要知道，知识就是力量。关于我的健身体系的相关知识之前从未跨出过监狱的大门，更不曾公之于众，你手中的这本书标志着有关十式的全部细节第一次呈现在大众眼前。

## 表 2　深蹲十式

| | |
|---|---|
| 第一式 | 肩倒立深蹲 |
| 第二式 | 折刀深蹲 |
| 第三式 | 支撑深蹲 |
| 第四式 | 半深蹲 |
| 第五式 | 标准深蹲 |
| 第六式 | 窄距深蹲 |
| 第七式 | 偏重深蹲 |
| 第八式 | 单腿半深蹲 |
| 第九式 | 单腿辅助深蹲 |
| 第十式 | 单腿深蹲 |

　　有一件事毋庸置疑，那就是监狱里面的很多家伙会相当愤怒，因为我把这一体系全盘外传，并公之于世。

## 最终式

　　我的目标就是让你可以完成每艺中最难的那一式，即第十式。第十式是每类动作的极限，所以有时我也将其称为"最终式"。六艺的每一艺都只有一个第十式，所以共有六个最终式练习，你应该花时间攻克这些动作，让自己的技能日臻完美。这六个"终极"自身体重练习如表 3 所示。

## 表 3　最终式

| 动作类型 | 最终式 |
|---|---|
| 俯卧撑 | 单臂俯卧撑 |
| 深蹲 | 单腿深蹲 |
| 引体向上 | 单臂引体向上 |
| 举腿 | 悬垂直举腿 |
| 桥 | 铁板桥 |
| 倒立撑 | 单臂倒立撑 |

很少有人能以完美的姿势把这六个最终式都做上数次。有少数人可以做其中的一两个动作，因为很多家伙都只集中锻炼身体的某几个部位，极少有人想把全身都练得很强壮，这是人们犯的最主要的错误。正因如此，你会发现虽然有个别人能做单臂俯卧撑，但几乎没有人（除去在最难熬的监狱或精英体操训练营中待过的人）能规范地将这六个最终式都做到。只有很少一部分精英能正确掌握这六个最终式的技巧，你一定要下决心，让自己跻身其中。

## 升级表

第二部分的每一章都列有一个清晰简明的升级表（附在十式解说之后），以帮助你训练。这六张表按顺序列出了十式，以及每一式的升级条件，即何时可以确定自己已经掌握了这一式，可以开始练习下一式了。健身者一定要遵循建议，这很重要，急于求成会产生不良的后果：技巧糟糕、受伤、最后失去健身的动力。

## 变式

第二部分的每一章都以"变式"部分收尾。六艺有许许多多不同的变式，并不是所有变式都囊括在十式中。这一方面是因为不是所有变式都适合放在升级系列中，另一方面是因为没必要将某一动作的所有变式都囊括在一个计划中。

举几个例子。屈臂撑锻炼的肌肉与俯卧撑类似，因此我将其归为俯卧撑的变式。以前，倒立臂屈伸与倒立撑是相关联的练习动作，因此我将其归为倒立撑的变式。深蹲跳与跳箱子都属于爆发力式深蹲，因而我将其归为深蹲的变式。

这些变式并不能代替十式。不过，知道一些变式还是很有必要的。如果你想在自己健身计划中加点儿变化或想在受伤时继续锻炼，就会用到这些动作。

# 第三部分：自我指导

我在狱中有偿教授他人锻炼，因此我被称作"教练"。但我是个例外——其他人会把有关健身的知识看做财产一样，不会轻易授人。在外面的健身房中都有私人教练，他们收费颇高，但是他们中的大多数并不知道如何进行真正有效的训练，遇到一个真正懂行的教练的机会微乎其微。本书最后一部分将告诉你如何成为自己的教练。

第十一章，身体智慧。在这一章，我试着向你传授一点儿有用的健身哲学，这些都是基于我多年的经验而成。在有些问题上，我也会给你一些建议，从如何合理热身到如何不使用药物就获得进步。这一章的知识与策略可以使你免于浪费数年努力进行毫无成效的锻炼。

第十二章，日程。这一章教你如何把前面各章的内容结合在一起，从而制订自己专属的训练计划——不管你处于什么水平。

在狱中，要么学会自我指导，
要么一败涂地。

# 熄灯！

　　本章概述了本书的全部内容。这很重要，因为本书并不仅仅是一本包含许多技巧与理念的训练手册。它是一套完整的体系，一种哲学，一种生活方式；它是我和狱友们几十年来赖以生存的基础，它使我在狱中能够免于陷入混乱，有时它就是决定生死的最后一线希望。

　　这本书是我在狱中总结的健身知识的精华。我在狱中学来，在此将其与你分享，这样你就不必再去狱中学习了。我写这本书是为了使这套训练方法可以为大众所用。记住，别只是读，要用！在开始锻炼之前，你先要明白这套体系的益处——详细阅读第三章的内容。确定你已经明白之后，你就可以阅读接下来的内容了——学习六艺中正确的动作技巧以及需要避免的错误。

　　现在就开始吧！你不需要任何特殊的器械，先从俯卧撑、深蹲、举腿等动作的第一式开始。只要你的身体没有伤病或者残疾，这些动作对你来说都非常容易。首先，你要阅读我列出的升级表，等你读完整本书之后，你就可以运用第十二章的内容自己制订健身计划了。

　　从你决定按照本书的体系开始健身的那一刻起——也就是今天，你的终极目标必须是完美地做到六个最终式。记住，不仅仅是做到一两个动作的最终式，而要一个不落！

这一点太重要了，所以我必须重申一遍：

**你的终极目标必须是完美地做到六个最终式。**

我不关心你的身材怎样，年龄多大。你可能进步得很快，也可能要花上几年时间才能达到巅峰，但这都无所谓——除了努力与勇气，其他都无所谓。你所需要的健身知识在本书中应有尽有，你有能力做到。不要跟我讲任何借口，在外面，脆弱的情感和身体兴许还算是挺光荣的事情，但在监狱里，只会招致欺辱。对我的学生而言，欺辱是不可接受的。

灯熄了。你独处在你的囚室之中，一无所有，只有自己的身体与心灵相伴。

开始练吧。

一位年轻训练者正在练习单臂倒立撑。太酷了！

# 第二部分

# 六 艺

这一部分主要讲解了囚徒健身的六艺。第五～十章详细介绍了相关动作的练习方法。关于这些动作的知识主要包括：

- 每类动作的原理与益处
- 每一艺的十式
- 动作技巧
- 注意事项与指南
- 要做的组数与次数
- 可供选择的变式

读完这部分之后，你将更了解体操，你所掌握的体操动作将比普通训练者多出十倍。

# 第五章　铠甲般的胸肌与钢铁般的肱三头肌

# 俯卧撑

俯卧撑是最好的上身练习动作，它既可以增强我们的身体力量、打造出结实的肌肉、形成强有力的肌腱，又可以让上身的推力肌肉与腹部、下背部及下身协调工作。世上其他的练习动作起不到所有这些作用。卧推被吹捧为顶级的上身练习动作，其实这是错误的。因为卧推不仅人为地将上身孤立，还会（即便是进行短期练习）损伤肩袖，对肘关节和腕关节也有不利影响。俯卧撑不但会保护这些关节，还能发展出能用的力量——在现实世界中（而不仅仅在健身房中）真正有用的力量。这就是为什么俯卧撑在全世界的军校和军事训练营都是肌肉训练的首选——自从历史上第一位战士开始力量训练时，它就一直如此。

可是，卧推成了大众的宠儿，俯卧撑却沦为多次数的耐力练习，这是我们的耻辱。其实，如果你知道如何循序渐进地练习俯卧撑，你就能拥有令人惊讶的上身力量——足以与任何一位健美者或举重运动员媲美，甚至还会胜出。你的双肩会感谢你的！本章节将告诉你与俯卧撑相关的全部知识，足够让你成为这一技艺的终极大师。

## 俯卧撑的益处

不同形式的俯卧撑锻炼肌肉的程度不同，但俯卧撑的所有变式都能增强力量、打造肌肉。俯卧撑尤其锻炼胸大肌、三角肌前束和胸小肌，从而最大限度地发展你躯干上的推力肌肉。此外，俯卧撑还能够锻炼肱三头肌（上臂的主要肌肉）的三个头。

俯卧撑不但能够通过最理想的动作幅度来锻炼以上这些重要肌肉，甚至可以使其他部位的肌肉也得到很好的静力锻炼——在动作中，有些肌肉不得不静止地收缩以保持身体稳定。得到静力锻炼的肌肉包括背阔肌、胸腔中所有的深层肌肉、脊椎肌肉、腹肌、腰部与髋部的肌肉、臀肌、股四头肌、胫骨前肌，甚至连你的双脚与脚趾也会受益。

以正确的方式循序渐进地练习俯卧撑还可以锻炼关节与肌腱，增强身体的整体力量，改善健康状况。支撑手指、腕部、前臂及肘部的那些微小却至关重要的深层肌肉与组织，也会在练习俯卧撑的过程中变得越来越强。另外，腕管综合征、网球肘、高尔夫球肘以及普通疼痛出现的概率也会大大减少。有些俯卧撑的变式（如偏重俯卧撑，参见第 52 ~ 53 页）需要借助不稳定的支撑物，这可以使极易受伤、会给许多力量训练者带来无尽伤痛的肩袖变得"刀枪不入"。俯卧撑训练还可以促进血液循环，从而清除关节内累积的废物、消除关节粘连、使瘢痕组织得以修复。重量训练者若在日程中加入循序渐进的俯卧撑训练，将使一些重要关节更不易受伤（相对于那些单单练习举重的人）。

# 完美技巧 = 完美结果

我可能读过几百页关于"正确"的俯卧撑技巧的东西，从武术书到老的军事手册，那些资料中的描述往往各不相同。其实，每个人眼中的"完美"技巧都会略有不同。这完全可以归因为身体类型的不同——四肢的长短、不同部位力量的相对大小、身体中的脂肪比例等方面的差别。另外，伤病史也会对其产生一定的影响。因此，与其写一些教科书式的完美俯卧撑条例，不如与大家分享几条一般原则：

- 避免诡异的角度和手部姿势。找到适合自己的锻炼姿势。
- 躯干、髋部、双腿始终要成一条直线。只有那些腰部力量太弱无法锁定躯干的人，才会出现做俯卧撑时撅屁股的情况。
- 双腿始终要并拢。如果双腿分开，做动作时就无需保持躯干稳定，练习就变容易了。
- 在动作最高点时，双臂要伸直，但不要让肘部完全锁定，而要使其微弯，以免关节不舒服。（有时这被描述为让手臂保持"柔软"。）
- 要平缓地呼吸。根据我的经验：上推时应呼气，下降时应吸气。但如果你感觉呼吸费力，就不要遵循这一原则，而要多呼吸几次。

# 速度

许多家伙都建议做俯卧撑时速度要快，甚至是越快越好。有些人甚至喜欢做"弹震式"俯卧撑，其实这只不过是给老式"击掌"俯卧撑起的花哨的现代名字——用爆发力把身体推起，推起的高度要足以在空中击掌一次、两次，甚至三次。

快速地做俯卧撑的确有一定的好处。快速动作通过一种叫作"牵张反射"的机制刺激并锻炼神经系统。许多俯卧撑比赛都有时间限制，选手做得越快，就越有可能胜出。此外，你还可以了解自己能让肌肉多么快速地动起来。所以，如果你做俯卧撑的水平已经超过入门级别、你的关节和肌肉已经具备一定的条件，那你的确应该偶尔做一些速度更快的俯卧撑。不过，不管你的水平多高，你都要分期逐渐增加速度，好让身体适应。

每隔几周变换花样做几组快速练习，对运动能力有好处。尽管如此，最主要的俯卧撑练习还是应该做得慢一些，经 2 秒降到最低点，坚持 1 秒，再用 2 秒回到最高点，之后立即降低身体。

为什么应该以这样的速度做俯卧撑呢？原因有二：第一，平缓的动作能够练就更高水平的纯粹力量。当你做爆式运动时，这一动作的某些部分不可避免地要依赖惯性，惯性发挥作用就意味着你的肌肉没有发挥作用。这样，当你快速练习某个动作时，你其实是在作弊。我们总会看到有人做俯卧撑时会从最低点"弹"起来，因为他们的肌肉缺乏能移动身体的纯粹力量。

第二，与爆发式运动相比，人类的关节更适应常规运动。如果你进行的是常规运动，那你受到慢性或急性损伤的可能性就很小。只有当你的关节已经适应了一般的、速度平缓的动作之后，快速动作对你而言才是安全的。如果你喜欢，那么爆发式动作可以作为你训练时的补充，但它不应该成为主要训练方式。只做爆发式动作的人早晚会关节疼痛、咔咔作响。

# 篮球、棒球，亲亲宝贝

我下面描述的一些俯卧撑动作需要借助一些外物，这是为了增强练习效果。借助外物控制动作幅度虽然不是必须的，但是非常有用，尤其是当你独自锻炼时。这也是在监狱中广泛使用的一种健身技巧。

你只需要篮球和棒球，这些"器械"几乎在任何一家商店都可以买到。过去的人常常用很重的健身球，而不用篮球。其实，篮球不仅价格便宜，而且效果也不错。如果你不想用篮球或棒球，那你可以用一个与其大小相当的物体代替。砖块是一个不错的选择，将三块砖垒起来就相当于一个篮球的高度，一块平放在地上的砖则几乎和棒球一样高。不管使用什么物体，要确保其足够安全，不会伤到你。切记，不要选用任何易碎或边缘呈锯齿状的物体。

当你使用物体控制俯卧撑的动作幅度时，有一点很重要，那就是不要与此物体发生碰撞。你应该轻缓地下降，直到轻轻地接触篮球、棒球或是你选用的其他物体。那么，你究竟应该以多大的力接触这些物体呢？监狱里将其形容为"亲亲宝贝"。例如，你的胸上部要在动作进行到最低点时接触棒球，你接触棒球的力度就是你亲孩子额头时的力度——不能太大，也不要太小。

在动作进行到最低点后暂停片刻，可以消除任何惯性，并增强肌肉力量与控制力。这就是为什么我提倡在动作进行到最低点时保持 1 秒的原因。另外，"亲亲宝贝"这一技巧也可以应用到重量训练中，如卧推或肩部推举。如果你不能在动作进行到最低点时让横杆轻轻地"亲吻"你的身体，而是不得不弹回来或突然停止，这就说明杠铃的重量过重了。怎样就算过重了呢？简言之，如果你不能在某一动作幅度内完全控制这一重量，那它就过重了。

# 手掌、拳头、手腕还是手指？

我建议健身者在做大多数俯卧撑变式时，都将手掌平放在地板上。许多健身者都因能够以独特的手部姿势做俯卧撑而得意——他们使用拳头、手指、大拇指，甚至是腕部的背面作支撑。我要求我所有的学生一生都练习俯卧撑——采用对他们的关节而言最舒服的手部姿势。对大多数人来说，最舒服的姿势就是手掌平放在地板上这个经典姿势。当然，腕部有伤的人例外，对他们而言，腕部锁定，以拳头着地做俯卧撑最容易。

指尖俯卧撑能够锻炼双手、前臂的力量，对你的健身计划而言是很有用的补充，尤其是当你正在进行大量抓握训练时。做指尖俯卧撑得循序渐进，从第一式——墙壁俯卧撑（参见第40～41页）做起，然后逐步用指尖代替手掌，等完全适应之后再开始下一式，就这样一点点地进步。对大多数人来说，每周或每两周练习几组经典的指尖俯卧撑（双手完全张开），就足以让自己的双手比普通人更强壮、更结实。这样对你来说就已经足够了。

即使这样还不能满足你的胃口，也不要轻易尝试用更少的手指做这个动作。最保险的方法是，使用十根手指练俯卧撑系列，直到你能做单臂指尖俯卧撑为止——很少有人能达到这个高级阶段。相信我，当你能以五根手指为支撑做指尖俯卧撑时，你的手指将如钢条一般坚硬。

以掌背或腕关节为支点做俯卧撑绝对是种折磨，而且会影响肌肉发力——在肌肉还未使出全力之前，你的腕部已经无力支撑身体了。如果你不是一流的空手道高手，完全不需要为了攻击而强化这些部位——我甚至根本都不会尝试一下。

# 俯卧撑系列

大多数俯卧撑锻炼体系包含的变式都很少。通常情况下，专业的健身人士给健身者的唯一建议就是增加动作的次数或者随着练习变得越来越容易时把双脚架在某些物体之上——越来越高。这是错误的，大错特错！一旦健身者已经适应了某个动作，这样做只能增加耐力。

在所有力量训练中，升级都是最重要的。就肌肉的大小与爆发力来说，如果你所做的动作一成不变，那你的收获也一成不变——不管你反复练习了多少次都没有意义。本书介绍的体系包括十个不同的俯卧撑动作，我将其称为十式，每一式都比前一式的难度更大。对大多数人来说，六艺的前三式都相对容易，伤病正在恢复的训练者可以将其当作有治疗效果的系列练习。同时前三式也能帮助初学者或超重者轻松上手，并逐步提高他们的体能。剩下的几式则越来越难，直到最难的变式——最终式。我建议健身者一步步练习——从初级到中级，再到高级——按照我所给出的练习次数一式一式地逐渐升级。

你可以对每个动作进行细微的调整，使其更加适合自己。具体操作方法可以在"稳扎稳打"部分找到。进行微调之后，一个动作就相当于变成了几个动作。因此俯卧撑系列不仅包括十式，还包括上百种不同的变式。在以图文对照的形式对十式进行详细讲解之后，我还在本章的最后列出了两页升级表。如果你还想了解更多，可以阅读本章的最后一部分——变式（见第 63 ～ 67 页），这部分包括十几种俯卧撑的其他变式或替代动作的描述。

　　以下是俯卧撑十式的详细说明（见第 40 ～ 59 页）。

# 第一式 墙壁俯卧撑

## 动 作

面对墙壁站立，双脚并拢，双臂伸直，与肩同宽，双手平放在墙上，手掌与胸等高。这是该动作的起始姿势（图1）。弯曲肘部，直到前额轻触墙面。这是该动作的结束姿势（图2）。然后将自己推回到起始姿势，如此重复。

## 解 析

俯卧撑动作共有十式，墙壁俯卧撑只是第一式。既然是第一式，也就最容易的，毫无疑问普通人都能做。墙壁俯卧撑也是第一个有治疗效果的练习。刚受伤、做过手术或身体正处于恢复期的人若想加快恢复速度、尽快拥有强健的体魄，可以选择这个动作。肘、腕、肩（尤其是柔弱的肩袖）极易出现慢性或急性损伤，这项练习能够轻柔地刺激这些部位，并改善血液循环。不熟悉徒手体操的初学者应该以较轻柔的动作开始训练，然后逐步提高自己的运动技巧，循序渐进地增强自己的运动能力。我建议就从这个练习动作开始。

## 训练目标

- 初级标准：1组，10次
- 中级标准：2组，各25次
- 升级标准：3组，各50次

## 稳扎稳打

只要身体没有残疾、没有严重的伤病或疾病，一般人应该都能完成这个动作。如果你刚好处于伤病或手术的恢复期，那么这个动作就是很好的"测试"，能让你了解自己的身体在恢复期的弱点。

**图 1**

双脚并拢，双臂伸直，
与肩同宽，双手平放在
墙上。

**图 2**

弯曲肘部，直到前额轻
触墙面。

# 第二式 上斜俯卧撑

## 动 作

做这个动作需要借助一个稳固的物体，高度大约是你身高的一半（大概到臀部位置）。桌子、高一些的椅子、工作台、厨房操作台、矮墙、结实的栅栏都是不错的选择。大多数监狱牢房里的洗漱台高度就正好，不过你得保证它足够结实。双脚并拢，身体成一条直线，然后前倾上身，双臂伸直，双手抓住所选物体，与肩同宽。这是该动作的起始姿势（图 3）。弯曲肘部，放低身体，直到胸部轻触物体顶部。如果你选择的物体高度合适，那么此时你的身体与地面的夹角约为 45°（图 4）。暂停一会，然后将自己推回到起始姿势，如此重复。

## 解 析

这个动作的难度比第一式（墙壁俯卧撑）高，因为你将自己推回到起始姿势时，身体与地面的夹角更小，这意味着你的上肢肌肉要承受更大的重量。上斜俯卧撑比标准俯卧撑（第五式）容易，对大多数人来说，这个动作对肌肉的要求并不太高，而且它能帮助初学者平稳进步，对康复期的健身者也非常有帮助。

## 训练目标

- 初级标准：1 组，10 次
- 中级标准：2 组，各 20 次
- 升级标准：3 组，各 40 次

## 稳扎稳打

到达动作的最低点时，你的身体与地面的夹角约为 45°。初学者如果达不到这么高的水平，那就降低难度（加大倾斜角度，也就是让身体更接近直立）——只要选择高度高于你身体中间点的物体即可。然后，再逐渐减小角度，直到可以轻而易举地完成倾斜45°的上斜俯卧撑。如果你还想尝试更小的角度，可以利用台阶做此动作——随着能力的提高，你可以逐渐降低支撑物的高度。

**图 3**

双脚并拢，身体成一条直线，然后前倾上身，双臂伸直，双手抓住所选物体，与肩同宽。

**图 4**

弯曲肘部，放低身体，直到胸部轻触物体顶部。

# 第三式 膝盖俯卧撑

## 动 作

双脚并拢，双膝着地。双臂伸直，与肩同宽。双手在胸部的正下方，两个手掌平放在地面上。脚踝搭在一起，大腿与上身及头部成一条直线，不要撅屁股或者塌腰。这是该动作的起始姿势（图5）。然后以膝盖为支点，弯曲肘部，直到胸部与地面仅一拳之隔（图6）。暂停一下，然后将自己推回到起始姿势，如此重复。

## 解 析

膝盖俯卧撑是俯卧撑系列的第三式，是初学者要掌握的重要动作。它是在地面上做的俯卧撑中最容易的一个，起着承前启后的作用——此前的俯卧撑都是站立完成的，后面的俯卧撑全是地面动作，而且难度更高。女士们经常会做膝盖俯卧撑，因为她们的上肢力量相对较弱，不易完成标准俯卧撑，不过这个动作对男士也大有好处。对那些超重或身材走形的人来说，膝盖俯卧撑是不错的起点。因为采用这样的姿势推起上半身相对容易，所以在开始做更难的俯卧撑之前，膝盖俯卧撑是绝佳的热身练习。

## 训练目标

- 初级标准：1 组，10 次
- 中级标准：2 组，各 15 次
- 升级标准：3 组，各 30 次

## 稳扎稳打

如果你不能完成标准的膝盖俯卧撑，可以减小动作幅度——不要降低到离地面一拳的距离，而是把动作幅度缩短到你能舒服地完成的程度，同时增加次数（约 20 次）。你要不断练习（保持高反复次数），逐渐增加动作深度，直至可以完成标准的膝盖俯卧撑。

**图 5**

双脚并拢，双膝着地。双臂伸直，两个手掌平放在地面上。

**图 6**

以膝盖为支点，弯曲肘部，直到胸部与地面仅一拳之隔。

# 第四式 半俯卧撑

## 动 作

跪在地板上，双手撑地，双腿向后蹬直。双手与肩同宽，并处于上胸部的正下方。双腿双脚并拢，锁紧身体，使上身、髋部和双腿成一条直线。先伸直手臂，然后降低身体到大约一半臂长的高度，或者直到肘部弯成直角。控制下降高度的绝佳方式就是使用篮球或橄榄球——将球放在髋部下方。这是该动作的起始姿势（图7）。接下来，弯曲肘部，直到髋部与球轻轻接触（图8）。对大多数人来说，这样可以方便且客观地标示这个动作的最低点。暂停一下，然后用力将自己推回到起始姿势。

## 解 析

半俯卧撑非常重要，要熟练掌握。很多人做俯卧撑的方法都不正确——撅屁股或者塌腰，这是因为他们的腰部肌肉和脊椎肌肉不发达。这个动作可以锻炼你的腰部肌肉和脊椎肌肉，从而能够锁定髋部，使身体成一条直线。

## 训练目标

- 初级标准：1 组，8 次
- 中级标准：2 组，各 12 次
- 升级标准：2 组，各 25 次

## 稳扎稳打

如果你做不了半俯卧撑，可以减小动作幅度。如果你选用的是篮球，那就将其放在膝盖下，而不是髋部下方。伸直手臂，然后慢慢降低身体，直到膝盖与球接触，这相当于四分之一俯卧撑。如果你能做 10 次以上四分之一俯卧撑，那就可以把篮球向上移一点儿，就这样逐步移动篮球，直到其位于髋部下方为止。

**图 7**

控制下降高度的绝佳方式就是使用篮球或橄榄球——将球放在髋部下方。

**图 8**

弯曲肘部，直到髋部与球轻轻接触。

# 第五式 标准俯卧撑

## 动 作

跪在地板上，双手撑地，双腿向后蹬直。双腿双脚并拢，双手与肩同宽，并处于上胸部的正下方。双臂伸直，臀部与脊椎成一条直线。这是该动作的起始姿势（图9）。接着，弯曲肘部，直至胸部与地面仅一拳之隔。监狱里进行俯卧撑比赛时，计数者会握拳，让小拇指一侧紧贴地面，这样只需数参赛者胸部接触自己大拇指的次数即可。若你是单独锻炼，又想控制动作幅度，并想让身体与地面保持正确距离，可以在胸部正下方放一个棒球或网球（图10）。你在做动作的过程中，待胸部碰到球后暂停一下，然后回到起始姿势。

## 解 析

这就是"经典"俯卧撑。大多数人在体育课上学到的就是这个动作。说到俯卧撑，大多数人脑海中浮现的也是这个动作。标准俯卧撑是极好的上身练习动作，可以锻炼我们的手臂、胸部和上肢带肌，而且效果明显。然而无论如何，标准俯卧撑的难度并不是最高的，它在十式中只排第五。

## 训练目标

- 初级标准：1组，5次
- 中级标准：2组，各10次
- 升级标准：2组，各20次

## 稳扎稳打

你可能感到费解，很多看上去很健硕的家伙都不能正确地完成标准俯卧撑。如果你也一样，那还是找个篮球做半俯卧撑吧！如果你已能很好地完成第四式——当球放在髋部下面时，你能重复此动作25次，那么每次训练时你可以把球向前移动几厘米，在次数保持不变的情况下继续练习。当你的下颚能碰到球时，你再尝试做标准俯卧撑。

**图 9**

在胸部正下方放一个棒球或网球。

**图 10**

胸部碰到球后暂停一下，然后回到起始姿势。

# 第六式 窄距俯卧撑

## 动 作

　　窄距俯卧撑的起始姿势与标准俯卧撑基本相同（见第五式），只不过需要双手相触——无需重叠，也不需要让双手的拇指与食指构成一个"钻石"，只要两个食指指尖相触就可以了。从手臂伸直的起始姿势开始（图 11），慢慢放低身体，直到胸部轻触手背（图 12）。暂停一下，然后将自己推回到起始姿势。

## 解 析

　　窄距俯卧撑很古老，它在俯卧撑十式中至关重要，但人们通常更喜欢弹震式俯卧撑或下斜俯卧撑这些花哨的动作，而忽略窄距俯卧撑。这简直是悲剧，因为窄距俯卧撑在攻克单臂俯卧撑之旅中必不可少。大多数人做单臂俯卧撑都会感到吃力，他们会发现很难在身体降到最低点之后再把自己推起来。这是因为此时肘部的弯曲程度最大，而肘部的弯曲角度超过直角时胳膊就很难使上力气。做窄距俯卧撑时，由于双手的特殊位置，当你的身体降到最低点时，肘部的弯曲度比做标准俯卧撑时的更大。这个动作可以锻炼三头肌，并且强化你的肘部与腕部的肌腱。因此，能舒服地做窄距俯卧撑的人在终于要挑战单臂俯卧撑的时候，会更从容一些。

## 训练目标

- 初级标准：1 组，5 次
- 中级标准：2 组，各 10 次
- 升级标准：2 组，各 20 次

## 稳扎稳打

　　如果你做不了双手相触的窄距俯卧撑（如上所述），可以继续做标准俯卧撑，在次数不变的前提下，让双手逐渐靠近，每次靠近几厘米。

**图 11**

两个食指指尖相触
就可以了。

**图 12**

慢慢放低身体，直到胸部轻触
手背。

# 第七式 偏重俯卧撑

## 动 作

双脚并拢，双腿、髋部、上身成一条直线。双臂伸直，双手撑地，并处于上胸部的正下方。一只手稳固地支撑身体，另一只手撑在篮球上，这是该动作的起始姿势（图13）。找到平衡之后，尽力将身体的重量均匀地分摊在两只手上。这样做虽然不容易，但一定要坚持。接下来，弯曲肘部，慢慢降低身体，直到胸部轻触撑在篮球上的那只手（图14）。暂停一下，然后将自己推回到起始姿势。

## 解 析

这是第一个高级俯卧撑动作，它能够帮助健身者适应由双手俯卧撑向单臂俯卧撑的过渡。你也可以选用一个固定的物体（如砖块），而不用篮球，不过篮球是最好的选择。控制篮球的同时可以锻炼你的肩袖，这有助于你完成难度更高的动作。你还可以选用足球，但篮球还是首选，因为篮球表面粗糙更容易抓握。

## 训练目标

- 初级标准：1组，5次（每侧）
- 中级标准：2组，各10次（每侧）
- 升级标准：2组，各20次（每侧）

## 稳扎稳打

能正确地完成窄距俯卧撑的人都可以信心十足地尝试这个动作。如果刚开始你觉得有些困难，那是因为你的协调性不好，而不是力量不足。你可以用固定的物体，而不用会滚来滚去的篮球。砖块是个不错的选择，等你可以在一块砖上重复此动作20次之后，你就可以尝试将两块砖摞起来做这个动作。在你可以在三块垒起的砖上重复此动作20次之后，你就可以尝试用篮球练习了。

**图 13**

一只手稳固地支撑身体，另一只手撑在篮球上。

**图 14**

弯曲肘部，慢慢降低身体，直到胸部轻触撑在篮球上的那只手。

## 第八式　单臂半俯卧撑

## 动 作

　　摆出半俯卧撑最高点时的姿势，即将篮球放在髋部下方（见第四式）。将一只手撑在胸部下方的地面上，手臂伸直，另一只手背在身后。这是该动作的起始姿势（图15）。接着弯曲肘部，直到髋部轻触篮球。这是该动作的最低点（图16）。暂停一下，然后将自己推回到起始姿势。如果你的肱三头肌不够发达，那做该动作时上身很容易发生扭曲。坚持住，整个身体保持一条直线，做所有俯卧撑都应如此。

## 解 析

　　单臂半俯卧撑是俯卧撑系列的第八式。通过这个练习，训练者可以逐步从双侧练习转为单侧练习。该动作可以提高你的平衡能力，而这对做单臂俯卧撑极其重要。因为只靠单臂发力，所以这个动作也会让手部、腕部和肩部关节为之后的动作做好准备。单臂半俯卧撑在这个系列中不可或缺，你必须掌握。不过由于肘关节只是部分弯曲，所以对一次完整的俯卧撑训练来说，只做这样的练习是不够的。你需要再做一些肘部弯曲角度小于90°的练习来补充，比如在之后加上窄距俯卧撑或偏重俯卧撑。

## 训练目标

- 初级标准：1组，5次（每侧）
- 中级标准：2组，各10次（每侧）
- 升级标准：2组，各20次（每侧）

## 稳扎稳打

　　如果做不了单臂半俯卧撑，你可以把篮球放在膝下，做四分之一单臂俯卧撑。练习一段时间之后，就一点点向前移动篮球，加大动作幅度。

**图 15**

将一只手撑在胸部下方的地面上，手臂伸直，另一只手背在身后。

**图 16**

弯曲肘部，直到髋部轻触篮球。

## 第九式 杠杆俯卧撑

## 动 作

摆出做俯卧撑的姿势，身体成一条直线，一只手撑在胸部正下方的地面上，另一只手放在身体外侧的篮球上，靠双脚和撑在地上的那只手支撑身体。双臂伸直，放在球上的手要尽量向远处伸。这是该动作的起始姿势（图 17）。要有控制地慢慢放低身体，直到胸部与地面只有一拳之隔。如果你是独自锻炼，可以像做标准俯卧撑那样，借助棒球或网球控制动作幅度。放低身体时手会顺势把篮球推到远离身体的位置（图 18）。身体降至最低点时，暂停一下，然后将自己推回到起始姿势。

## 解 析

标准杠杆俯卧撑的难度与单臂俯卧撑相差无几，这也正是杠杆俯卧撑在俯卧撑十式中排在第九的原因。你会发现，撑在篮球上的那只手臂几乎帮不上什么忙，这就迫使支撑身体的手臂必须使出全力。如果你还没强大到足以在做单臂俯卧撑时把自己撑起，那你可以先练习杠杆俯卧撑。

## 训练目标

- 初级标准：1 组，5 次（每侧）
- 中级标准：2 组，各 10 次（每侧）
- 升级标准：2 组，各 20 次（每侧）

## 稳扎稳打

由于杠杆原理，撑在篮球上的那只手臂如果完全伸直的话就很难用力。你可以让这只手臂的肘部稍稍弯曲，从而让篮球离你的身体近一点儿，这样做杠杆俯卧撑会容易一些。不过不要太过，要是你把篮球放在身体正下方，那这个动作就变成了第七式——偏重俯卧撑。随着你越来越强壮，你可以逐渐让球远离身体，直到可以将手臂伸直做标准的杠杆俯卧撑。

**图 17**

一只手撑在胸部正下方的地面上，另一只手放在身体外侧的篮球上。

**图 18**

要有控制地慢慢放低身体，直到胸部与地板只有一拳之隔。

# 最终式 单臂俯卧撑

## 动 作

跪在地板上，一只手撑在你前方的地面上。双腿向后蹬直，用脚趾支撑身体。脊柱与髋部成一条直线，支撑身体的手臂在胸部下方伸直——不要在身体侧面或是靠前的位置。稳定之后，把不起支撑作用的那只手背在身后。这是该动作的起始姿势（图 19）。弯曲肘部，有控制地放低身体，直到下巴与地面大约有一拳之隔（图 20）。在动作的最低点暂停一下，然后将自己推回到起始姿势。

## 解 析

姿势正确的单臂俯卧撑是检验胸部与肘部力量的黄金标准，而且能够让人一见难忘。许多健身者都声称自己能做单臂俯卧撑，但你千万不要被他们蒙骗。当你让他们动真格的时候，你就会发现，他们所谓的单臂俯卧撑就是个笑话：双腿朝两边分开，上身丑陋地扭曲——这是为了更容易做动作，然后他们会用摇摇摆摆、虚弱无力的胳膊猛地将自己推起，而且他们只能完成少数几次反复。毫无疑问，真正能做单臂俯卧撑的人可谓是危险的稀有动物，你要对自己有点儿信心，相信自己也能跻身其间。

## 训练目标

- 初级标准：1 组，5 次（每侧）
- 中级标准：2 组，各 10 次（每侧）
- 精英标准：1 组，100 次（每侧）

## 稳扎稳打

如果你已经攻克了杠杆俯卧撑，那么单臂俯卧撑对你而言就不是特别恐怖了。但是，如果你还不能标准地完成 5 次单臂俯卧撑，那么你还是回到第九式，确保自己可以标准地完成 20 次杠杆俯卧撑。如果你能做到这一点，但做单臂俯卧撑还是有问题，那么请你继续练习杠杆俯卧撑，直到你可以完成 30 次反复，然后再挑战单臂俯卧撑。

**图 19**

脊柱与髋部成一条直线，支撑身体的手臂在胸部下方伸直。

**图 20**

弯曲肘部，有控制地放低身体，直到下巴与地面大约有一拳之隔。

# 俯卧撑系列升级表

| 第一式 | 墙壁俯卧撑<br>第 40 ~ 41 页 | 逐步做到<br>**3 × 50 次**<br>然后开始第二式 |
| --- | --- | --- |
| 第二式 | 上斜俯卧撑<br>第 42 ~ 43 页 | 逐步做到<br>**3 × 40 次**<br>然后开始第三式 |
| 第三式 | 膝盖俯卧撑<br>第 44 ~ 45 页 | 逐步做到<br>**3 × 30 次**<br>然后开始第四式 |
| 第四式 | 半俯卧撑<br>第 46 ~ 47 页 | 逐步做到<br>**2 × 25 次**<br>然后开始第五式 |
| 第五式 | 标准俯卧撑<br>第 48 ~ 49 页 | 逐步做到<br>**2 × 20 次**<br>然后开始第六式 |

## 俯卧撑系列升级表

| | | |
|---|---|---|
| 第六式 | 窄距俯卧撑<br>第 50 ~ 51 页 | 逐步做到<br>**2 × 20 次**<br>然后开始第七式 |
| 第七式 | 偏重俯卧撑<br>第 52 ~ 53 页 | 逐步做到<br>**2 × 20 次**<br>然后开始第八式 |
| 第八式 | 单臂半俯卧撑<br>第 54 ~ 55 页 | 逐步做到<br>**2 × 20 次**<br>然后开始第九式 |
| 第九式 | 杠杆俯卧撑<br>第 56 ~ 57 页 | 逐步做到<br>**2 × 20 次**<br>然后开始最终式 |
| 最终式 | 单臂俯卧撑<br>第 58 ~ 59 页 | 终极耐力<br>**1 × 100 次** |

# 更上一层楼

能慢速而标准地做几个姿势标准的单臂俯卧撑，不管对谁而言都是不可思议的成就。不过，只要按照上面这十式勤加练习，除了身体有残疾的人和年过古稀的老人，谁都能达到这个目标。

实现该目标的速度则另当别论，这要看你的努力程度、体脂率、手臂长度和天生的力量水平等因素。不过，有一件事毋庸置疑，那就是咬紧牙关努力练习，你一定能攻克别人过不了的难关。但追求完美重在过程，而非结果。当你攻克了单臂俯卧撑之后，要再挑战什么取决于你的最终目标是什么。

你可能想向动作次数发起挑战——增加反复次数。其实一旦你掌握了某个动作技巧，你就会惊讶地发现增加次数竟如此容易。每次训练都增加一两次反复，不久之后，你的耐力将大幅提升。对那些有决心的健身者来说，完成 2×50 次反复（50 次为一组，共做 2 组），是既有挑战而又可以达到的中级标准。

2×50 次是了不起的成绩，能完成这个标准的人就应该被归为英雄。如果你做到了，那么你已经能够挑战世界上任何一间健身房里的健身者了——他们都不能与你匹敌。但是，对天分很高而又心思专注的健身者来说，终极肌肉耐力的目标必须是一口气完成 100 次。你没看错，是一组 100 次。单臂推起自己 100 次，听着像是只有超人才能完成的任务，但其实只要认真训练就可以做到。在我撰写本书的时候，单臂俯卧撑的吉尼斯世界纪录是 1382 次，这是加拿大运动员道格·普鲁登（Doug Pruden）创造的。所以，让一位动力十足的训练者以 100 次为目标并不过分。

尽管提高耐力很有趣也很有成就感，但我坚信，自身体重锻炼最重要的应该是力量训练。虽然增加次数会增强耐力，但是当你反复的次数增加到两位数之后，单臂俯卧撑在增强力量这方面就没有太大作用了。如果你想打造更发达的肌肉、进一步增强纯粹力量，就必须想办法增加单臂俯卧撑的难度。首先，你应该严格地规范动作技巧，放慢做动作的速度，别靠惯性偷懒，确保你的肌肉每时每刻都在承受压力。等到你的动作变得缓慢且平稳之后，再尝试通过绷紧对抗肌来增加静力。简单地说，当你做动作的时候，你要尽可能绷紧手臂、肩部和背部的肌肉，这样你即使仅仅移动一点儿也必须用力。这种训练艰难至极，但它真的能让你的能力更上一层楼。

如果这样做你仍然发现单臂俯卧撑对你来说毫无难度，那你可以练习单臂倒立撑（见第 230～231 页）。单臂倒立撑与单臂俯卧撑类似，可以锻炼上身的推力肌群，但由于角度不同，胳膊要承担身体的全部重量，所以难度比单臂俯卧撑更大。

这些动作让你在数年之内都能从自身体重锻炼中不断获得力量，直到达到极限。重量训练不是必须的，不过如果你一定要进行重量训练，为什么不尝试将其与自身体重训练结合在一起？如果单臂俯卧撑对你而言真的是易如反掌，那就试着用背在身后的那只手拿个哑铃——只有真正的铁人才能做到！

世上最伟大的大力士——尤金·山道。正在给喜欢花哨器械的公众宣传练习俯卧撑的好处。他曾花费数年时间尝试制作一个练习俯卧撑的器械，不过在晚年时打消了这个念头，因为他意识到以自身体重为阻力做俯卧撑是最好的。

# 变式

俯卧撑虽然有许多变式，但是你应该把主要精力放在前面讲的十式上，不过你可能偶尔也想试试这些变式——或许是想将其作为收尾练习、带伤练习，或许就是为了换个花样。下面我将介绍一些俯卧撑的变式。

## 屈臂撑

这是学校体育课上的经典动作。双手抓住两根平行的横杆或是位于身体两侧的平面，把自己撑起来，使双脚离地。然后，弯曲肘部，尽可能地放低身体，直到上臂与地面平行。接着，再将自己向上推回到起始姿势。在此过程中保持上身挺直。你可以在做这个动作时把双脚搭在与髋部等高的平面上，这样动作会变得更容易。另外，你也可以对其稍作改动，借助家中常见的物体做这个动作，比如床、桌子、凳子等，这一变式有时被称为凳子屈臂撑。屈臂撑与凳子屈臂撑并不是真正意义上的俯卧撑，但它们也能锻炼相当一部分推力肌群，还能强有力地（非静力地）作用于背阔肌——上背部侧面的大肌肉。

## 倒立撑

见第十章。

## 下斜俯卧撑

下斜俯卧撑有时被误称为上斜俯卧撑。做下斜俯卧撑时，你需要抬高双脚——放在比双手高的平面上。在监狱里，许多家伙都会借助床铺来做这个动作，不过你可以使用更高的物体，如书桌或洗漱台。有些人甚至会把双脚高高地蹬在墙上，但要保持这个姿势身体必须绷得特别紧。双脚抬起时，双手就要承受更多的体重，这样难度便加大了。另外，由于身体与地面的角度变大，该动作将会比标准俯卧撑更强烈地作用于胸部的上半部分和肩部。我并不建议我的学生在下斜俯卧撑上花时间，因为倒立撑（见第十章）可以更集中地锻炼相应的肌肉。如果你既做倒立撑，又做下斜俯卧撑，那就相当于双箭一雕（效率更低），而且还会有过度训练的危险。

## 宽距俯卧撑

与窄距俯卧撑相反，做宽距俯卧撑时你不是让双手相触，而是让双手之间的距离比做标准俯卧撑时的更宽，达到肩宽的两倍。这个变式减轻了肱三头肌和肘关节的压力，但是给胸肌造成了更大压力（就在胸肌接触肩部的那一点上）。用外行话说就是锻炼胸部比锻炼肱三头肌更多。这个变式并不能提升你做俯卧撑的能力，因为胸部和上肢带肌本来就比肘部强壮，持续做这个练习只会强化这个差异而已。也就是说，如果你正在专门锻炼胸肌，那这个变式对你非常有用。

## 超人俯卧撑

做标准俯卧撑时，双手通常是在肩部或胸部正下方；而做超人俯卧撑时，你的双手则要平放在身体前方的地板上——超出你的头部，手臂几乎伸直。这时，你看起来就像是在飞翔，这个变式因此得名。由于做这个动作时力臂变长，所以你的上胸部、胸小肌、背阔肌以及腋窝周围的肌腱将得到集中锻炼。由于手臂姿势如此，你放低身体时动作幅度减小了，这样一来肩部与肱三头肌得到的锻炼就比做标准俯卧撑时少多了。因此，该练习（与宽距俯卧撑一样）并不会让你变得越来越强。如果不是为了强化胸部相对薄弱的区域，那你完全没必要练习这个动作。

## 蜥蜴俯卧撑

蜥蜴俯卧撑包括四个难度水平。最简单的是训练者在做标准俯卧撑的基础上，将脚踝相扣，这样就只有一只脚与地面接触，这个动作有时也被称为三点俯卧撑。第二个难度动作是训练者在做俯卧撑时，要始终抬起一只脚并伸直。这个细微的差别使这个动作对稳定肌（包括腿部、髋部、腰部和脊椎肌肉）提出了双倍的要求。与标准俯卧撑相比，这个动作需要更强的平衡能力与精神集中力。第三个难度动作是训练者的两腿都蹬地，但一只手臂要伸向前方，与头部等高。这个动作本质上是单臂俯卧撑，区别只是有一只手臂指向前，而不是固定在身后。最难的是蜥蜴俯卧撑，训练者要把第二个与第三个难度动作结合起来——向前伸出一只手臂，同时另一侧的腿也要向后伸出。用这种方式做俯卧撑时，为了保持身体稳定，上肢需要承受极大的力量，同时下背部也要如钢铁一般结实。训练者就像一只蜥蜴在炽热的沙漠地面上交替抬脚，因此我将此动作命名为"蜥蜴俯卧撑"。如果你已经具有了相当的力量，就可以将蜥蜴俯卧撑作为有趣的收尾练习。为了保持对称发展，要确保两侧的练习次数相等。

## 弹震式俯卧撑

也就是众所周知的击掌俯卧撑，是一种爆发力练习。动作过程中身体始终要挺直，快速下降到最低点后再用力将自己推起，当动作达到最高点时让手掌暂时离地。在半空中快速击掌，然后让手掌着地，反复练习。你将自己推起的力量越大，身体就抬得越高，用于击掌的时间也就越长。许多人都能击掌三次，甚至四次。最难的是单臂击掌俯卧撑，只用单臂推起身体，然后击掌。击掌俯卧撑可以提高你的速度，你可以将其用作健身计划的补充，偶尔为之。但是击掌俯卧撑很容易让训练者受伤，所以你不要急于尝试这个动作——至少要等到攻克了偏重俯卧撑之后。

## 拉伸俯卧撑

这个变式与标准俯卧撑很像，只不过双手要撑在位于身体两侧的、高于地面的物体上。你可以买专用的俯卧撑把手，不过使用椅子效果也一样。双手放在平面（如地面）上做俯卧撑时，动作幅度会受到限制，身体下降到某一点时会受到地板的阻挡。而将双手撑在高于地面的物体上做俯卧撑，就意味着胸部可以降得更低。你可以根据自己的需要选择床、书桌、椅子等高度不同的支撑物。两脚的高度可以低于双手，可以与之持平，也可以比双手更高。我并不是拉伸俯卧撑的信徒，因为我觉得在阻力之下拉伸肌肉很痛苦。这样做确实会增加锻炼之后的肌肉酸痛感，但这完全是因为肌肉组织发生了轻微创伤，并不意味着肌肉将变得更大或更结实。拉伸肌肉并不能让你变得更壮硕或更有力。如果你想使自己的胸大肌燃烧，那就做拉伸俯卧撑；如果你想让整个上半身都强壮有力，那就做我前面讲的十式，将拉伸俯卧撑抛到脑后吧！

## 折刀俯卧撑

脚趾平放在地面上，弯腰，双手撑在身体前方的地面上，此时髋部大约成直角。（这个变式被称为折刀俯卧撑，就是因为训练者的身体看上去像一把打开的小折刀。）双手大约与肩同宽，上半身挺直，膝关节微微弯曲。弯曲手臂，肩部下沉，放低身体，直到下巴轻触双手之间的地面。然后，髋部慢慢下降划过地面，下巴继续向前划出一条弧线，直到双臂和双腿伸直，此时肩部高于髋部。双臂保持伸直的状态，臀部向后撅起，回到起始姿势，重复练习。尽管这个变式中的弯曲和伸展动作可以练出强大、柔韧的髋部，但对上身肌肉来说，该练习比标准俯卧撑更容易。因此，它在武术家和摔跤运动员中十分流行。该练习有时也被称为猫式俯卧撑。

## 俯冲轰炸机

20 世纪 70 年代，该动作在美国海军陆战队中非常流行。它与折刀俯卧撑类似，只不过在回到起始姿势的过程中，双臂要弯曲（折刀俯卧撑是髋部向下移动时弯曲手臂，但是向上后退时双臂需要始终伸直）。第二次弯曲手臂能够让上肢更多地参与到动作当中，却影响了增强身体柔韧性的效果。

## 军体俯卧撑

与折刀俯卧撑的起始姿势相同——弯腰，髋部撅起，双臂与双腿几乎伸直。双腿要并拢，这会增加动作的难度。弯曲手臂，肩部下沉，但做该动作时髋部并不像折刀俯卧撑或俯冲轰炸机那样紧贴地面，而是始终在空中成直角。前额轻触地面，然后将自己推回到起始姿势。注意，髋部的角度始终不变，直到完成所有反复次数。如果用脚跟抵住墙角，这个动作会更容易一些。与标准俯卧撑相比，该动作能更好地锻炼肩部。这个动作做起来很有趣，但与下斜俯卧撑一样，如果你想更好地锻炼肩部，那么倒立撑是更好的选择。

## 水平俯卧撑

水平俯卧撑其实并不是真正意义上的俯卧撑。它是生活在第二个黄金时代的大力士

无需多大空间，水平俯卧撑的大师就可以表演这个特技。图中是一位高手在栏杆上做这个动作。

所钟爱的静力绝技之一，而且它的历史可以追溯到更早的时候。那时的人喜欢这个动作是因为：水平俯卧撑对身体素质有很高的要求，不但每一块肌肉都有要强劲有力，而且还要有较高的平衡能力与协调能力。此外，这也是个很酷的聚会特技。双手撑地，与肩同宽，双臂弯曲，肘部内收，贴在身体两侧，然后身体前倾，直到双脚离地，双腿锁定。想要保持这个姿势，你的背部和双腿必须像铁板一样坚挺。若没有图片，你很难想象该动作是怎样的——左图能够帮助你了解这一点。水平俯卧撑是块难啃的硬骨头，攻克它的关键就是坚持练习十式，增强身体的力量。坚持练习，你一定会成功的!

## 下沉臂屈伸

很多入了狱又想维持手臂围度的健美者都会练习这个动作。尽管这是一个自身体重训练动作，但它比标准俯卧撑更像杠铃臂屈伸，因为该动作主要锻炼肱三头肌，而不锻炼胸肌或肩部。身体前倾45°，抓住你面前的固定物体。在监狱里，洗漱台正好适合；但如果你在家锻炼，可以选用厨房操作台或写字台，甚至可以把手掌撑在墙上（与胸等高的位置）做该动作。双肘始终朝向地面，肘部弯曲，肩部锁定。尽力向前移动躯干，或直到其接触上臂，然后把自己推回到起始姿势。多次标准的下沉臂屈伸就会让你的肱三头肌叫苦连天。

## 马耳他俯卧撑

体操运动员经常用它模拟吊环训练。马耳他俯卧撑有点儿像标准俯卧撑，只不过双手要和髋部成一条直线，而且要远离身体。如果你在某个做该动作的人身体正中画一条直线，然后以其双手为端点画一条直线，这两条线将构成马耳他十字，这个动作因此得名。这个变式的具体做法很难理解，除非你亲眼看到有人做该动作。马耳他俯卧撑能够锻炼肱二头肌和肱三头肌，但它对训练者肘部内侧的要求极其苛刻。除非你是体操运动员，否则我不建议你做这个。

# 第六章  升降机般的大腿

# 深  蹲

大多数人提到力量时，想起的只是上半身——宽阔的肩部、隆起的胸肌、粗壮的手臂都被视为强壮的基本标志，好像没人会真的想到双腿。如果你让某个人（甚至是小孩子）展示一下他的肌肉，对方通常都会挽起袖子，让你看他的肱二头肌。没人会脱下裤子，让你看他的大腿。

这一现象在普通健身爱好者的健身计划中也有所反映。你可以到健身房中参观一下，看看那些在力量训练区的家伙都在干什么。你会看到很多人在锻炼肩部、躯干和手臂，甚至有些人正在排队等着做卧推、做斜托弯举或是拉力器下压，好让自己的肱三头肌"鼓"起来。全世界 90% 的健身房力量训练，很可能都是在锻炼上半身，我估计其中几乎有95% 锻炼的是手臂。在健身房中，你只能看到寥寥几人在努力地锻炼腿部。

在圣昆汀监狱服刑时，我认识了一位狱友，他入狱前曾是金吉姆健身房的常客——金吉姆健身房是世界上最火爆的健身房之一，位于加利福尼亚州威尼斯海滩（也被称为"肌肉海滩"），其会员中实打实的健美者和精英级的力量训练者的数目很可能比世界上其他健身房中的都多。他曾经告诉我：这家健身房中也有深蹲架，虽然他多年来都是那里的常客，但他从来没有看见有人排队使用该器械。其实，健身房中的深蹲架大部分时间都只是一个摆设。如果连世上最著名的金吉姆健身房都真的是这样，那其他地方的健身房又能好到哪儿去呢？

## 力量的源泉

其实，这种态度完全错误。真正的力量源于髋部和腿部，而不是上身和手臂。只要我们不是飘在半空中或双腿离地坐着，那我们上肢做的所有动作都依赖于腿部传递的力量。上身力量在许多体育运动中都很重要，但如果没有强劲有力的下身做基础，上身力量全无用处。

真正的力量训练者比"周末勇士"或"海滩身材"训练者更明白这个道理。强壮的肱二头肌与轮廓清晰的胸大肌，也许看上去很棒，但是它们对极限力量贡献甚微。以举重比赛中的挺举为例，尽管举重者是用胳膊举起杠铃的，可是完成这个动作的力量主要来自腿部，也就是说真正发力的绝不是胳膊——杠铃对手臂来说太重了。下次再有举重赛事转播时，仔细看看你就知道了。实际情况是，举重运动员首先借助爆发力把杠铃提到肩膀高度，然后降低身体，靠腿部发力把杠铃再举起一点。然后弯曲双腿，降低身体到杠铃的下方，这实际上是双臂锁定的标准深蹲姿势。从该姿势开始，他们必须靠双腿发力起身完成动作。在挺举过程中，上身和手臂的作用并没有腿部重要。举重运动员的大腿都很有力，他们会花费大量时间练习深蹲，因为他们明白腿部力量的价值。

人们知道的所用重量最大的练习很可能是硬拉。做硬拉需要训练者把很重的杠铃拉离地面，提到髋部的位置。现在，硬拉的世界纪录是由著名举重运动员安迪·博尔顿（Andy Bolton）创造的，他能拉起 455 千克——将近半吨——重的杠铃！尽管这个动作几乎要牵动全身的每一块肌肉，但是其主要的发力部位还是大腿和髋部，尤其是臀大肌、腘绳肌（大腿后侧）、股四头肌（大腿前侧）。即使是在卧推这样的纯上身练习中，双腿也扮演着主要角色。失去双腿的举重运动员可能拥有壮硕的上身，但他们在卧推中举起的重量远远比不上健全的举重运动员，这完全是因为他们的腿部无法发力。鉴于这些例子，我们很容易明白，真正的力量其实来自下半身，而不是上半身。

以上例子都与力量型的运动项目有关，但过分强调上身力量的情况也出现在多数其他运动中。对很多运动员来说，只有当他们腿部受伤时下身力量的重要性才会体现出来。若膝盖受到损伤或腘绳肌撕裂，健身者就会明白无误地理解下身是何等重要了。你可以在自己有腿伤时试着做一些上身动作，如摔跤、拳击、推、拉等，你会发现自己几乎不可能完成这些动作，更不用说下身动作了，如跑步、跳跃、踢腿等。毋庸置疑，大多数体育运动都以下身为基础，也就是说这些运动极大地依赖腿部力量，上身相对而言并不是那么重要。

田径运动中有句老话：腿有多老，人就有多老。上了年纪的运动员最先失去的就是腿部的爆发力。其实，下身力量的流失可以延缓，甚至可以逆转，但是无论做多少的上身训练也起不到这样的作用。你需要学习如何锻炼双腿。本章将介绍你需要了解的所有相关内容。

# 现代方法拖后腿

腿部练习动作有很多种，其中许多都只能锻炼腿部的某一块肌肉，如腿屈伸和柔式深蹲锻炼股四头肌，腿弯举锻炼股二头肌，俯卧挺身锻炼臀大肌。此外，还有很多需要利用腿部训练器和拉力器练习的动作，但是它们也只能锻炼某些特定的腿部肌肉。

过多的现代训练技巧非但对现代训练者没有益处，反而会起到负面作用。这正是因为在这些较新的腿部练习动作中，有很多都只是为了锻炼某块腿部肌肉而设计的。它们对那些只想锻炼下半身某一特定部位的资深健美者来说有用，可对块头一般、实用力量不强的普通健身者来说意义并不大。原因在于我们的腿部肌肉已经进化得适合作为一个整体发挥作用，而不是单打独斗。其实，当今这些种类繁多的腿部练习动作甚至会减弱腿部的实用力量，降低其运动能力，因为腿部肌肉协同发力的自然反应能力反倒会因这些练习而退化。

练出真正强健有力、行动敏捷的双腿的最佳方式就是用最少的、能锻炼尽可能多的腿部肌肉的练习动作来锻炼。最理想的情况是只练习一个动作，只要你能找到那个可以动态锻炼下身所有肌肉的动作。

其实这样的动作的确存在，而且自古以来就被运动员们所熟知。它对世界各地的运动文化影响颇深，我们将其称为深蹲或深度屈膝。在印度，整个运动文化都是建立在自身体重深蹲（即印度深蹲）的基础上的。

# 深蹲锻炼的肌肉

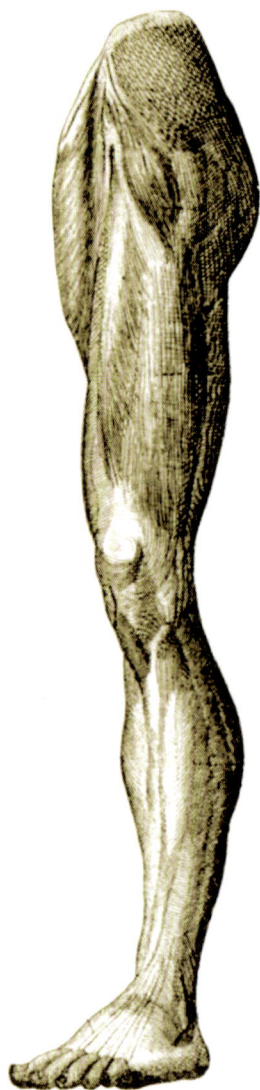

有些人不相信一个简单的动作就可以锻炼整个下半身，但深蹲在这一点上当之无愧。

这个动作究竟是什么样的呢？深蹲是指通过弯曲下身的三个重要关节（即髋部、膝盖、脚踝）而放低身体。有些人在描述深蹲时，通常集中于弯曲膝盖这一点上，因此深蹲有时也被称为屈膝或深度屈膝。但实际上，要不倚靠任何外物深蹲，需要弯曲三处关节。如果你只屈膝，而没有同时弯曲脚踝和髋部，那你就会向后摔倒。如果这三个"轴"没有同时转动，你根本就无法深蹲。下半身的这些主要关节是要协同工作的——这是进化所致。

髋部弯曲的动作主要涉及强劲有力的臀大肌、臀小肌以及臀中肌。除此之外，还有约 12 块更小的肌肉也在发挥作用，如阔筋膜张肌和梨状肌。"链条的强度取决于最弱的一环"，用这句话来形容髋部肌群十分贴切。髋部的一些肌肉的确比较小，但它们能够决定你的髋部是否健康有力。深蹲时，上身需略微前倾，所以脊椎肌肉和腰部肌肉在深蹲时也能得到锻炼，尤其是后者。大幅深蹲还会使内脏受到的压力变大，所以腹横肌和腹肌——包裹内脏的肌肉——也会变得更加有力。

屈膝的动作可以极大地锻炼大腿前侧的股四头肌。从其名字就可看出，股四头肌由四大块肌肉组成，即股外侧肌（大腿外侧的肌肉）、股中间肌（贯穿大腿中心的深层肌肉）、股直肌（大腿正面的肌肉）和股内侧肌（邻近膝盖的一块泪珠状肌肉）。这四块肌肉在膝关节伸展时会起到不同的作用。哪块肌肉得到重点锻炼取决于你的动作幅度：静止锁定将使股内侧肌得到更多锻炼，幅度较小的动作会使股外侧肌得到更多锻炼,而完整的深蹲动作将使这四块肌肉都得到高强度锻炼。深蹲是打造股四头肌的最佳动作,这在健美界无人不知。

深蹲也能锻炼半腱肌、半膜肌和股二头肌,它们是大腿后侧的肌肉群,通常以"腘绳肌"这个名称为人所知。深蹲能锻炼大腿后侧的肌肉,如今知道这一点的人并不多,所以大多数健身者都会通过腿弯举训练器械来锻炼腘绳肌。为了增强力量,腿弯举会将腘绳肌置于最糟糕的生物力学姿势,所以该动作在增强力量、打造肌肉方面起不了多少作用。过去的大力士和健身专家都了解深蹲能锻炼整条大腿,包括腘绳肌和股四头肌,因此他们中的大多数只通过深蹲锻炼腿部,结果他们的整个身体变得越来越强。如果你不相信深蹲可以锻炼腘绳肌,那你可以亲自检验一下。深蹲时,用你的手紧紧抓住大腿后部,这时你就会感受到大腿后部的肌肉正强劲有力地收缩。从理论上讲,股四头肌和腘绳肌不应该同时收缩,因为二者是一对拮抗肌,分布在腿部的前后两侧。但事实是二者的确是同时收缩的,而且还是强有力地收缩,人体运动学家将此现象称为伦巴德悖论(Lombard's Paradox)。

股骨(大腿骨)是人体内最长、最强壮的骨头,胫骨和腓骨在膝关节处与其相接。当你放低身体深蹲时,股骨的下部会向前移动,这就会导致胫骨和腓骨也相应地向前移动。而这又迫使踝关节自动屈曲,拉伸小腿和跟腱,并使胫骨前肌收缩。当你起身时,踝关节又不得不重新回到初始位置。这一看似简单的动作,却能够锻炼你小腿上的每一块肌肉,不仅包括扁平的比目鱼肌和菱形的腓肠肌,还有脚踝上更小的肌肉与肌腱。甚至连双脚上的肌肉也不得不跟着运动,以保持深蹲过程中身体的平衡和稳定。许多健美者甚至不用专门去锻炼小腿——深蹲就能使其变得足够强。

上述所有这些肌肉(还有更多)都能通过深蹲得到高强度的锻炼。但是,比这更重要的是,深蹲还能使这些肌肉协调地发展,符合这些肌肉在自然情况下协同工作的方式。你可以看看下面这些人体最基本的动作:

- 跑步
- 起立
- 跳跃
- 踩脚
- 支撑
- 用力推(如推一辆车)
- 坐下
- 用力拉(如拔河比赛)

你会发现,这些动作同深蹲一样,都需要腿部和髋部弯曲。正是因为所有的肌肉都能协同作战,下身(其实全身也一样)才能拥有如此强大的力量。

# 扔掉杠铃

很抱歉,上面的内容读起来有点儿像解剖学的教材。但我的目的是向你提供尽可能多的证据,以证明深蹲确实是最伟大的下半身练习动作,它确实能锻炼下半身的每一块肌肉。不管你同意不同意我的话,我希望你都能更多地认识到深蹲是最出色的练习动作之一。

　　我还没有说明的是，为什么用自身体重深蹲优于使用杠铃的深蹲。这两个动作难道不是相同的吗？从表面看使用杠铃的深蹲甚至可能更好，因为健身者可以根据自己的进步情况循序渐进地增加杠铃的重量。

　　不过，如果你已经阅读了前面的内容，那你也应该能预测出我的观点了。我认为，用自身体重的深蹲足以让使用杠铃的深蹲无地自容。

　　使用杠铃练习深蹲以及在模拟杠铃深蹲的器械上练习，存在几个问题。其中最主要的问题就是腿部有人体内最大、最强的肌肉。这意味着，想要锻炼双腿，就需要很重很重的杠铃片。我们知道，人的下半身肌肉要支撑全身的重量，所以下半身肌肉已经能够承受非常大的重量了，所以锻炼时你必须加大负重。这样的话，你使用的杠铃片就必须越来越重，否则就不能进步。负重230千克以上做深蹲，在大师级的深蹲训练者中并不罕见，普通人不使用药物也可以做到。当你做负重深蹲时，重重的杠铃会压在你的背部（有些家伙会把杠铃置于上胸部，但这样做动作很难受，而且上半身也很容易受伤，更关键的是采用这种方式必须减轻负重），其实相当于垂直向脊椎施加了极大的压力，这会使椎骨和椎间盘受到挤压，从而引发腰痛、肌肉扭伤、坐骨神经痛、椎间盘膨出或突出等一系列疾病。另外，把杠铃置于接近脊椎顶端的位置，也会在深蹲过程中促使上半身过度前倾，这样不但会使下背肌肉扭伤，还会引起膝盖内弯，增加膝关节的受力。所有这些问题在个子较高的健身者身上会更严重，因为从生物力学角度来看，长腿骨会把举重者置于非常不利的境地。个头越高，你所遇到的问题就会越多。真正高水平的负重深蹲者个子都不高，这并不是巧合。

　　用自身体重深蹲不依赖于额外的负重，所以不会有大重量压在背部或肩部，也就不会强迫身体做出任何不自然的动作，来引发各种脊椎或关节问题。在本书中，我将带领你循序渐进地掌握一系列难度逐步递增的自身体重训练动作。这一系列动作以终极腿部练习——单腿深蹲——收尾。

　　单腿深蹲的益处非常多，第一个明显的益处是能够增强力量。如果一位体重90千克的男人做单腿深蹲，那就相当于他是肩扛90千克的杠铃在做双腿深蹲。杠铃深蹲只会发展髋部后部的肌肉，但你在做单腿深蹲时，不弯曲的那条腿要抬高（见图40），这样一来髋部前部和侧部的肌肉也会得到锻炼。这确保了肌肉的共同发展，还能避免那些使杠铃深蹲者颇感困扰的髋部问题。此外，增强平衡能力是单腿深蹲的另一个主要益处。在日常生活中，几乎没有人会选择单腿站立，所以很少有人认识到这个动作需要有多强的平衡能力。气喘吁吁地单腿蹲下、站起，是强度很大且不可思议的协调性锻炼。单腿深蹲也比双腿杠铃深蹲更能增强身体的实用力量，因为很多动作都是只用单腿支撑身体的——你可以想想踢腿、单腿跳、攀爬等动作。自身体重深蹲比使用额外负重的深蹲更自然，这也意味着，你的身体能在两个训练期之间更快地恢复。没想到吧，但事实确实如此。单腿深蹲甚至可以强化训练者的身心连接和精神集中力，因为在做这个动作时，你的双腿在完成迥然不同的任务。毫无疑问，单腿深蹲完胜杠铃深蹲。

# 关于深蹲的思考

到目前为止，已有多部著作在讲述如何进行深蹲。我坚信，在你的整个健身生涯中都需要练习深蹲，因为这是为数不多真正无价的动作之一。因此，训练者必须定期了解自己的深蹲能力和身体状况（你想一生都很强壮，对吧）。最终，你会找到适合自己的运动技巧。我在每一式的"解析"部分都列出了一些技巧指南，不过我没有列出此动作的具体技巧。我只是告诉你一些原则，希望对你有所帮助。有些时候指南针比一些具体的指路标更有用——对健身者而言，我的建议便是指南针。你开始阅读、试验、练习吧！对下面的观点，你是否同意无关紧要，你只需要以它们为起点，开始深蹲！

- 不同幅度的深蹲会锻炼不同肌肉。标准深蹲能够锻炼下半身的所有肌肉，所以你必须掌握。在我列出的十式中，有几式只是半幅动作，但那些不过是通往标准深蹲的台阶。半幅动作必须一直与全幅动作结合起来练习。
- 深蹲的整个动作幅度是什么样的？动作进行到最低点时，大腿后侧会紧贴小腿，你的身体将无法继续降低。这时，需要大腿和膝盖共同发力才能将身体推起，直到双腿完全伸直。动作幅度再小哪怕一点都算不上"全幅"。
- 有些人认为，直接深蹲到最低点对膝盖不好，事实并非如此。只有在你的膝盖预先有问题时，深蹲才不利于它们。而大多数时候，深蹲甚至有助于缓解膝盖问题。如果膝关节处的肌腱还不适应较低的姿势，就可能扭伤。但是，如果你一步一步、循序渐进地小心练习，你的膝盖就能变得很结实，足以练习标准深蹲。不必担心！
- 与之类似，许多健美者不喜欢在深蹲的最高点时将双腿完全伸直。他们认为这会给大腿肌肉休息的机会，使其得不到应有的锻炼。在将双腿完全伸直的过程中，肌肉的确会有一瞬间不承受压力，这是事实。但是，如果短暂的放松可以在下次转换成更大的力量，就没有什么不好。切记，做深蹲时一定要完全伸直双腿。
- 在动作的反向过程中，不要直接就那样蹲下了，而要用肌肉力量有控制地下蹲。
- 下蹲过程中身体要前倾，但不要过分前倾。因为这样将过分锻炼髋部，而忽略了大腿。前倾是必要的，但不要养成向前弓背的习惯。
- 在深蹲到最低点时，你实际是"坐着"。请按照"坐"的标准来要求自己，而不是按照"蹲"的标准要求自己，有时这会帮助训练者降得更低，因为这有助于矫正髋部的姿势——避免屁股向后撅。
- 最低点的姿势是深蹲中最难控制的部分——几乎所有练习都是如此，不过深蹲尤甚。尽管难度很高——做单腿深蹲时尤其难，但你在深蹲中绝不能快速下蹲，然后直接"反弹"（靠惯性）站起，这会严重损伤膝关节处的软骨。你应该通过前几式的练习慢慢增强肌腱的力量。

- 我建议在动作最低点坚持 1 秒钟，六艺都要这样——这是避免做出危险的反弹动作的极佳方式。
- 在动作最低点坚持一会儿是个好习惯，但这并不是万灵药，在这种情况下你仍然可能作弊。有些人在起身的时候会出现摇晃前倾的趋势，这可以为起身提供惯性，使最初几厘米的移动变得更容易，可这样做会让膝盖承受多余的压力。你应该保持上半身不动，只靠腿部发力将自己推起。如果你做不到，那说明这个动作对你而言太难。你应该回到更容易的动作，坚持锻炼。
- 有些人发现，深蹲时不得不抬起脚跟，所以他们干脆就在脚跟下放上木板或砖块，这是个坏习惯。需要抬起脚跟与平衡能力或身体结构无关。之所以会这样，只是因为你的脚踝缺乏灵活性，跟腱不够柔韧。如果你的韧带和肌腱很僵硬，在深蹲时脚踝不能充分弯曲，那你的双脚脚跟就会不自觉地抬起。一定不要使用木板之类的东西，你应该经常拉伸小腿，直到自己可以在不借助任何辅助的情况下做深蹲。
- 上面提到深蹲能锻炼许多肌肉，包括人体内最大的肌肉，这是此动作的最大优点。不过它也有缺点，那就是练习该动作需要付出很多辛苦。这就是深蹲逐渐不流行、并出现了许许多多替代练习的原因之一。咬紧牙关，撑过难关，数月之后你的身心都将适应那种痛苦，而这种练习也会变得越来越可以忍受。见鬼，你甚至会爱上深蹲。
- 练习深蹲时我喜欢向前伸出双臂，这有助于动作下降到最低点时保持身体平衡，因为这样能够分担身体的一部分重量，从而避免身体向后倾倒，对个子较高的人来说尤其如此。有些用自身体重练习深蹲的人喜欢把双手放在髋部、肩部上或者是交叉在胸前，对特定的练习来说，你觉得怎么舒服就怎么来。
- 许多家伙都害怕深蹲，因为他们认为深蹲将加重膝盖旧伤。其实事实恰恰相反。做全幅的深蹲时，增加的血液流动可以移除累积的废物，恢复旧伤组织，缓解疼痛。膝盖及其周围的肌肉与肌腱将变得更强、更柔韧，再受伤的可能性也大大减小了。
- 最常见的膝盖伤是前交叉韧带撕裂。前交叉韧带是贯穿整个膝关节并使之成为一个整体的韧带。当你的双脚平踩在地上，而膝盖猛烈扭动时，前交叉韧带经常会完全或部分撕裂。前交叉韧带损伤，在橄榄球、足球、摔跤和武术等项目中很常见，其实此病在所有带有肢体接触的对抗性运动中都很常见。膝关节构造复杂，有时在前交叉韧带撕裂时，半月板（纤维软骨）也会撕裂。如果韧带没有经手术重建（甚至是已经重建），受伤的膝盖会非常不稳定，有时会出现脱臼。深蹲并不会使前交叉韧带损伤进一步恶化，相反还对恢复伤病有益。只要双脚姿势正确，在深蹲过程中膝盖会很有利，不会不稳定和脱臼。深蹲能够锻炼股四头肌，而股四头肌可以替代前交叉韧带，在其他活动中稳定膝盖。如果你受伤之后做深蹲或是在深蹲过程中锁定膝关节时确实感到疼痛，那么这通常是由于软骨碎片所致。如果真是这样，继续练习就没有助益了，你必须通过手术移除碎片。这是微创手术，当天就能出院。如果你遇到了这种情况就别继续受罪了，去医院吧！

# 关于第七式偏重深蹲

这是鲜为人知的"秘密"练习，可以极大地锻炼平衡、柔韧性和关节力量。但很多人发现自己已经可以做上几次最终式单腿深蹲了，却做不了这个第七式的动作。于是他们误以为偏重深蹲比单腿深蹲的难度还大，这是一种错觉——由于在动作最低点时，抬起的那条腿可以辅助起身，这个练习对力量的要求势必更小一些。

那些可以做单腿深蹲但不能做偏重深蹲的训练者，一定要回头努力练习，直到掌握这个动作。这样在做单腿深蹲时，你的姿势一定会更完美，在动作的最低点，你会更稳更扎实，也根本不需要靠"反弹"来起身。

认为偏重深蹲"不可能"的人，一般只需要微微调整一下。比如，对那些双腿相对较短的训练者，篮球可能有点高了，这样使身体重心过于后移，就有摔倒的危险——这时就应该找个小点儿的球。但其实，只要按照该动作"稳扎稳打"部分坚持练习，绝大多数人都能最终征服篮球。

# 第一式  肩倒立深蹲

## 动 作

平躺，双膝弯曲，双手下压。双脚蹬离地面，直到举到空中。在将双腿举起的过程中，顺势把双手撑在下背部，注意上臂要紧贴地面。你现在摆出的姿势是肩倒立——靠双肩、上背部以及上臂支撑身体。要记住，始终用这几个部位支撑身体，不要让颈部受到压力。身体要锁定伸直，髋部不要弯曲。这是该动作的起始姿势（图21）。上半身要尽可能伸直，弯曲髋部与膝关节，直到膝盖轻触前额，这是该动作的结束姿势（图22）。然后伸直双腿，直到身体回到起始姿势，如此重复。

## 解 析

对任何开始练习深蹲的人来说，肩倒立深蹲都是完美的起点。由于做该动作时身体处于倒立姿势，所以膝盖和下背部无需承受身体的重量，这就使得该动作成为一个理想的恢复性训练动作——可以帮助那些背部和膝盖有伤的健身者，或是刚做完手术正处于恢复期的健身者重新开始腿部训练。从力量角度来说，做肩倒立其实对健身者上身的要求更高。但是这一动作能让紧绷的关节放松，增加关节的活动幅度，从而能让初学者为练就完美的深蹲打下基础。

## 训练目标

- 初级标准：1组，10次
- 中级标准：2组，各25次
- 升级标准：3组，各50次

## 稳扎稳打

第一次尝试该动作时，不是人人都能做到膝盖轻触前额。你可以在每次锻炼时试着加大动作幅度，这样你的关节很快就会得到放松。另外，有啤酒肚的人几乎无法完成这个动作，因为他的大肚子会碍事。对这类人来说，坚持空腹练习会好一些——直到他们减掉肚子上的赘肉。

**图 21**

把双手撑在下背部，注意上臂要紧贴地面。

**图 22**

上半身要尽可能伸直，弯曲髋部与膝关节，直到膝盖轻触前额。

# 第二式 折刀深蹲

## 动 作

　　站在一个稳固的物体前，此物体的高度大约与你的膝盖等高，至少也要达到胫骨上部，小咖啡桌、椅子、床铺都是不错的选择。双腿分开，与肩同宽或略宽。双腿伸直，弯腰俯身，直到双手与面前的物体接触。身体前倾，使一部分体重落在双手上。这是该动作的起始姿势（图23）。上半身尽量与地面平行，弯曲膝关节和髋部，直到大腿后侧紧贴小腿，无法蹲得更低为止。这是该动作的最低点（图24）。下蹲过程中你还需要弯曲双臂，在下降到最低点后腿部与手臂要同时发力，将身体推回到起始姿势。在整个动作过程中，脚跟始终不能抬离地面。

## 解 析

　　做折刀深蹲时上半身前倾，并不直接位于双腿上方，因此两条手臂会承担一部分体重。该动作的难度大约只有标准深蹲（第五式）的一半，但这是能帮助下身肌肉与肌腱为之后的动作做准备的最佳动作。只要正确练习，这个动作就能让初级健身者拥有足够的平衡能力和跟腱的柔韧性，来征服标准深蹲中的最低点。

## 训练目标

- 初级标准：1组，10次
- 中级标准：2组，各20次
- 升级标准：3组，各40次

## 稳扎稳打

　　下降到最低点时该动作的难度最大，因为此时下肢需要承担身体的大部分重量。如果你觉得动作有难度，那就逐步加大动作幅度来慢慢适应。还有一种方法就是让双臂分担更多的身体重量，这样能够帮助你从最低点站起来。等腿部更强壮之后，你就可以试着减少双臂的用力，更多地依赖双腿。

**图 23**

身体前倾，使一部分体重落在双手上。

**图 24**

弯曲膝关节和髋部，直到大腿后侧紧贴小腿，无法蹲得更低为止。

# 第三式 支撑深蹲

## 动　作

直立，双脚分开，与肩同宽或略宽。手臂向斜下方伸出，双手放在比自己的大腿略高的稳固物体上，书桌、高脚凳或椅背都可以。这是该动作的起始姿势（图25）。弯曲髋部与膝关节，身体慢慢下降，背部尽可能保持挺直，直到大腿后侧紧贴小腿，无法蹲得更低为止，这是该动作的最低点（图26）。暂停一会，然后主要靠腿部发力站起来。为了分担双腿的一部分压力，尤其是在最低点时，你要通过向下按压面前的物体，来借用手臂的一部分力量。手臂要尽量伸直，在整个动作过程中都不要让脚跟抬离地面。

## 解　析

支撑深蹲是半深蹲之前的最后一式。它是折刀深蹲（双腿承受大部分身体重量）与半深蹲（双腿承受全部身体重量）之间理想的过渡动作。支撑深蹲能够进一步加强下肢的柔韧性和力量，锻炼膝盖的肌腱、韧带及软组织。它能让你的深蹲动作更标准，锻炼你仅仅使用肌肉力量而非惯性从最低点推起身体的能力。

## 训练目标

- 初级标准：1组，10次
- 中级标准：2组，各15次
- 升级标准：3组，各30次

## 稳扎稳打

要想对该练习所需的腿部力量进行微调，方法非常简单。要使该练习对下身来说更容易，只要更多地使用上身的力量即可。随着你在动作最低点时感觉越来越轻松，你可以逐渐减少在起身过程中臂力的使用。

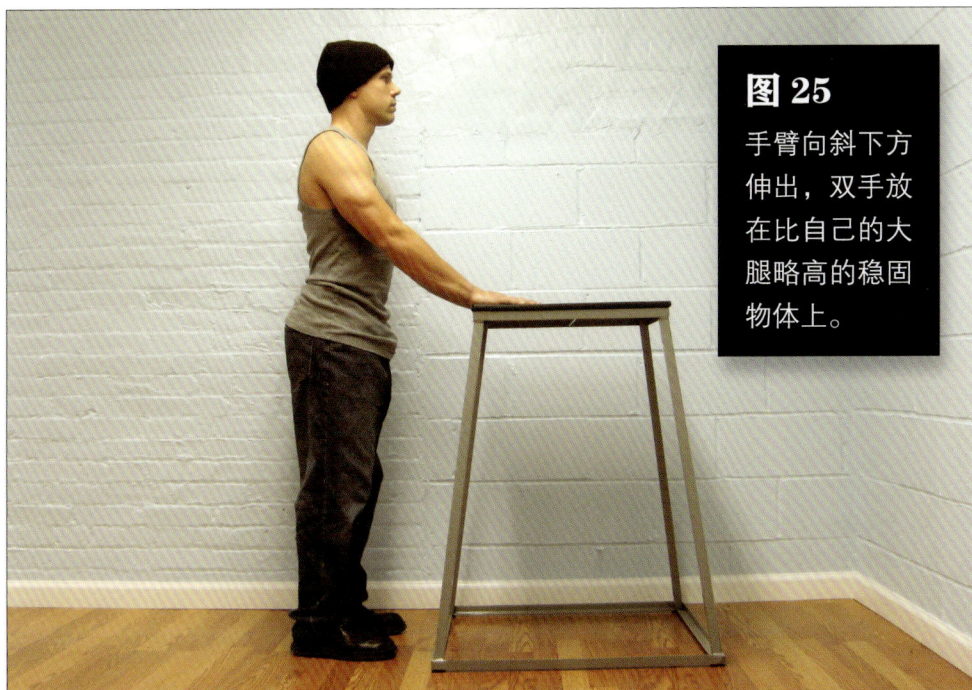

**图 25**

手臂向斜下方伸出，双手放在比自己的大腿略高的稳固物体上。

**图 26**

弯曲髋部与膝关节，身体慢慢下降，背部尽可能保持挺直。

# 第四式 半深蹲

## 动 作

　　站立，双脚分开，与肩同宽或略宽。脚尖不要指向正前方，而要略微向外。双手放在髋部、胸部、肩部都可以——以舒适为前提。这是该动作的起始姿势（图27）。弯曲髋部和膝盖，直到膝关节弯曲成90°——换句话说就是大腿与地面平行。这是该动作的最低点（图28）。刚开始你可以借助一面镜子或是找朋友帮忙，直到能够自如地控制动作幅度。不要求快，也不要借助惯性起身，而要完全在肌肉控制下做整个动作。在最低点（半空中）坚持1秒钟，然后再回到起始姿势。在整个动作过程中，背部始终要挺直，双脚脚跟始终不能抬离地面。膝盖与脚尖应该始终朝向同一方向，深蹲时膝盖绝不要向内转，脚尖指向外有助于你做到这一点。

## 解 析

　　在深蹲系列中，半深蹲是双腿在没有任何辅助的情况下承受全部体重的第一式。因此，它应该受到重视。该动作教你在无辅助的情况下保持平衡和身体姿势，这些对于后面的深蹲练习都是必要的。此外，该动作也能够让你了解如何让膝盖与双脚摆出对你来说最适合的姿势。这个动作对大腿而言难度并不大，因此下面给出的训练目标量比正常的量要大。攻克了这个动作之后，你会发现自己髋部和大腿内侧的肌肉变得更强了。

## 训练目标

- 初级标准：1组，8次
- 中级标准：2组，各35次
- 升级标准：2组，各50次

## 稳扎稳打

　　如果做不了半深蹲，那就先做四分之一深蹲，每当你感到有余力时，就可以适当加大动作幅度。

**图 27**

脚尖不要指向正前方，而要略微向外。

**图 28**

弯曲髋部和膝盖，直到膝关节弯曲成 90°。

# 第五式 标准深蹲

## 动 作

直立，双脚分开，与肩同宽或略宽（取决于个人偏好）。双脚略微向外转，双臂随意摆放，只要舒服即可。这是该动作的起始姿势（图 29）。髋部与膝关节弯曲，背部始终挺直。当大腿达到几乎与地面平行时，把你的身体重心向后转移，就像要坐下一样。有控制地继续放低身体，直到大腿后侧紧贴小腿。这是该动作的最低点（图 30）。暂停一会，然后仅靠腿部发力将自己推回到起始姿势。起身过程和下蹲过程应该是完全相反的。脚跟始终不要抬离地面，膝盖也不能向内转。

## 解 析

标准深蹲是经典的自身体重练习动作。数千年来该动作始终流行于世，是有一定原因的。标准深蹲能够强化膝关节，并增强大腿肌肉、臀部肌肉、脊椎肌肉和髋部肌肉的力量和运动能力。另外，这个动作也能使小腿、胫骨前肌、脚踝，甚至包括脚掌得到相应的锻炼。标准深蹲有助于让双腿保持年轻活力。

## 训练目标

- 初级标准：1 组，5 次
- 中级标准：2 组，各 10 次
- 升级标准：2 组，各 30 次

## 稳扎稳打

如果你已经达到了半深蹲的升级标准，那么做标准深蹲就不会有太大问题。由于杠杆原理，当动作到达最低点时难度最大，对个子较高的人来说尤其如此。如果你达不到初级标准的目标，那就继续去做半深蹲。如果你感到自己变强了，那就增加几厘米的动作幅度。不要心急，一定不要借助惯性起身、让脚跟离地或是摇晃前倾。要纯粹使用肌肉力量，否则就别练了！

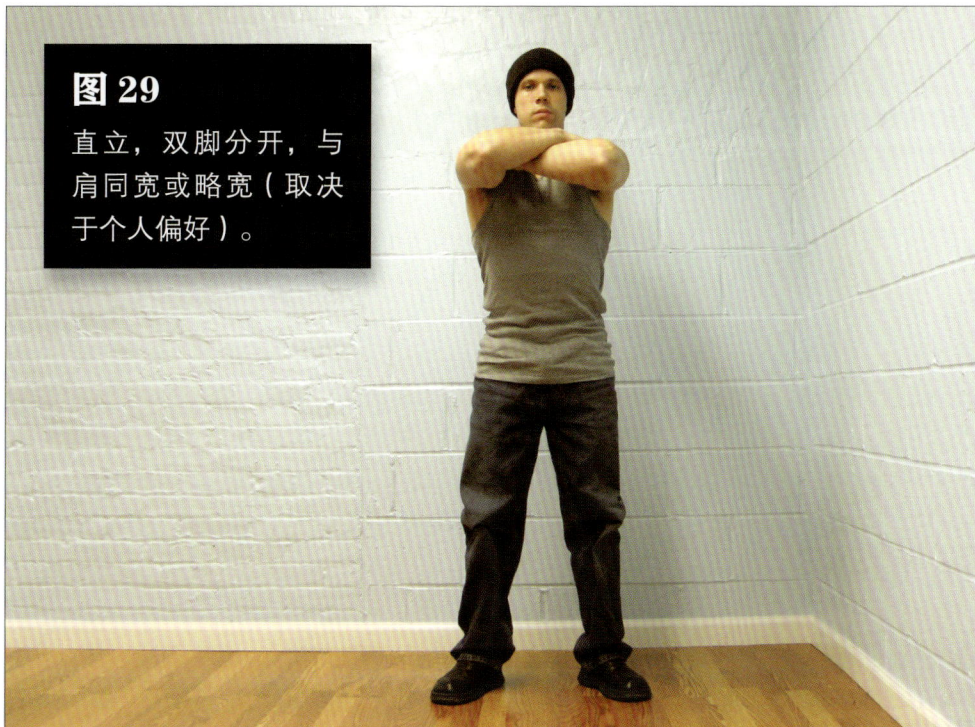

**图 29**

直立，双脚分开，与肩同宽或略宽（取决于个人偏好）。

**图 30**

有控制地继续放低身体，直到大腿后侧紧贴小腿。

# 第六式　窄距深蹲

## 动 作

直立，双脚脚跟相碰，脚尖微微向外，双臂前伸。这是该动作的起始姿势（图 31）。弯曲膝盖和髋部，直到大腿后侧紧贴小腿，无法蹲得更低为止。此时，你的胸部应该紧贴大腿（图 32）。注意，脚跟始终不要抬离地面。为避免后倾，你得收缩胫骨肌肉使身体微微前倾。保持这一姿势，然后仅靠腿部发力将自己推回到起始姿势。

## 解 析

窄距深蹲具有标准深蹲的所有益处，但是对股四头肌的影响更大。经常练习该动作真的能强化你的膝盖、胫骨和臀部肌肉，让你的臀部更紧实，效果比任何一种器械训练都好。

## 训练目标

- 初级标准：1 组，5 次
- 中级标准：2 组，各 10 次
- 升级标准：2 组，各 20 次

## 稳扎稳打

很多训练者练习前几式时进展神速，但到了窄距深蹲就会碰到问题——在动作最低点或接近最低点时，身体有可能失去平衡而后倾。这些问题在腿骨长、个头高的训练者身上尤为突出。之所以会出现这些问题，是因为训练者胫骨前侧的肌肉缺乏力量以及平衡能力不强。如果练习前几式时你的进度太快，那就回到标准深蹲，在练习过程中逐渐缩小双脚之间的距离——每次缩小几厘米。双臂前伸能够让重心前移。此外，你也可以手拿重物——如哑铃、书或矿泉水瓶等——练习该动作，不过最好还是空手能完成。有些训练者由于身体结构的原因，做该动作真的很困难，如果你就是这样，那么可以让双脚脚跟保持一掌的距离。

**图 31**

直立，双脚脚跟相碰，脚尖微微向外，双臂前伸。

**图 32**

为避免后倾，你得收缩胫骨肌肉使身体微微前倾。

# 第七式　偏重深蹲

## 动　作

直立，一只脚踩在地上，另一只脚的脚跟放在位于自己前方、距身体约一步远的篮球上。双脚分开，与肩同宽或略宽，双臂在胸前伸直。这是该动作的起始姿势（图33）。弯曲膝盖和髋部，直到踩在地上的那条腿的大腿后侧紧贴小腿后侧。这是该动作的最低点（图34）。刚开始练习时，到达最低点后可能出现身体后倾的情况，所以要确保身后有足够的干净空间，这一点对所有全幅深蹲都适用。暂停一下，然后双腿发力把自己推回到起始姿势。在动作过程中，脚跟始终不要抬离地面，身体不要向前摇晃，尽管你可能不自觉地想这样做。切记，要有控制地完成整个动作。

## 解　析

偏重深蹲是到挑战单腿深蹲的第一步。到现在为止，深蹲系列中各式的动作都是对称的——都能够均衡地锻炼双腿。练习该动作时，放在篮球上的那条腿位置相对较高，而且又必须控制篮球，所以无法完全发力。踩在地上的那条腿需要承担大部分工作，要有足够的力量在另一条腿的辅助下把身体从最低点推起。这个动作还可以很好地改善你的平衡能力与协调能力。

## 训练目标

- 初级标准：1 组，5 次（每侧）
- 中级标准：2 组，各 10 次（每侧）
- 升级标准：2 组，各 20 次（每侧）

## 稳扎稳打

与前几式相比，该动作需要更多的技巧和更大的力量。如果把脚架在篮球上难以保持平衡，那你可以选用稳固的物体（如三块垒起的砖头）代替篮球。如果这样还是有问题，你可以选择降低物体的高度（如一块砖）。随着你的信心与平衡能力的增强，可以逐渐增加物体的高度。

**图 33**

直立，一只脚踩在地上，另一只脚的脚跟放在位于自己前方、距身体约一步远的篮球上。

**图 34**

弯曲膝盖和髋部，直到踩在地上的那条腿的大腿后侧紧贴小腿后侧。

# 第八式 单腿半深蹲

## 动 作

直立，只靠一条腿站立，另一条腿向前抬起，伸直或略微弯曲，抬起的脚大约处在另一条腿大腿的高度上，双手向胸前伸出。这是该动作的起始姿势（图 35）。弯曲髋部和支撑腿的膝盖，直到膝关节几乎弯曲成 90°，即大腿几乎与地面平行。在此过程中，抬起的那条腿应该始终在空中。这是该动作的最低点（图 36）。暂停一会，然后单腿发力把自己推回到起始姿势。在动作过程中，背部始终要保持平直，而且支撑腿的脚跟始终不能抬离地面。

## 解 析

该练习是深蹲系列中第一个完全的单腿动作。攻克这个动作很重要，因为这可以让健身者的平衡能力得到极大的提升，从而为标准单腿深蹲打下基础。通过这个动作，健身者能够逐步掌握非支撑腿长时间离地的技巧。这可不容易，因为这需要非常强壮的髋部屈肌，可大多数人的髋部屈肌都很弱。由于只有一条腿支撑身体，所以这个动作可以更好地增强我们的腿部力量。不过由于该动作的运动幅度只有正常的一半，所以在练习该动作时，应该辅以一个全幅动作——窄距深蹲或偏重深蹲都可以。

## 训练目标

- 初级标准：1 组，5 次（每侧）
- 中级标准：2 组，各 10 次（每侧）
- 升级标准：2 组，各 20 次（每侧）

## 稳扎稳打

达到偏重深蹲升级标准的健身者，做该动作应该不成问题。如果你发现这个动作对你来说还是个挑战的话，那就先使用更小的动作幅度，随着体能的发展再逐步增加下蹲的深度即可。

**图 35**

抬起的脚大约处在另一条腿大腿的高度上。

**图 36**

在动作过程中，背部始终要保持平直，而且支撑腿的脚跟始终不能抬离地面。

# 第九式 单腿辅助深蹲

## 动 作

把篮球放在要练的那条腿的外侧。直立，一只脚平放在地面上，另一只脚在你前方抬起——同单腿半深蹲（第八式）的起始姿势。抬起那条腿的同侧手臂向前伸出，另一只手臂自然垂于体侧（图37）。然后弯曲髋部和支撑腿的膝盖，直到大腿后侧紧贴小腿，无法继续下蹲为止。此时，你的手应该稳稳地放在篮球上，这是该动作的最低点（图38）。起身时主要依靠腿部力量，但你也要用手按压篮球，以便在反向动作的最初阶段借力。注意，在动作过程中，支撑腿的脚跟始终不能抬离地面。

## 解 析

任何一种深蹲动作的最低点都是最难的，单腿深蹲尤其如此。该动作通过允许你做反向动作时在至关重要的最初几厘米中用手辅助、借力，安全地解决了在最低位置时的问题。通过练习该动作，你膝关节处的韧带与肌腱将变强，之后你就可以信心十足地开始挑战最终式——单腿深蹲。另外，该动作还会迫使髋部屈肌更加用力，以保持抬起的那条腿比做单腿半深蹲时抬得更高，而这可能需要你花点儿时间才能适应。在这重要的一式上投入点时间。

## 训练目标

- 初级标准：1组，5次（每侧）
- 中级标准：2组，各10次（每侧）
- 升级标准：2组，各20次（每侧）

## 稳扎稳打

如果你还达不到该练习的初级标准，那就试着使用比篮球高的物体，椅子或矮咖啡桌都是不错的选择。相比于使用篮球，这些物体可以在更大的运动范围内为你的手臂提供支撑。一旦你借助更高物体能完成该动作，就可以换用矮一些的物体，就这样循序渐进地练习，直到你准备好再次尝试用篮球做该动作。

**图 37**

直立，一只脚平放在地面上，另一只脚在你前方抬起。

**图 38**

用手按压篮球，以便在反向动作的最初阶段借力。

# ★最终式 单腿深蹲

## 动 作

直立，抬起一条腿，直到脚大约与髋部等高，腿要尽量伸直，双臂在胸前前伸。如果你在之前几式上已经花了大量时间，那么这些对你来说不会太难。这是该动作的起始姿势（图39）。然后弯曲髋部与支撑腿的膝盖。你应该有控制地放低身体，不要一下蹲到底。缓慢地下蹲，直到支撑腿的大腿后侧紧贴小腿，无法继续下蹲为止。此时，你的腹部应该与支撑腿的大腿紧贴在一起。这是该动作的最低点（图40）。在紧张状态下，暂停一下（数一个数），然后单腿发力把自己推回到起始姿势。注意，千万不要借助惯性起身。在动作过程中，背部始终挺直，抬起的腿始终离地，而支撑腿则应稳稳地踩在地上。到达动作最高点时暂停一下，然后再下蹲。

## 解 析

单腿深蹲是深蹲动作之王，也是锻炼下身力量的终极练习。它可以锻炼脊椎、髋部、大腿、小腿和双脚，还能增强我们的耐力和运动能力。久而久之，皮包骨的双腿将变成强有力的支柱——有钢索般的股四头肌、硬如岩石的臀大肌、壮硕有形的小腿。掌握这个动作，你的双腿就绝不会衰老。而且，它还会保护你免受髋部病痛与膝关节损伤的折磨。

## 训练目标

- 初级标准：1组，5次（每侧）
- 中级标准：2组，各10次（每侧）
- 精英标准：2组，各50次（每侧）

## 稳扎稳打

如果你达不到单腿深蹲的初级标准，那就回到第九式（单腿辅助深蹲），并使用比篮球略小的物体，如三块摞起的砖。逐渐使用越来越小的物体，直到根本无需支撑。

**图 39**

抬起一条腿，直到脚大约与髋部等高，腿要尽量伸直。

**图 40**

缓慢地下蹲，直到支撑腿的大腿后侧紧贴小腿，无法继续下蹲为止。

# 深蹲系列升级表

| 第一式 | 肩倒立深蹲<br>第 76 ～ 77 页 | 逐步做到<br>**3 × 50 次**<br>然后开始第二式 |
|---|---|---|
| 第二式 | 折刀深蹲<br>第 78 ～ 79 页 | 逐步做到<br>**3 × 40 次**<br>然后开始第三式 |
| 第三式 | 支撑深蹲<br>第 80 ～ 81 页 | 逐步做到<br>**3 × 30 次**<br>然后开始第四式 |
| 第四式 | 半深蹲<br>第 82 ～ 83 页 | 逐步做到<br>**2 × 50 次**<br>然后开始第五式 |
| 第五式 | 标准深蹲<br>第 84 ～ 85 页 | 逐步做到<br>**2 × 30 次**<br>然后开始第六式 |

# 深蹲系列升级表

| | | |
|---|---|---|
| **第六式** | **窄距深蹲**<br>第 86 ~ 87 页 | 逐步做到<br>**2 × 20 次**<br>然后开始第七式 |
| **第七式** | **偏重深蹲**<br>第 88 ~ 89 页 | 逐步做到<br>**2 × 20 次**<br>然后开始第八式 |
| **第八式** | **单腿半深蹲**<br>第 90 ~ 91 页 | 逐步做到<br>**2 × 20 次**<br>然后开始第九式 |
| **第九式** | **单腿辅助深蹲**<br>第 92 ~ 93 页 | 逐步做到<br>**2 × 20 次**<br>然后开始最终式 |
| **最终式** | **单腿深蹲**<br>第 94 ~ 95 页 | 终极耐力<br>**2 × 50 次** |

# 更上一层楼

攻克单腿深蹲之后，你可以继续花时间练习该动作，以增加次数。对所有动作的最终式而言，这个建议都不错。动作标准地完成多次反复可以增强肌肉力量和控制力，至于增加到多少次，完全由你自己决定。我见过一位狱友可以一口气标准地完成 100 次单腿深蹲，一天重复数回！我曾经也达到过三位数的次数，而且还能继续做下去——但我发现太多次重复同一动作其实很无聊。如果你很投入，而且相对年轻（不到 60 岁）又不胖，那你可以将每条腿完成 50 次深蹲视为一个长期目标，这是一个既具有挑战性又可以达到的目标。那些自命不凡的健美运动员可做不了几次。

好，现在假定你已经能够动作标准地完成 50 次反复。做得很好！那你接下来该干什么呢？

锻炼大腿成瘾之徒的反应是寻找其他方式使自己的腿部力量变得越来越强。这确实是健美运动员和举重运动员所期望的，所以这些家伙一直在坚持锻炼，并不断地向杠铃两端加杠铃片或者增加哈克深蹲和腿举的配重片。有时，这种进步会持续很长时间——其实双腿天生就有潜力变得非常强壮，腿部肌腱本来就很强，而且大腿和髋部包含大量肌肉细胞，所以很容易练出极大的力量。由顶级举重运动员转为摔跤手的马克·亨利（Mark Henry）能在无任何支撑的情况下深蹲近 450 千克。在这方面女士们也毫不逊色，她们也能练出极为强健的腿部。就上身力量而言，罕有女性能与男性匹敌，但腿部力量则不然，女性的髋部和大腿天生就是为生孩子准备的。美国女孩儿贝卡·斯旺森（Becca Swanson）可谓是世界上最强壮的女人，她的体重比亨利轻 64 千克，但能负重超过 360 千克做深蹲。女人腿部强壮并不是新鲜事。中世纪以前，每到农忙时节，由于牛的数量有限，农民必须亲自拉犁——男人用强壮的上身和手臂控制犁，女人则用强壮的腿部和臀部把犁拉过土地。

所以，假设你已经达到单腿深蹲的大师级水平，接下来我是不是该告诉你如何使你变得更加强壮？你认为我将透露监狱里秘不外传的诀窍，从而帮你练就更加强壮的腿部？错！我们的确要增加力量，但在锻炼下半身时，如果无尽地加大阻力，只会误入歧途。当然，如果你想加大阻力，很容易就能增加单腿深蹲的负重，只要手举哑铃将其置于胸前或是将杠铃置于肩上即可——老派大力士一直都是这样做的（参见下页照片）。伯特·阿瑟拉缇用这种方式训练，可以负重 90 千克做单腿深蹲。美国女子铅球冠军康妮·普赖斯-史密斯（Connie Price-Smith）曾在负重 110 千克的情况下练习单腿深蹲。

大重量确实能吸引大众的眼球，但在现实中这种锻炼方式往往与伤病相伴。所有举重者都无法摆脱膝盖和背部的伤病困扰，而且其中的大多数都得上手术台，即使这样很多人在上了年纪之后还是无法自如行动，因为他们的膝关节和脊柱被大重量毁掉了。

不要被力量决定一切这种观念误导。对监狱里的健身者来说，运动能力才决定一切。说到腿部，机动性比力量更重要。练出能完成单腿深蹲的力量，你就拥有了活塞一样的双腿，同时你的关节也会强健得不可思议。在此基础上再加大阻力，可以使你的大腿更加粗壮、结实，但这样做未必能增强运动能力。下一步你应该学着运用下身力量——试着做楼梯冲刺、跳跃、推汽车等运动（参见变式部分），这些动作会让你那已足以令人生畏的双腿在速度、敏捷性与耐力上进一步发展。切记，在腿部训练的过程中，千万别被大重量迷惑双眼。

从前的训练者，并不忌讳混合训练。

# 变式

　　练习深蹲或腿举动作时，人们会特别强调不同的腿部和脚部姿势，这是因为人们认为不同的姿势能够锻炼股四头肌的不同部位。通常认为：双腿间距宽的站姿能够锻炼股内侧肌；双腿间距窄的站姿能够锻炼股外侧肌；脚趾向外能够锻炼股内侧肌的下部；脚跟提起能够锻炼股直肌……其实，股四头肌的四个头常常是作为一个整体发挥作用的，运动时采用不同的站姿或脚部姿势差异其实很小。怪异的站姿和角度会让膝盖与髋部处于不自然的状态，迟早会伤害身体。练习深蹲时，你需要找到最有力、最舒服的姿势，并坚持用这种姿势锻炼。如果你想寻求改变，也不要打乱自己的深蹲计划，你可以尝试下面这些完全不同的动作。

# 弓步

弓步是代替深蹲的经典动作。站立，双脚并拢，一只脚向前面迈一大步。双腿弯曲，背部挺直，直到前膝弯曲接近 90°，后膝几乎接触地面。双腿发力，将身体向后推，直到双腿伸直。接下来，你可以向后撤一步回到起始姿势，然后再重复，或者后腿向前迈一步再重复。囚室内没有太大空间，所以我们都是撤一步回到起始姿势，换腿，另一条腿向前，成弓步，撤回，再换腿。但是，如果你所处的空间很大，那就无需回到起始姿势，只需换腿继续向前即可。若你的双腿状态良好，那你可以这样走很长一段距离。我见过一位特别信赖这个方法的自由搏击选手，他通过数自己走过几遍足球场来判断自己的锻炼程度。

# 弓步压腿

这是非常不错的弓步变式，每次只集中锻炼一条腿。将一条腿放在大约与膝盖等高的物体上。对我而言，床铺比较合适，你可以借助台阶——尝试不同高度的台阶，以帮助你找到适合自己的高度。抬起的那条腿向前伸出，膝盖略微弯曲。保持背部挺直，弯曲髋部以及抬起的那条腿，直到大腿后侧紧贴小腿。此时，抬起那条腿的大腿应该紧贴胸部。后面那腿的膝盖可以略微弯曲，以确保安全。但是，主要做动作的应该是前腿。暂停片刻，然后前腿发力，将自己推回到起始姿势。此动作看起来像是蹬腿，但速度更缓慢、更平缓。完成所定的目标次数，然后换腿。练习几百次之后，第二天早晨你的股四头肌将会奇酸无比。

# 柔式深蹲

单手抓住某个稳固的物体，以保持平衡。站立，双脚并拢或几乎并拢，双膝弯曲，髋部锁定，踮起脚尖，上身微微后仰。刚开始做这个动作时，上身容易前倾，你会觉得这个动作特别难，但用不了多久，你做起来就会轻松自如。做这个动作时，大部分力量通过膝盖传递，所以膝盖弯曲不要超过 90°。起初，即便这样的运动幅度做起来也会比较吃力，所以你必须努力。在动作的最低点坚持一会儿，再回到起始姿势，就这样反复练习。除了增加次数，该练习的难度很难有所提高。但这是一个非常有用的恢复性训练动作，因为做这个动作时髋部不会弯曲，所以如果你的下背部正处于受伤恢复期，此练习绝对是锻炼股四头肌的好方式。该练习为什么叫这个名字，似乎还有一些争议。最普遍的说法是，由于杠杆原理，此练习不利于肌肉发力，这就使做此动作的大汉看上去柔柔弱弱。但我的导师乔•哈提根发誓说，该练习的名字是源于古希腊神话人物西西弗斯（Sisyphus）。据神话所述，西西弗斯每天都要把一块巨石推到山上；每到黄昏，又注定眼看着巨石滚落，真是不幸，不过他的大腿一定非常强壮。

## 印度深蹲

印度摔跤手练习这个动作已有数百年的历史。双腿分开，与肩同宽或略宽。下蹲，成蹲坐姿势，下蹲过程中抬起脚跟。到最低点后，不要停顿，立即靠腿部发力，将自己推起，与此同时脚跟放下。随着脚跟抬起和放下，身体重心会上下前后地移动，这种踩跷跷板一样的节奏使得该动作的速度和爆发力比普通深蹲中的大。与一般深蹲不同，弹震式动作其实是印度深蹲的核心。在动作过程中，随着动作轻轻挥动手臂，有助于产生和保持节奏。在该动作最高点和最低点都不要暂停——你需要连续做动作。印度深蹲有缺点也有优点。缺点是，它不能取代普通深蹲系列，因为它只能通过增加次数来增加难度，这样做可以增强耐力，但不能增强力量。此外，动作过程中的惯性也可能导致健身者膝盖发炎。优点是，它的节奏感和高次数很适合想增强下半身的耐力但又找不到地方跑步的人。另外，印度深蹲对心肺能力也大有裨益。如果你准备练习印度深蹲，那么就要将其逐渐纳入你的训练计划，给膝关节时间来适应这项练习。

## 弹震式跳跃

深蹲能够练就肌肉块头和力量。隔三岔五的把一些弹震式锻炼加入腿部训练计划，对快速释放肌肉力量很有帮助。好在训练腿部爆发力并不难，在冲刺跑、跳跃、踢腿等

极少有人——无论他有多强壮——具有此等令人胆寒的爆发力，能够像这样完成标准的单腿跳箱子。

运动中，腿部会本能地使用爆发力。弹震式训练最主要的形式也许就是跳跃。跳跃动作很简单，哪儿都可以做。在健身房里，练习弹震式跳跃的健身者通常会使用稳固的平台来练习"跳箱子"——从固定站姿开始，跳到一个盒子上。但事实上，弹震式跳跃不需要任何器械。在圣昆汀监狱，我的第一个室友教给我一种运动——立定跳远，这是他从军时学到的。只需双脚并拢，快速下蹲，然后尽力向远处跳，落地时双脚依然保持并拢，而且身体不能向前倾倒，否则就算失败。这个动作做起来比看上去要难，因为通常情况下，我们都要跑一段——至少跑一两步，然后才会起跳。用跳跃练习增强爆发力时，要强调力量，而不是次数。热身之后，反复做 2 ~ 3 组，每组 4 ~ 6 次，就足够了。随着你不断地进步，你自然能跳得更远。如果地方不够，可以只做单腿练习。单腿站立，下蹲，然后尽力向远处跳。注意，还是起跳的那条腿落地，而且还不能跌倒，否则就不合格。如果你享受单腿锻炼的感觉，那可以试着单腿跳箱子——先单腿深蹲，然后单腿跳到箱子上（参见上页图片）。但是，除非你的膝盖超级结实，否则不要尝试。传统跳高和跳远也是很好的练习，但我认为立定跳远是最好的跳跃练习，因为该动作还能提升你的平衡能力和控制力——没有这两点，爆发力也就没什么用了。

## 楼梯冲刺跑 / 山坡冲刺跑

　　我在监狱里绝没有条件做这个练习，但我认识几位极其信赖山坡冲刺跑的家伙。先找一处有很多台阶的地方，普通住宅楼的楼梯可不够，你可以试试高的公寓楼的楼梯。运动场的看台楼梯也是不错的选择，反正越吓人越好。如果你住在农村，找不到运动场，那就找一座陡峭点儿的小山也可以。你只要从山脚下开始，顺着斜坡向上跑就可以了。听起来是不是很容易？其实非常艰难。楼梯也好、小山也好，要想让你的身体迅速向上移动，对体能的要求都异常高。几秒钟下来，你就会气喘吁吁，而且双腿已然充满了乳酸。到达台阶顶部时（如果你能做到），你的双腿就会像果冻一般，此时你会觉得还活着真算幸运。绝不要再跑着下来——你已精疲力竭，身体的协调能力和控制能力都降低了，如果跑下来你很可能会重重地栽个大跟头，所以一定要走下来。坚持下去你就会进步——只用更短时间就能跑完全程或者能冲刺更多的台阶。该练习在搏击运动员中很流行，正是前代终极格斗者（UFC）——比如莫里斯·史密斯（Maurice Smith）——使这个古老练习重新唤起了训练界的注意。许多运动员用该练习锻炼，而不用杠铃深蹲，因为如果进行得合理，该练习可以最大限度地增强下半身的耐力，同时对关节也没什么危害。这项练习似乎好处多多，可惜我在自己的巅峰时期没有机会找到很长的楼梯。试试吧，但要注意，该练习的强度很大，如果冲得太快太猛，你很可能会呕吐。

## 推汽车

　　孩童时，我看到迪克·布特库斯（Dick Butkus）在接受采访时说，高中时推一辆两吨重的汽车帮他练就了橄榄球比赛中不可思议的爆发力。从那时起，我就开始向往推汽车。这听起来好像是只有超人才能完成的事情。只要有机会，我就会将妈妈那辆破旧的福特翼虎沿街推上一小段。那时虽然只能把车往前推几米，但我感到很满足！虽然在狱中不怎么看芝加哥熊队的比赛，但我一出狱就立刻恢复了推汽车的爱好。我会找一段空旷的马路或小道，关掉汽车引擎、挂上空挡——如果不挂空挡推起来会有点儿困难。然后走到车后，将手掌撑在后备箱上——不要推后挡风玻璃。双臂几乎伸直，上身前倾，靠双腿发力推动汽车。虽然汽车动起来之后推起来会容易一点儿，但也不会好太多。在此过程中，我会踮起脚尖，这能够很好地锻炼小腿肌肉。在推汽车的过程中不仅是双腿，就连我们的背部、腹部、胸部、肩部及手臂也会得到极大的锻炼。如果能找到一段足够长的路，那你可以试着将车向前推 100 米（用步子测量，100 步就差不多了）。每次都给自己计时，每周练习一两次，每次推两三回，看你能不能打破自己保持的纪录。这可以练出可怕的力量！推汽车是强大的实用腿部练习，因为在此过程中你会学到如何把通过深蹲练就的所有力量传递到全身。这种练习方法有助于让肌肉掌握如何发大力，这在摔跤、武术、橄榄球等几乎所有真格的体育运动中都很有用。如果你被几个敌人围在墙角，那该练习也会帮你解围。

## 消防员冲刺跑

这是冲刺跑的高强度训练法，需要训练伙伴。弯腰并把肩膀抵在伙伴腰下，当他趴在你背上之后，站起来，顺势把他背离地面，他的头会在你的背上，双脚悬在你大腿的位置。用手钩住他的双腿以保持稳定。这是经典的消防员抢救背负方式。以这个姿势快速跑到大约 100 米处的固定目标那里，但要保证安全。然后，把你的伙伴放下，再让他用同样的动作把你背回来。双方交替重复这种折磨人的练习，只要吃得消，就尽量多次反复练习。像台阶冲刺跑和推汽车一样，这种练习对我们的心肺功能、心血管耐力、腿部的新陈代谢及全身的能量生成都极有好处。这是一项很有趣又很有难度的运动，像任何一种涉及外在负重的练习一样，它本身也有危险。你要好好热身，而且要穿着结实的靴子，以保护脚踝。此外，在整个练习过程中都要保持精神集中。该方法不仅在消防员中很流行，在保镖中也广泛使用，因为他们可能需要背着保护对象迅速脱离险境。

# 第七章  仓门般的背部与大炮般的肱二头肌

# 引体向上

不管你对自重训练的看法如何，有一点毋庸置疑，那就是引体向上很酷。谁看到《洛奇2》里史泰龙在攀缘架上咬紧牙关练习偏重引体向上时不会热血沸腾呢？也许我个人更喜欢《终结者2》里的一幕——干练的琳达·汉密尔顿 (Linda Hamilton) 在立起的铁床上做了一个引体向上。我还记得，我刚进监狱不久时，看见一个头发花白的黑人囚徒在囚室门上做单臂引体向上，我发誓也要学会这个看似不可思议的动作。

人类一直喜欢把引体向上当作强壮的特征，这不是什么新鲜事。其实，引体向上是现存最古老的肌肉练习动作。我们很容易就能找到前人练习引体向上的证据。有几位古典作家曾描述过这个动作，它在战士、运动员以及想获得上好体力的平民中很流行。尽管如此，我们也无法确定引体向上的起源，因为从某种意义上说，引体向上可能比我们人类出现的时间还要早。进化论科学家认为，在我们进化成人类之前，我们的祖先可能是生活在树上的，就像黑猩猩和类人猿一样，对他们来说，抓着树权把自己拉起来是很自然的事，就像今天的人走路一样。

奇怪的是，尽管人类有良好的生理结构遗传，但是普通健身者似乎很少关注自己的背部肌肉。走进任何一间健身房你都能看到，一些家伙（甚至是中级运动员，他们不应该这么无知）不停地通过卧推以及其他胸部练习增强躯干力量，而对于背部他们只做几组简单的划船和背阔肌下拉了事。原因可能是通过镜子我们不容易看到自己背部的肌肉，所以容易忽略。但我认为我们的文化也在其中起了一定的作用。男人从小就被灌输男子气概和"推力"有很大关系——我们推动别的物体，以显示对它的控制；打架的时候，我们会推搡出拳以自卫；遇到困难时要扛得住、撑得起；我们甚至会在心理"推开"别人，以保持个人空间。只有女人才会把别人拉向自己，跟对方黏在一起。男人都应该更加独立——强壮就意味着把东西推开！

## 引体向上的益处

以上想法也许是文化人类学敏锐的洞见，也许是我在囚室中花了太多时间去思考俯卧撑和引体向上的结果罢了。也许两者都有，谁知道呢？不管你对我的理论是否买账，你都不能否认大多数运动员都完全低估了上身的拉力肌肉群。提到躯干肌肉群的时候，我们最先想到的可能是鼓鼓的胸肌，或是又宽又厚的肩部。这些推力肌肉群的确很重要，但其无法与背部的拉力肌肉群相比。人体覆盖面积最大的肌肉群是背阔肌，它们从腋窝向下，遍布后背，就像一对张开的翅膀。做引体向上时，虽然其他大部分背部肌肉群也在工作，比如肩胛骨周围的斜方肌、三角肌后束以及圆肌和菱形肌，但背阔肌的确是干活最多的。背阔肌不仅大，而且它们对训练的"响应"也很惊人，好像背阔肌的细胞在基因上就被设计成一遇到刺激就会变大、变强一样。看看现代健美者展示肌肉的造型，令人印象最深的不是其手臂和腿部，而是那像翅膀一样的背阔肌。对那些健身发烧友来说，也许其胸部肌肉已经很难再长丝毫，但是背阔肌不一样，只要训练适当它几乎一夜之间就能够变得更大——这些肌肉仿佛上古时期我们的先人使用的神器，一直在沉睡，但忠实地等待着我们的召唤，从而爆发生长。

说来令人泄气，当训练者投入大量时间锻炼其背部时，他们做的很多动作其实都是不合适的。他们会抓着重物俯身做杠铃和哑铃划船，其实这些动作会给脊柱下部的椎骨以很大的压力。此外，这些动作还会不可避免地导致肌肉僵硬或拉伤。也许这就是为什么现在使用器械练习背部成了健身者的头号选择。常见的锻炼背部的器械包括坐式划船器、下拉器、还有更加难懂和复杂的组合器械。健身器械为什么这样流行？就因为简单！只要稍微给点儿重量，健身者的背部就会活跃起来。很不幸，正因为简单，所以不会有多大的效果，除非你使用了大量类固醇——那些嗑药的家伙甚至做点儿搽脂抹粉的动作，也能让块头像气球一样膨胀起来——不是强壮，是膨胀。

把健身房里的那些练习都抛到九霄云外吧！你根本不需要它们。想要练就强有力的背部肌肉，最好、最安全的练习就是朴实无华的引体向上。引体向上是背部练习之王，原因我在前面已提过——人类身体已经在进化中适应了垂直拉起自身重量的动作。虽然在现代社会人们不经常做这个动作，但我们的基因并未改变。掌握了引体向上，你的背阔肌将疯狂地增长。此外，肩胛骨周围的肌肉会呈现蛇盘曲的形状，斜方肌会变得比铁板还厚还硬。总的来说，躯干上的每一块拉力肌肉在引体向上中都会发挥作用，并会快速地变得更大、更强。

毫无疑问，引体向上会比其他躯干练习更快地让你的肌肉变大，但这仅仅是引体向上的一个不错的副作用，其真正的益处在于实用力量。我有一个朋友以前是海军陆战队的教官，他跟我说过，每一批新兵中总有几个是练健身的，他们看起来又大又壮，所以这些人总认为自己很强大。这些家伙很多都能做一整天的俯卧撑，但如果你让他们把自己的身体拉起来，或者在突击课程里翻越一堵墙，又或者是爬绳子，这些家伙就会陷入挣扎之中，完全不是那些小个头的对手。这纯粹是因为现代的健身者常常依赖重物锻炼背部，而忽略了自身体重的作用，结果就缺失了让身体敏捷的关键能力。

在货真价实的力量之中，抓握力举足轻重。引体向上也能鞭策抓握力的发展——尽管没进行专门的抓握练习，但在引体向上中抓住横杆、上下移动身体就能够练就足够强壮的手指和手掌。与此同时，健身者的前臂屈肌也会变得更有力。信不信由你，引体向上甚至会让你的腹肌和髋部（在日常生活中，它们一般不是用来使双腿离地保持悬空状态的）得到很好的静力锻炼。初学者在尝试引体向上时，第二天往往会感觉腹部比背阔肌更酸疼。

# 巨大的肱二头肌

就连健美运动员也承认引体向上对背部健美大有裨益，但很少有人知道引体向上也是练习肱二头肌的最佳动作。大多数现代健身者还坚持通过弯举练习来锻炼肱二头肌。但实际上不管你用多大的重量，弯举都只是一种孤立动作，因为它只通过一个肘关节来锻炼肱二头肌；而引体向上是一种复合动作，通过两个关节（肘关节和肩关节）来锻炼肱二头肌。这正是肱二头肌自然的运动方式，所以按这样的方式训练，手臂上这块小小的肌肉就会变得非常强大。想想看，让一个90千克的人做引体向上，那就相当于他的肱二头肌要以完整的运动幅度弯举90千克。你知道有几人能弯举90千克的杠铃呢？如果这个人继而又掌握了单臂引体向上，那他就是用一只手臂的肱二头肌拉起了90千克的重物，这就相当于在健身房里弯举90千克的哑铃。难怪体操运动员都有甜瓜般巨大的肱二头肌。你如果真想拥有强大的肱二头肌并释放其全部的潜力，那就忘掉弯举，做引体向上吧！

# 最安全的上背部练习

实际上人类生来就适合做引体向上，这就意味着引体向上是最安全的背部练习动作，因为这个动作是顺应而非违背自然的运动生理学完成的。这一点很重要，因为健身房里那些危险的背部练习比其他动作更容易导致受伤。其中大多数时候都是下背部受伤，但我从未听说过引体向上和下背部受伤之间有任何关系。原因很简单，做引体向上时我们的双腿是悬空的，这样就不会给脊柱增加额外的压力——下背部和上背部被脊柱两侧的竖脊肌牢牢地包裹着，保持着最自然的状态。

协调、正确的引体向上会保护你的肩膀不致受伤。由于在日常训练中过度重视推举动作，大多数举重运动员的三角肌前束都非常强壮，这就导致他们的上肢带肌力量不平衡，从而出现肌肉僵硬、易受伤，以及动作不自然。对健美者来说，这是很常见的事情。引体向上是练习三角肌后束的最佳动作，在日常训练中加入引体向上可以消除这种不平衡，使肩部功能变得流畅和谐，避免肩部再受伤。如果动作正确，引体向上会使关节健康，几乎不会导致伤病，其他形式的背部训练可不敢这样声称！

# 理想的动作幅度

锻炼力量的理想动作幅度是：手臂几乎伸直（微微弯曲），把身体上拉至下巴超过横杆。如果继续拉，直到胸部接触横杆，甚至是胸骨接触横杆，那么背阔肌已经无法发力，主要依靠的是肩胛骨之间较弱的肌肉，这样会限制力量发挥，使上肢处于容易受伤的位置。因此，做引体向上以下巴超过横杆为最佳。

在起始姿势中，肘部要微微弯曲，这有两个好处。第一，避免肘部过度伸展，减少肘部承受的压力；第二，可以帮助你稳住上身来做强力的动作。别理那些健美达人给你的指点，记住，做引体向上时，在动作的最低点身体绝不要完全放松、彻底伸展，因为这样会把压力从肌肉转到连接关节的韧带上，这样很不好。在最低点时不仅肘部要弯曲大约10°左右，为了稳住上身，肩部也要保持"收紧"的状态。

# "收紧"双肩

你要认识到，双肩收紧在任何悬垂练习中都对保护肩部有重要意义。

肩关节是球窝关节，这种关节的运动极其灵活，但其代价就是极易受伤。双手抓握横杆、身体悬于空中时，如果肩部放松，球窝关节就会被完全拉伸，只靠弹性不足的韧带维系稳定。这样不仅会使韧带受力过大，引起发炎，而且有时也会导致肩部完全或部

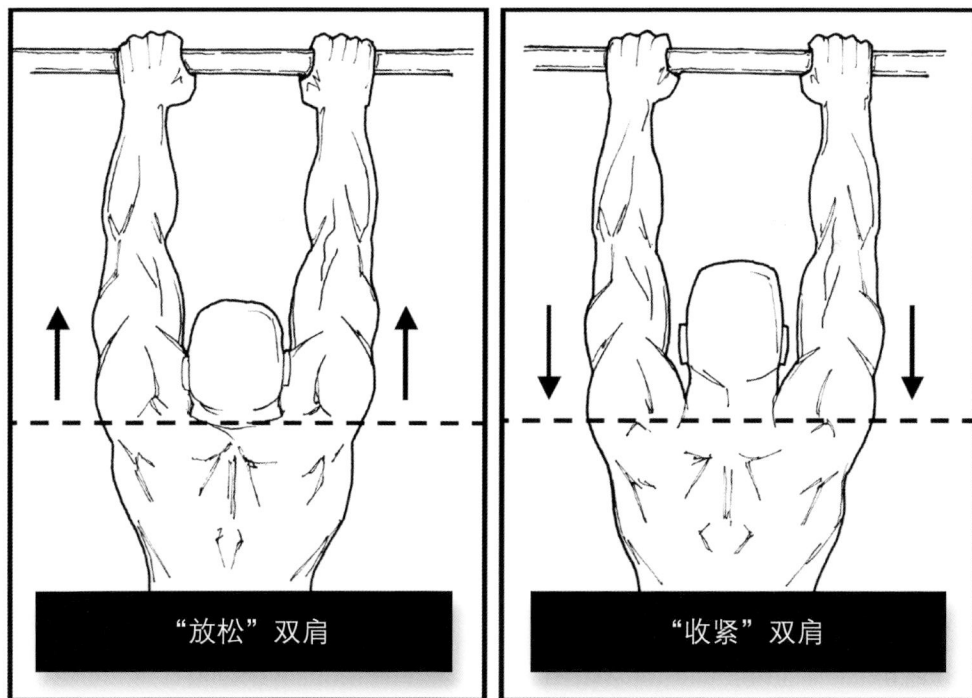

"放松"双肩

"收紧"双肩

分脱臼。这种情况虽然不常见，但的确会发生。如果有伤在先，情况会更危险。做动作时如果肩部保持收紧，密集的肌肉群就会把关节和韧带保护起来，脱臼也就无从发生了。

悬垂式的练习（尤其是引体向上和举腿）是极好的、应该享受终生的练习，所以你

从一开始就要掌握正确的方法。收紧双肩不是大幅度动作，从外面几乎看不出来，只不过是训练者将肩关节向下拉了两三厘米（参见上页图片）——只需收紧背阔肌就行。练习时，整个上身要保持稳定，用不了多久你就会习惯这样了。

# 抓握姿势

关于引体向上，另一个争论点是抓握姿势。有正握（指根关节朝向自己）、反握（指尖朝向自己）、侧握（拇指朝向自己）……哪种姿势更好呢？

这要视情况而定。要考虑的最重要因素是运动生理学家所谓的"内旋现象"。在引体向上这个动作中，内旋现象是指当我们把身体拉起时，我们的双手会不自觉地向内旋转。这是一个非常小的自然动作，一般不会影响标准的引体向上的效果。但在整个引体向上系列中，随着动作难度的不断提高，其影响会变得越来越明显。

做引体向上的要诀是，早期练习时可以使用最容易的抓握方式。本书中的练习示范通常是正握，对大多数人来说，这是最有力的抓握姿势，但反握和侧握也都可以。可是当练习进入标准引体向上之后的阶段，内旋现象的影响会越来越大，这时如果你再使用固定姿势进行练习可能会感觉不舒服。如果真是这样，那你可以试试新的抓握姿势。随着练习难度增大，侧握通常会让人感觉更有力、更自然；肱二头肌强大的家伙感受不到内旋现象对其做动作有多大影响，他们更喜欢反握；而有些人则觉得所有练习都是正握更舒服：怎么舒服怎么来。

做高难度的引体向上时，吊环是最好的选择——就是男子体操项目中使用的吊环。因为吊环连在活动的绳索上，这样在运动过程中手就能够随意抓握、旋转。而固定的横杆则会把手固定住，从而限制其运动幅度。如果你在做引体向上时感到腕部、肘部、肩部等不适，那可以试着使用吊环，帮助手臂找到最自然的、最佳的抓握姿势，这样就可减少这些问题。

# "蹬腿"

应该借助肌肉力量完成引体向上，而不是惯性。但是肌肉缺乏力量的人在做引体向上时会不自觉地向上抬膝盖，以获得惯性来完成动作。这种作弊技巧有专门的名称——蹬腿。

蹬腿会给关节带来不必要的压力，造成一种很有力量的错觉，动作也容易走形。因此，初学者在做引体向上时千万不要蹬腿，应该坚持标准的姿势——经2秒钟拉起身体，暂停1秒钟，再经2秒钟放低身体，再暂停1秒钟。记住，千万不要用惯性。如果非得借助惯性你才能做几次引体向上，那你应该返回去做那些无需作弊就可以完成多次的、更容易的动作。

　　等你做引体向上的能力变强了，比如，到了无需作弊就可以做第五式的水平，这时就可以通过蹬腿来增加动作次数了。先做严格规范的动作，尽量多做，至少要三～四次，然后再借助蹬腿产生的力多做一次、二次，甚至三次。这样可以让你突破正常的界限，发展更强的肌肉耐力。但不要用过头，也别把蹬腿当作肌肉力量的替代品。只在每组练习的最后才——而绝不是一开始就使用蹬腿。

　　记住，当你想升级到下一式时，只有不蹬腿所做的次数才算数。

# 悬垂场所

　　19 世纪之前，很多牢房基本上就是一个笼子，美国的监狱尤其如此，所以牢房顶部都有横杆。19 世纪的囚徒不出牢房就可以做引体向上，但是这些横杆使囚徒的自杀率大幅增加，因而逐渐被淘汰。如今，囚徒大多只能到院子里焊接的引体向上架或双杠上去做引体向上。当然，你也需要找个合适的地方做引体向上。人体的适应能力极强，你只需稍微留意就会发现，几乎任何地方都能做引体向上——房屋的椽子、树枝、暖气管，甚至屋檐和阳台都可以（参见第 135 页）。如果你想足不出户地做引体向上，我建议买个引体向上杆（价格不贵，很多地方都有售），并将其固定在门框之间。做引体向上选择高一点儿的物体（比如固定在屋顶的管子）会比较好，这样你的脚就可以自然下垂。这些也是尽情做举腿动作的好地方。

　　说了这么多，但最好的做引体向上的器械还是上面说过的平行吊环。你可以买吊环，但如果能找到适合自己抓握的坚固的圆环，那你也可以自己做吊环——只需在每个圆环上系一根结实的绳子，并找个坚固地方将其挂起来。

# 体重与引体向上

　　与大多数其他练习（比如俯卧撑）不同，引体向上需要训练者移动全身。这意味着你身体上的每一克体重都必须被拉起来，经过整个动作过程。因此训练者越重，就越难在引体向上系列中进步。纯粹肌肉的重量不是你掌握引体向上十式的障碍，但如果你身上有多余的几十斤无用的脂肪，那第五式或第六式的前景都很渺茫，除非你天生神力或是动作不标准。如果真是这样，你也不要太担心。遵循引体向上系列的十式，能做到哪一式就做到哪儿，然后坚持练习不要放弃。竭尽所能做这项练习——其他五艺也是如此——同时控制饮食以减掉额外的体重。有志者事竟成！

# 慢慢来

　　引体向上系列比六艺中的大部分动作更具挑战性，这主要是因为要依靠上肢移动全身。所以想要在引体向上系列中进步，所用的时间必定比俯卧撑系列（只需移动身体的一部分重量）和深蹲系列（使用的是强劲有力的下肢肌肉）的更长。

做引体向上系列时进步慢是很正常的。即使你非常努力地训练，想要前进一步有时也要用上好几个月，这不是什么坏事。记住，这只是因为这些动作所需的力量非常大，所以进度才看起来比较慢，但这也意味着每一点微小进步都会转变成巨大的能力提升。你的注意力应该集中在这上面，不要光想着时间。

不要急于从一个动作过渡到下一个动作，这条建议适用于所有的自身体重练习。切记，升级到某一系列中难度更高的动作，只是表明你的力量增加了而已。而这些增加的力量，只是通过日积月累地重复难度较低的动作才实际获得的。加急升级并不能使你更快地获得力量。

如果你的身体还没有准备好，那你绝不能从一个动作贸然升级到另一个动作，那样最终会导致失败和失望。最成功的体操运动员都深明此理。他们会学着爱上自己正在做的任何练习；他们研究它，沉迷于它，掌握其中的微妙变化；他们会在这个动作上真的投入时间和精力，就像这是他们的终极练习一样。他们有耐心，给身体足够时间打造真正的力量，时候一到他们自然就能做更难的动作。从长远来看，如果你能培养这种态度，你就会做得更快、走得更远。

# 引体向上系列

很多人都特别恐惧引体向上，认为这是一个极难的动作，身体超重的人尤其如此。如果你也是这群人之一，不必担心。如果以正确的技巧开始训练，那么在前几式里你的身体会很快适应并有所收益——就好像你的肌肉"记得"这些动作，很快就明白了它们本来就应该是做这个的一样。

人们之所以会恐惧引体向上，大多是由于误解，对引体向上的性质理解不全面。大家谈到引体向上，通常只想到一个动作，即标准的双手引体向上。初学者几乎不可能完成该动作，除非他的身体异常强壮或是身材瘦削、体重很轻。正是这些误解才使很多训练者避开引体向上，转而靠器械锻炼背部力量，这可是大错特错。其实引体向上也分很多种，不只有人们熟知的标准引体向上。在引体向上系列中有比标准引体向上更难的动作，但也有比它容易得多的动作。

本书体系中包含了十种引体向上动作。在这十式中，经典的标准引体向上是第五式。不要一下就跳到标准引体向上，你应该慢慢练习，牢牢掌握之前的四式后再升级——每一式都能够逐渐增加你的力量。这样的话，当你升级到标准引体向上时，你就不会感到那么困难了——很多人甚至觉得很容易。不过，掌握标准引体向上之后，你的力量之旅还没有结束，后面还有五式。而终点则是在所有时代中都最令人钦佩且垂涎的力量绝技——单臂引体向上。

# 第一式 垂直引体

## 动 作

找一个可抓握且很稳固的竖直物体，门框和高一点的栏杆都是上好之选。靠近物体站立，脚尖与之保持约 8 ～ 15 厘米的距离。以舒服的姿势抓住该物体，理想情况是双手与肩同宽，但不必要——只要双手对称即可。这是该动作的起始姿势（图41）。由于你距离物体很近，所以手臂会弯曲。身体慢慢向后倾，在此过程中伸展手臂，直到手臂几乎伸直、身体后倾与地面成一定角度为止。这是该动作的结束姿势（图42）。此时，你的上背部应该有拉伸感，手臂可能也会有同感。暂停一会，再并拢肩胛骨并弯曲手臂，把身体拉回到起始姿势。暂停，然后再重复该动作。

## 解 析

垂直引体是动作非常轻微的引体向上动作。对那些背部和手臂力量正处于恢复阶段的训练者来说，这是非常理想的练习。此外，这个动作对肩部、肱二头肌或肘部受过伤的训练者而言更适合，因为它可以增加血液流动，并让他们的身体找回"拉力"的感觉。对初学者来说，这也是上好的练习。由于该动作强度较小，可以使初尝拉力训练的人，在进入难度更大的动作之前真切地感受肩部和上背部肌肉的"发力"。

## 训练目标

- 初级标准：1 组，10 次
- 中级标准：2 组，各 20 次
- 升级标准：3 组，各 40 次

## 稳扎稳打

垂直引体几乎是人人都能做的简易练习。如果你正处在伤病康复阶段，觉得该动作对某些身体部位（也许是缝针部位）而言太过剧烈，那就减小动作幅度，绷紧肩部，别让手臂伸得太直。

**图 41**

靠近物体站立，脚尖与之保持约 8 ～ 15 厘米的距离。

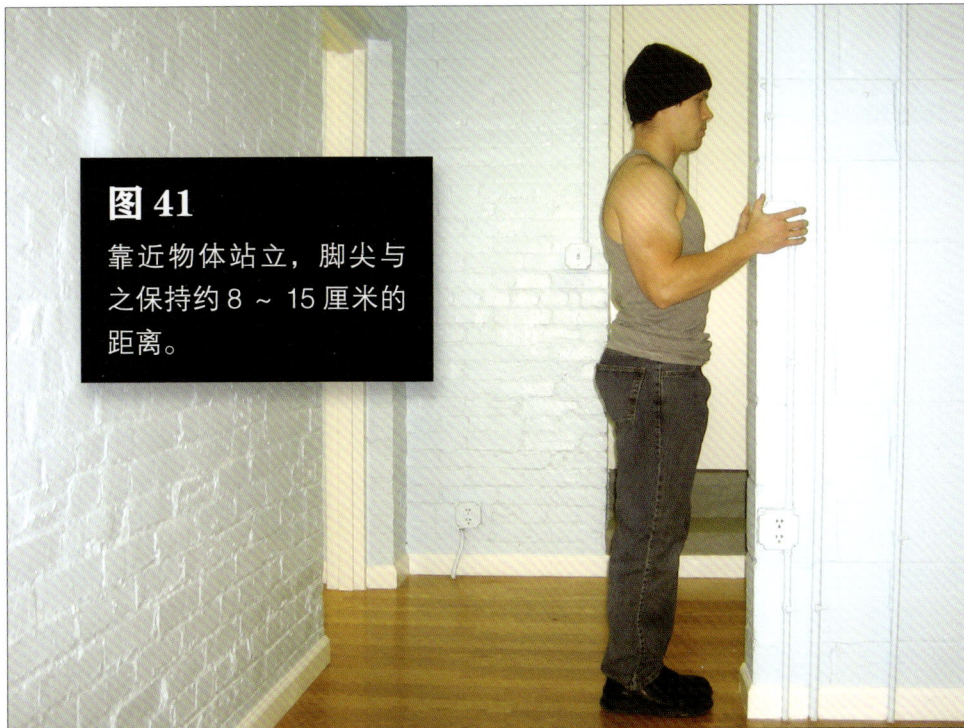

**图 42**

此时，你的上背部应该有拉伸感，手臂可能也会有同感。

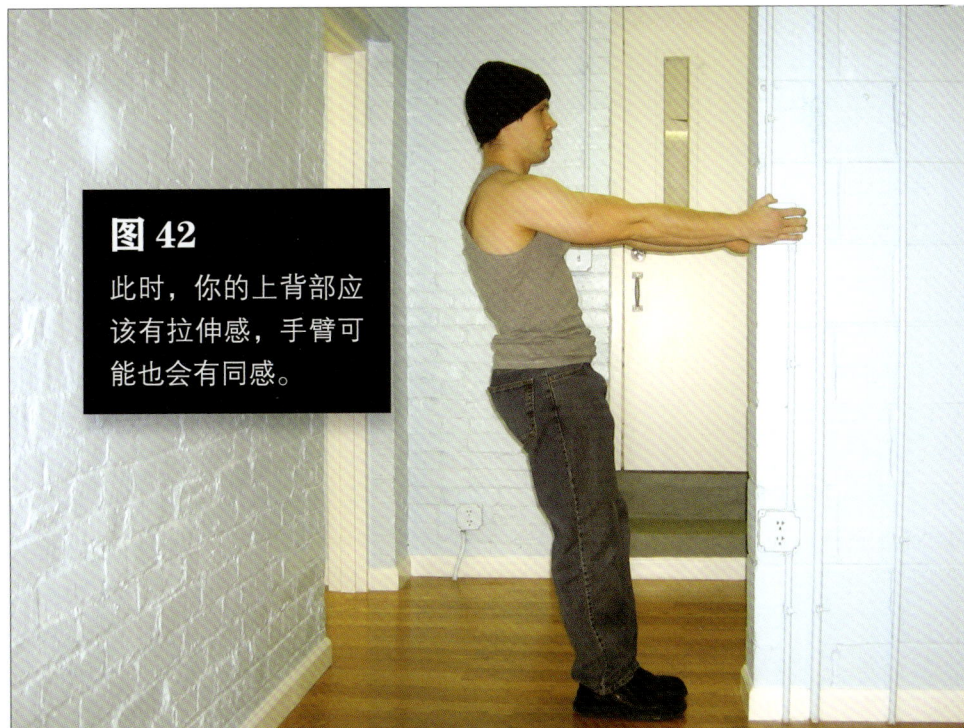

# 第二式 水平引体向上

## 动 作

找一个至少与你的髋部等高、稳固且双手可抓握的水平物体。该物体要能安全地承载你的体重，又大又结实的桌子（如餐桌和书桌）通常是最佳之选。钻到桌子下面——胸部与下肢都位于桌子下面，抬手抓住桌子边缘（使用正握姿势）。理想情况是，双手与肩同宽，但这要取决于你用的是什么样的桌子。然后拉起身体，使背部离地，只有脚跟与地面接触。有时你的手臂可能需要适当弯曲才能使背部离地——这取决于桌子的高度。身体绷紧，让双手和双脚脚跟承担身体的重量。这是该动作的起始姿势（图43）。然后平缓地拉起身体，在此过程中整个身体（尤其是膝盖）要成一条直线，直到胸部触到桌子边缘。这是该动作的结束姿势（图44）。暂停一下，然后降低身体，回到起始姿势，如此重复。

## 解 析

水平引体向上与垂直引体类似，但练习水平引体向上时身体会更加倾斜，因此该动作对力量的要求更高。这是非常好的过渡练习，在开始后续的悬垂式练习之前，训练者一定要掌握它。该动作也可以强健某些关节，尤其是易于受伤的肘关节和肩关节。

## 训练目标

• 初级标准：1组，10次
• 中级标准：2组，各20次
• 升级标准：3组，各30次

## 稳扎稳打

所用物体越高，该练习也就更容易。如果刚开始你觉得太难，那就找一些比自己髋部略高的物体。等你能做30次反复之后，再尝试用与髋部等高的物体来练习。在该动作中，双脚会在地面上适当滑动，如果这个过程中的摩擦对你构成了明显阻力，那么可以试着使用更容易滑动的鞋或地板，或者双手抓在吊环类的物体上——这样双手的位置就可以在动作过程中适时调整，从而免除了双脚滑动的必要性。

**图 43**

身体绷紧，让双手和双脚脚跟承担身体的重量。

**图 44**

平缓地拉起身体，在此过程中整个身体（尤其是膝盖）要成一条直线。

# 第三式 折刀引体向上

## 动 作

　　练习折刀引体向上需要高一点的横杆，横杆下面放一把高脚凳或类似物体。向上跳起抓住横杆，手臂大约与肩同宽，采取正握姿势。用横杆训练时，肩部始终要收紧（参见第107页），手臂也不能完全放松，肘部微微弯曲。将双腿向上摆，把双脚脚跟搭在横杆前方的高脚凳上，双腿要完全伸直。该物体要足够高，理想情况是双腿伸直时脚踝与骨盆恰好在同一高度，此即经典的折刀角度。这是该动作的起始姿势（图45）。然后平缓地把身体拉起，伸直的双腿向下压以帮助完成动作，最后使下巴高过横杆。这是该动作的结束姿势（图46）。暂停一下，然后降低身体，在肌肉的完全控制下回到起始姿势。注意，每组练习都不要做到"精疲力竭"，好在练习结束后能安全地下来。如果你还没站稳就松开双手，可能会跌倒受伤。

## 解 析

　　折刀引体向上是全幅度引体向上动作。由于双腿要承担一部分体重，在动作最低点时还可以起协助作用，所以该练习比标准引体向上容易。

## 训练目标

- 初级标准：1组，10次
- 中级标准：2组，各15次
- 升级标准：3组，各20次

## 稳扎稳打

　　最低点是所有引体向上动作中最难的部分。如果你做不了全幅的折刀引体向上，那就先集中练习上半部分的动作幅度，也就是手臂保持一定的弯曲度，随着力量的增长再逐渐增加动作幅度。

**图 45**

用横杆训练时，肩部始终要收紧，手臂也不能完全放松，肘部微微弯曲。

**图 46**

平缓地把身体拉起，伸直的双腿向下压以帮助完成动作，最后使下巴高过横杆。

# 第四式 半引体向上

## 动 作

选择足够高的横杆，使得身体悬垂在上面时双脚依然离地，即便只离地一厘米也可以。向上跳起抓住横杆，采用正握姿势，两手与肩同宽或略宽，双臂弯曲接近90°（上臂应与地面平行），肩部始终收紧。膝部微屈，脚踝交叠在一起，以免双腿辅助借力。这是该动作的起始姿势（图47）。弯曲肘部，夹起肩部，平缓地拉起身体，直到下巴超过横杆。这是该动作的结束姿势（图48）。在最高处暂停一下，然后有控制地下降到起始姿势。在动作过程中肘部可以向前移动，但两腿应始终保持不动。

## 解 析

现在要来真格的了！在做半引体向上时，上身肌肉要支撑你全身的重量，这肯定比你舒坦地划船或做下拉动作强度大。因此，你的抓握能力会大大增强，背部、肱二头肌和前臂也能够得到锻炼。

## 训练目标

- 初级标准：1 组，8 次
- 中级标准：2 组，各 11 次
- 升级标准：2 组，各 15 次

## 稳扎稳打

在引体向上系列中，该动作是训练者在无辅助条件下移动身体的第一个动作。对许多训练者来说（尤其是那些体重略重或超重的家伙），此动作是一个"暂停点"。如果你的身上有赘肉（大多数人都有），那在这一点上就需要减重。在减重过程中你依然可以坚持练习该动作。如果觉得有困难，就减少动作幅度，下巴只需接近横杆即可。随着体重减轻，你可以逐步增加动作幅度。

**图 47**

双臂弯曲接近 90°（上臂应与地面平行），肩部始终收紧。

**图 48**

在动作过程中肘部可以向前移动，但两腿应始终保持不动。

# 第五式 标准引体向上

## 动 作

以正握姿势握住横杆，双手与肩同宽或略宽——你可以试试看多大宽度对你来说最容易发力。双脚离地，双膝微屈，脚踝交叠在一起并置于身后。身体绷紧，双肩收紧，肘部略微弯曲（几乎看不出来），让肌肉而不是肘关节承担压力。这是该动作的起始姿势（图49）。弯曲肘部，夹起肩部，直至下巴超过横杆。这是该动作的结束姿势（图50）。欣赏一下上面的风景吧！暂停一会，然后有控制地反向运动。不要做爆发式动作，否则惯性就会参与进来。平缓的动作是练出肌肉的完美技巧。试着用2秒钟将自己拉起来，再用2秒钟缓慢地放低身体，并在动作的最高点和最低点各停顿1秒钟。

## 解 析

标准引体向上是锻炼上背部与肱二头肌的经典练习。掌握这个动作后，你将具有出众的行动能力与运动力量。人类天生就善于把自己拉起来，一个男人要是连引体向上都做不了，那就称不上真的强壮。

## 训练目标

- 初级标准：1组，5次
- 中级标准：2组，各8次
- 升级标准：2组，各10次

## 稳扎稳打

标准引体向上是一个强度颇大的体操动作，如果你觉得该动作比较难，那么很多人都和你有同样的感受。该动作的关键在于坚持不懈，你一定要忍住，不要早早"蹬腿"（参见第108页），因为那会让你养成坏习惯。如果你需要借力才能走出困境（即手臂完全伸直时），那就把一只脚放在椅子上，轻轻向下压。每次训练时都减少一点这只脚的用力，直到最终只在刚开始的三四厘米中才用脚借力。最后，你就能在没有协助的情况下做标准引体向上了。

**图 49**

肘部略微弯曲（几乎看不出来），让肌肉而不是肘关节承担压力。

**图 50**

弯曲肘部，夹起肩部，直至下巴超过横杆。

## 第六式　窄距引体向上

## 动 作

向上跳起抓住横杆，采用正握姿势，双手尽量挨在一起——如果距离太近关节会感到不适，但最宽也不要超过 10 厘米。双膝弯曲，双脚脚踝交叠在一起并置于身后，以免腿部借力。肘部微微弯曲，双肩收紧。这是该动作的起始姿势（图 51）。弯曲肘部，夹起肩部，平缓地将自己拉起来，直到下巴高过横杆。这是该动作的结束姿势（图 52）。暂停一下，然后再慢慢放低身体，回到起始姿势。暂停，然后再重复。整个运动过程中，腿部尽量保持不动。

## 解 析

在所有的引体向上动作中，短板都是手臂上的屈肌，即肱二头肌与相关的前臂肌肉。如果训练者已经掌握了双臂引体向上，想升级到单臂引体向上，那就得花时间极大地强化肱二头肌——这就是窄距引体向上的用意所在。两手紧挨在一起时，更大、更强的背部肌肉不容易发力，这样就迫使手臂上的屈肌承担更大的负荷，从而让它们（尤其是肱二头肌）变得更大、更有力。

## 训练目标

- 初级标准：1 组，5 次
- 中级标准：2 组，各 8 次
- 升级标准：2 组，各 10 次

## 稳扎稳打

有些练习标准引体向上的训练者会觉得窄距引体向上有点儿难，因为双手间距缩小的话，我们在上拉身体的时候手臂会不自觉地向内扭转——正握的姿势有时会限制这种自然倾向。这是试验各种抓握姿势的好时候，你不妨尝试一下侧握或反握姿势。如果条件允许，也可以尝试使用吊环（参见第 108 页）。如果力量不足，那就继续练习标准引体向上，每次练习时把两手的距离缩小两厘米，久而久之你便会掌握窄距引体向上。

**图 51**

双手尽量挨在一起，距离最宽也不要超过 10 厘米。

**图 52**

整个运动过程中，腿部尽量保持不动。

# 第七式 偏重引体向上

## 动 作

单手抓住横杆。采用侧握或反握姿势会比经典的正握姿势舒服。用另一只手抓住握横杆那只手的手腕——大拇指位于那只手的手掌下方，其他手指则位于其手背下方。双脚离地，双膝弯曲，脚踝交叠在一起并置于身后。始终收紧上肢带肌，抓横杆那只手臂伸直，但肘部要略微弯曲。另一只手臂由于位置较低，弯曲程度会比较大。你的双肘会朝向前方。这是该动作的起始姿势（图53）。弯曲肘部，夹起肩部，平缓地将自己拉起来，直到下巴高过横杆。这是该动作的结束姿势（图54）。暂停一下，然后慢慢放低身体，回到起始姿势。再次暂停并重复。

## 解 析

偏重引体向上的历史可以追溯到几百年前，但此动作再度流行则是因为电影《洛奇2》——史泰龙用该动作进行训练。由于手臂的位置不同，抓握横杆的那只手臂不得不承担大部分的工作，这将为做单臂引体向上打下基础。该动作能够增强背阔肌、肱二头肌以及背部肌肉的力量，同时也会极大地锻炼抓握能力。

## 训练目标

- 初级标准：1组，5次（每侧）
- 中级标准：2组，各7次（每侧）
- 升级标准：2组，各9次（每侧）

## 稳扎稳打

如果你能做窄距引体向上，那应该也能做偏重引体向上。这两个动作最大的不同在于，偏重引体向上中你只能用单手吊起身体。如果你觉得吃力，那你在做引体向上之后就要花点儿时间练习单臂悬垂以增强抓握能力。

**图 53**

采用侧握或反握姿势会比经典的正握姿势舒服。

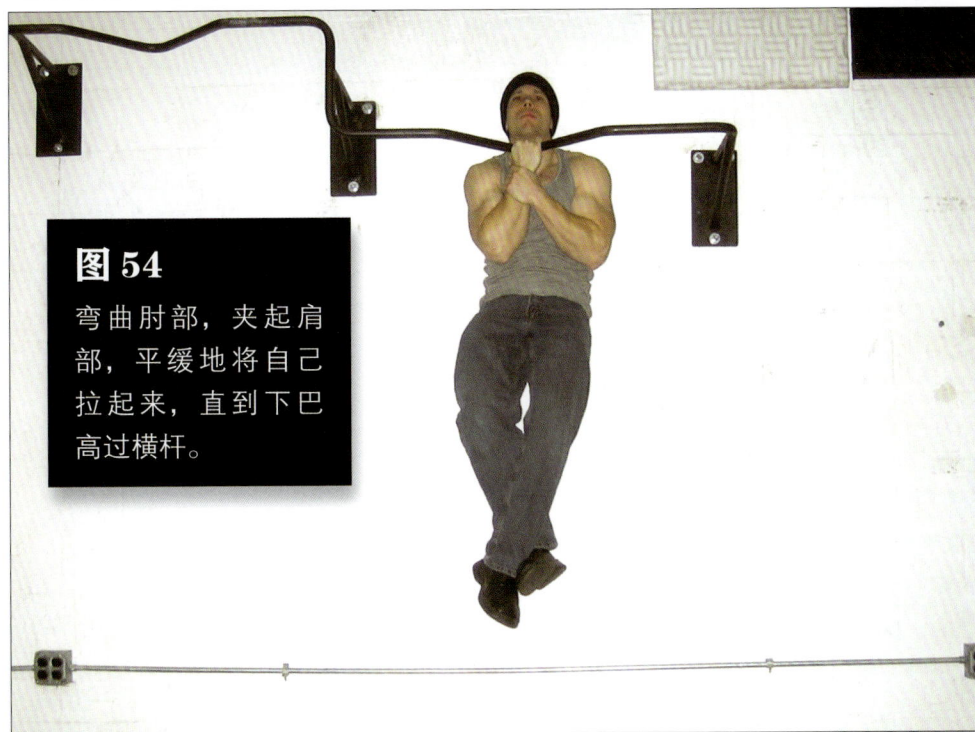

**图 54**

弯曲肘部，夹起肩部，平缓地将自己拉起来，直到下巴高过横杆。

## 第八式 单臂半引体向上

## 动 作

　　单手抓住高过头顶的横杆，要选择对你来说最容易发力的抓握姿势——有人是正握，有人是侧握或反握，但对大多数人来说，在吊环上做该动作可能最容易。另一只手可随意放置，舒服即可。我的大多数学生喜欢将手臂悬于空中，我个人更喜欢像做单臂俯卧撑那样将手置于身后。哪种姿势都可以，只要不妨碍你做动作就好。将要锻炼的那只手臂（可以通过跳、蹬腿或借助一把椅子等方式）置于半弯曲状态，肘部弯曲成直角，即上臂与地面平行。双脚离地，脚踝交叠在一起并置于身后。发力的那侧肩部应该收紧，同时全身都要绷紧。这是该动作的起始姿势（图55）。弯曲肘部，夹起肩部，平缓地将自己拉起来，直到下巴高过横杆。这是该动作的结束姿势（图56）。暂停一下，然后慢慢放低身体，回到起始姿势。在起始姿势暂停，再重复练习。

## 解 析

　　在引体向上系列中，这是第一个用单臂拉起全部体重的动作。该动作可以帮助训练者提高平衡能力，熟悉标准单臂引体向上所要求的发力方法。该动作还会发展肱二头肌和背部的力量，练就粗壮的手臂。但由于运动幅度只有一半，所以练习该动作之后，你需要补充一些完整幅度的动作，比如偏重引体向上或窄距引体向上。

## 训练目标

- 初级标准：1组，4次（每侧）
- 中级标准：2组，各6次（每侧）
- 升级标准：2组，各8次（每侧）

## 稳扎稳打

　　身体降得越低，引体向上就越难做。如果你还不能很好地掌握单臂半引体向上，那还是先集中练习该动作的靠上阶段，即身体接近横杆时的幅度。久而久之，一点点地增加动作幅度，直到可以标准地做这个动作。

**图 55**

采用侧握或反握姿势会比经典的正握姿势舒服。

**图 56**

弯曲肘部，夹起肩部，平缓地将自己拉起来，直到下巴高过横杆。

## 第九式 单臂辅助引体向上

## 动 作

在横杆上搭一条毛巾，向上跳起，单手以最容易发力的姿势抓住横杆，悬挂的毛巾位于另一只手的那一侧。用那只手抓住毛巾，抓握位置要尽量低——对大多数人来说，与眼睛等高的位置比较合适。双膝弯曲，脚踝交叠在一起并置于身后。双肩收紧，抓握横杆的那只手臂要微微弯曲。这是该动作的起始姿势（图57）。然后将自己拉起来——前一半动作中，即从起始姿势到抓握横杆那只手臂弯曲成直角的过程中，另一只手都要拉毛巾以协助完成动作。此后放开毛巾，只用单手继续将自己向上拉，直到下巴高过横杆（图58）。暂停一下，然后仅用单手的力量放低身体。在动作的最低点时再抓住毛巾。暂停，再重复动作。

## 解 析

单臂辅助引体向上是一个特殊练习，它的作用是帮助锻炼者"体验"单臂引体向上，又不至于使其卡在最低位置。该动作可以缓慢、安全并极大地增强训练者肌腱的力量——这是做真正的单臂引体向上所必需的。

## 训练目标

- 初级标准：1组，3次（每侧）
- 中级标准：2组，各5次（每侧）
- 升级标准：2组，各7次（每侧）

## 稳扎稳打

抓握毛巾的那只手的位置越低，就越难提供助力。如果你不能做5次反复，那就升高抓握毛巾的位置，使其更靠近横杆一点儿。等你变得更强以后，就可以降低抓握毛巾的位置。最后，你会感觉到自己是在向下"推"毛巾，而不是"拉"毛巾，这样你的身体就能在这个动作中变得越来越强，并为练习最终式——单臂引体向上——做好准备。

**图 57**

手抓住毛巾，抓握位置要尽量低——对大多数人来说，与眼睛等高的位置比较合适。

**图 58**

放开毛巾，只用单手继续将自己向上拉，直到下巴高过横杆。

# ★最终式 单臂引体向上

## 动 作

向上跳起，单手以最容易发力的抓握姿势牢牢抓住高过头顶的横杆。双腿离地，双膝弯曲，脚踝交叠在一起并置于身后，以防止腿部摆动。另一只手可随意放置，舒服即可。（你在练习第八式单臂半引体向上时，应该已经找到了最舒服的姿势）。发力的肩部要收紧，同时全身绷紧准备做动作。你将要做的可是高级力量技巧，所以你需要在心理上也做好准备。发力那只手的手臂几乎伸直，但略有弯曲以减少关节的压力。这是该动作的起始姿势（图 59）。弯曲肘部，夹起肩部，将自己拉起来，直到下巴高过横杆。在整个动作过程中，尽量少用惯性。这是该动作的结束姿势（图 60）。暂停一下，再缓慢地放低身体，回到起始姿势。在最低处暂停一下，再重复动作——如果你行的话。

## 解 析

不靠"蹬腿"的完整幅度的单臂引体向上，可能是最伟大的背部与手臂练习，它可以赋予你强悍的力量与块头。掌握单臂引体向上后，你的背阔肌就会像一对翅膀一般，上背部也会发展出如蟒蛇盘绕交错般的肌肉。此外，你的抓握力、上臂及前臂力量会比健身房里的那些寻常鼠辈不知强多少倍——你很可能在摔跤比赛中把那些所谓健美人士的手臂扯下来。

## 训练目标

- 初级标准：1 组，1 次（每侧）
- 中级标准：2 组，各 3 次（每侧）
- 精英标准：2 组，各 6 次（每侧）

## 稳扎稳打

这是一个艰苦卓绝的技巧，但如果你下定决心、身体力行，最终肯定能掌握它。但也别梦想一步登天，你需要时间和耐心，在前九式中好好地发展身体。你最初的目标是完成一次完美的单臂引体向上，当你做到了之后，再进行"巩固训练"（参见第 249 页）。

**图 59**

发力那只手的手臂几乎伸直，但略有弯曲以减少关节的压力。

**图 60**

弯曲肘部，夹起肩部，将自己拉起来，尽量少用惯性。

# 引体向上系列升级表

| 第一式 | 垂直引体<br>第 112 ～ 113 页 | 逐步做到<br>**3 × 40 次**<br>然后开始第二式 |
|---|---|---|
| 第二式 | 水平引体向上<br>第 114 ～ 115 页 | 逐步做到<br>**3 × 30 次**<br>然后开始第三式 |
| 第三式 | 折刀引体向上<br>第 116 ～ 117 页 | 逐步做到<br>**3 × 20 次**<br>然后开始第四式 |
| 第四式 | 半引体向上<br>第 118 ～ 119 页 | 逐步做到<br>**2 × 15 次**<br>然后开始第五式 |
| 第五式 | 标准引体向上<br>第 120 ～ 121 页 | 逐步做到<br>**2 × 10 次**<br>然后开始第六式 |

# 引体向上系列升级表

| | | |
|---|---|---|
| **第六式** | **窄距引体向上**<br>第 122 ~ 123 页 | 逐步做到<br>**2×10 次**<br>然后开始第七式 |
| **第七式** | **偏重引体向上**<br>第 124 ~ 125 页 | 逐步做到<br>**2×9 次**<br>然后开始第八式 |
| **第八式** | **单臂<br>半引体向上**<br>第 126 ~ 127 页 | 逐步做到<br>**2×8 次**<br>然后开始第九式 |
| **第九式** | **单臂辅助<br>引体向上**<br>第 128 ~ 129 页 | 逐步做到<br>**2×7 次**<br>然后开始最终式 |
| **最终式** | **单臂引体向上**<br>第 130 ~ 131 页 | 终极耐力<br>**2×6 次** |

# 更上一层楼

在健身房里，单臂引体向上几乎绝迹了，但是在监狱里转一圈，你也许有幸见得这一稀有之物。你会发现，在上演这一绝技时，监狱里极为肃静。但凡认真训练的囚徒，都熟悉单臂引体向上大师的面孔，当"大师"走近横杆时，他们都会不由自主地停下手头的事儿。大多数大块头，尤其是那些肥壮的健美人士，只有敬畏与嫉妒地行注目礼的份儿。是的，在任何监狱中单臂引体向上都会被视为可怕的力量特技。

事实上，单臂引体向上在监狱（尤其是位于美国西海岸的监狱）中被十分尊崇，以至于要是有人谈论"更上一层楼"，那就像是异端邪教。

一旦你做到了你人生中第一个单臂引体向上（这对任何人来说都是了不起的成就）那你就不必再浪费时间搜罗其他锻炼背部和肱二头肌的方法了。坚持做这个练习，每做一次反复都会是你的资本。想要连续做几次单臂引体向上需要投入数年时间，还要有坚定的信念、与生俱来的天分，更不用说极其精瘦的身体了——但这完全可以做到。但健美人士中却罕有能掌握的，因为他们太注重华而不实的力量练习与肌肉块头，通常情况下他们甚至都没法达到引体向上系列的中级阶段。单臂引体向上的终极大师可能是印度的毕菩谛•那亚戈（Bhibhuti Nayak），他不是力量型运动员，而是武术大师。这位仪表堂堂、谦逊有加之人令整个世界为之震惊：他在 1 分钟内做了 27 个姿势标准的、完美的单臂引体向上，同时也刷新了世界纪录。如此不可思议的力量是通过自然方式（只是向上拉自己的身体）而不是靠器械或哑铃训练所得。

如果你能做 2 ~ 3 次以上单臂引体向上，并且乐于尝试其他练法，那吊环是个不错的选择——你可以借此探寻传统的高级体操特技，比如铁十字、马耳他十字、仰卧直臂悬垂（Front Lever）。在掌握了单臂引体向上之后，这些可能都会是很有趣且极具挑战的新动作。这些动作会训练你的身体控制力、敏捷性和协调能力，还有就是它们看起来特别酷。但是，如果你只追求纯粹的力量，那根本不必另辟蹊径，因为单臂引体向上就是你的"冒牌老爸"——你想要的它都能给你。

# 变式

你在探索其他引体向上练习时，可别掉进重量训练这个圈套里，比如使用杠铃、哑铃或各种组合器械。重量训练极易使身体（尤其是拉力肌肉）受伤，而且它只会练出你在日常生活中很难用到的力量。背部的肌肉量虽然不如腿部，但却是人体中最复杂的部位。我们通常将背部分为四个区域：脊柱（竖脊肌、腰肌）、背阔肌、上背部（菱形肌、大圆肌与小圆肌、肩胛骨周围的斜方肌、三角肌后束等）、斜方肌上段（颈部与肩部的大肌肉群）。当你练习引体向上和桥时，所有这些肌肉（及其周围的更多肌肉）都能得到最大的刺激，无需再进行其他的练习。但是，如果你偶尔想换换花样，增加新的背部

掌握单臂引体向上之后，无处不是练武场。

练习动作或是你正处于伤病恢复期，那以下变式也是不错的选择。

## 屈臂撑

屈臂撑是被认为是锻炼推力肌肉群的动作，的确，这个动作很锻炼胸肌和肱三头肌。但由于在这个动作中手臂会向下移动，所以背阔肌也会积极地参与发力。我见过一些家伙在练完屈臂撑而不是引体向上后，背阔肌会酸痛。双手抓住双杠或者让双手分别撑在两把椅子上，手臂在身体两侧伸直以支撑身体。弯曲肘部，直到肘部成直角，暂停一下，然后平稳地把自己撑起来。坐姿屈臂撑（将双脚放在高一点儿的稳固平面上）也能锻炼背阔肌，但这个动作的强度不大，因为你并不需要负担全部的体重。

## 哨兵引体向上

我认为每位训练者都应该为每个身体部位准备至少一个爆发式动作。哨兵引体向上便是这种极佳的练习之一。向上跳起抓住横杆，做标准引体向上，但不要在动作最高点停下来，而是继续向上，直到躯干高过横杆。然后下压手臂让其完全伸展并锁定，此时横杆应该位于你的髋部。这个动作应该一气呵成——这需要借助惯性来完成。这种爆发式引体向上可以锻炼你的背部和肱二头肌，之后向下压动作的过渡过程能够很好地锻炼你的肘部、腕部及前臂，最后的下压部分中，锻炼的肌肉与屈臂撑所锻炼的相同，主要是肱三头肌、胸肌和背阔肌。一旦你的手臂已经完全伸直，就落下来并重复以上动作。刚开始练习的时候，你主要是靠跳起来的惯性完成动作转换，但随着你不断变强，对跳跃的依赖就会越来越少。我是在圣昆汀学到这个动作的，那儿的囚徒们将其称之为"哨兵引体向上"，但我在其他地方从没听过这样的称呼。我不知道为什么叫这个名字，但我想可能是因为该动作就像一个家伙爬上高处，窥探远方一样。如果我没有猜对，并且有人知道其真正原因的话，烦请相告。

## 仰卧肘撑

仰卧肘撑可谓有趣、有效，但罕有人知晓。躺在地上，两肘朝下置于身体两侧，与身体相距几厘米。前臂与地面垂直，身体伸直锁定，双腿并拢。然后，肘部向下用力顶，如果你足够强，就可以把身体推离地面，只靠脚跟与肘部支撑体重。刚开始，你几乎只能刚刚将身体推离地面，但是久而久之你就能够让身体距离地面10厘米以上。向上撑时身体必须绷直，并且只有肘部与脚跟接触地面，我发现两手握拳有助于完成该动作。慢慢放低身体，如此重复。在肘部下方放条毛巾会舒服一些。该动作能极大地锻炼你的背阔肌和中背部，同时脊柱也会得到静力锻炼。从本质上讲，这是划船动作，只是没有使用额外负重。由于手中没有任何东西，只有背部肌肉在承担身体的重量（肱二头肌和前臂都未参与其中），所以如果你的手臂有伤，那仰卧肘撑是保持背部肌肉强健的极佳练习。

# 拉栏杆

在狱中，囚徒借助囚室栏杆训练力量已有数百年的历史。如果你有足够的创意，那么可以用结结实实的栏杆让全身都获得静力训练。你可能觉得很奇怪，栏杆竟然能够用来健身！我有一个旧本子，上面列出了可以借助栏杆进行的 100 余种健身技巧。拉栏杆是训练背部的绝佳方法，我在此只描述几种最好的动作：

**绿巨人式：** 抓住位于胸前的两根栏杆，前臂大约与地面平行，双手相距约 15 厘米——相当于两根栏杆的间距。手臂弯曲，使躯干与栏杆保持仅几厘米的距离：这是最有利的拉栏杆姿势。然后尽全力拉，就像要把栏杆拉开一样。这个美妙的动作可以锻炼你的手臂和肩部，尤其是肩胛骨周围的背部肌肉。等你掌握该动作之后，你的身体将能够释放极大的力量。如果栏杆开始有点弯曲，那说明你练得正确！用你所能使出的最大力气，正常呼吸，坚持 5 秒钟，然后休息 10 秒钟，如此重复做 5 次。

**拉弓式：** 两手抓住一根垂直于地面的栏杆，一手高度大约与脸部齐平，另一只手与胸部齐平。两臂几乎伸直，肘部微微弯曲，身体与栏杆之间的距离大约是手臂长度的三分之二。然后，让高处的手臂尽力推栏杆，低处的手臂则尽力拉栏杆，有点儿像拉弓射箭时的动作。保持这一姿势 5 秒钟，然后快速转换双手的用力方向。高处的手臂拉栏杆，低处的手臂推栏杆，再坚持 5 秒钟，然后休息 10 秒钟。手臂换位，重复以上动作，从而构成一次循环。再重复做 4 次这种循环。推拉动作所形成的扭力，可以锻炼你的整个躯干，而变化的手臂姿势，也能很好地锻炼你的背阔肌。

**十字架式：** 如果你已经竭尽所能地做了所有动作，现在背部极度兴奋，那么这正是给酸痛的肌肉最后一击的大好时机。双臂伸展，似展翼之鹰，以最舒服的姿势抓住最远处的栏杆，并将胸部压在栏杆上。肘部不弯曲，尽全力向后拉栏杆。在该姿势中，你的身体不能使出很大的力气，但还是要竭尽所能。如果做到位，那你会感觉到背部离两臂最近的一小部分肌肉会向外突出，并且有夹压和发热的感觉，这些肌肉就是三角肌后束。三角肌后束对背部力量来说至关重要，而且也在整个肩部的稳定性中扮演着重要角色。坚持这个痛苦的姿势 10 秒钟，尽可能绷紧背部肌肉。暂停 5 秒钟，重复动作 5 次。十字架式是绝佳的收尾动作，无需其他装备，该动作就能让你在 1 分钟内肌肉酸痛、汗流浃背。

这是一个通过静力拉栏杆来锻炼整个上背部的好例子。静力锻炼法取代不了体操，但是这些动作会提供趣味和新鲜感，就像热天里灌下肚子里的冰凉啤酒一样。掌握拉栏杆训练之后，你就很容易发现，如何改变抓握姿势或身体角度来锻炼身上任何一块肌肉。最终，你就能如激光一般精确地定位任何一块肌肉，随时进行特定训练。你可以因地制宜，楼梯栏杆、窗户栏杆、上下铺床的床框、热水管（要用毛巾裹上），有时甚至连门框或屋角也可派上用场，栅栏、围栏也是很不错的选择。

# 第八章 魔鬼六块

# 举 腿

近 20 年中，在健身领域没有哪块肌肉比腹直肌（六块腹肌）更受关注。你可以去报刊亭看看那些健身杂志，哪本杂志上没有吹嘘如何练就线条分明的腹肌的文章？打开电视则是没完没了的器械广告，它们会信誓旦旦地向你保证，每天只需 4 分钟就可以轻松练出六块腹肌，或其他什么鬼话。

请允许我现在就表明自己的态度：这些垃圾令我作呕。我对这种让人产生不自然的、轮廓分明的纤纤腹肌的训练和饮食方法毫无兴趣。我明白，关于六块腹肌的废话早已促使健身器械、书籍、杂志和光盘等卖了几百万美元。但我蔑视这些东西，因为它们代表了今日体育运动中错误的方方面面。人们重视外表却不重实质，他们被时尚媒体所蛊惑，认为男性的体格就应该像那些模特一样，苗条而柔弱就像营养不良的少年，而不是粗犷坚实、健硕有力像个男子汉。浪费原本大有用途的训练动作，做一些病态无用的垃圾练习，这些练习除了能够让你的腹肌稍稍绷紧以外，别无他用——不能增加力量，也无益于健康。

都是虚荣在作祟！

## 魔鬼六块是什么？

我认为现代版的六块腹肌就是：松软的腹肌、纤细的腰部——最好没有毛，还要晒成褐色。你知道这在我听来像什么吗？巴西未成年男妓的肚子。你要是想变成那样的货色，随你！我可不想！

腰部不只是用来看的，还应该有很多很多用途。给你介绍一下我心目中男人的腹部应该是什么样的：不是漂亮的一小堆肌肉，而是绝顶的魔鬼六块。

魔鬼六块包括：

• 强大得不可思议的身体中段，腰部附近的所有肌肉（腹外斜肌、腹横肌、腰肌、肋间肌、前锯肌）都受过高度训练，着实能提升整个身体的实力。

• 超级实用和灵活的腰部和髋部——不仅能增强脊柱的力量，也会给跳跃、踢腿、攀爬或其他任何体操与体育活动提供不可思议的爆发力。

• 厚实而坚硬的腹部，可以抵挡他人的攻击——攻击者甚至会因此而受伤！

• 精瘦的肌肉系统能够完美地支撑内脏，甚至连呼吸与消化等重要的身体功能也会变得更有效和健康。

- 厚实的、令人畏惧的腹部，看上去像一块块砖头，而非那些肌肉模特的"可爱腹肌"。

这些就是我认识的那些囚徒在一开始训练时就想要的。如果你只对看着像是属于年轻男孩或游泳选手的六小块方形腹肌感兴趣，那你可以略过本章，去看商业广告和健美杂志吧！若你想练就魔鬼六块，那就继续读吧！

# 卷腹与其他现代病

如果你真渴望拥有我上面描述的腹部，那你首先得把自己已知的那些现代腹部训练方法忘得一干二净。也许听上去很奇怪，但是我必须告诉你，现在所有健身房与健美杂志上吹捧的所谓终极腹肌练习（卷腹及其所有变式，如反向卷腹、扭转卷腹、上斜卷腹等）根本就不是用来增强腹肌的。

在类固醇被使用之前，举重运动员都是通过自身体重训练发展出魔鬼六块的——他们拥有厚实、强壮、充满男子气概的腹部。老派大力士比现代健美人士拥有更加完美的腹肌，同时他们的整个腰部也都很强壮，而且有很强的行动能力。这一现象其实可以追

看看麦克锡克（左）与山道（右）的上腹部，这就是"卷腹"发明之前大力士们练出的非凡的魔鬼六块。

溯到古希腊时期，那时所有运动员都会做很多强有力的扭转练习，如投标枪、掷铁饼这些能锻炼腹外斜肌的动作。你会发现，古典雕塑中的模特可不是腰细如蜂，他们都有健壮、结实的身材。打个比方，他们更像结实的斗牛犬，而不是哆嗦的灵缇犬。

卷腹在健美进入类固醇时代后才开始流行。之所以如此，是因为类固醇不仅能够促进使用者手臂、胸部、背部与腿部肌肉的生长，同时也会使其腹部与内部器官不断膨胀。不用药物的运动员绝对不会通过训练发展出块头过大的腹肌，但是很多在七八十年代使用过类固醇的运动员却练出了大块头腹肌，结果就有了丑陋、肌肉发达的所谓的"激素大肚囊"。这些家伙绝对不想让自己的腹肌变得更加厚实强大，因此他们不再以有效练习直接训练腹部，这时卷腹便应时而生。卷腹这种病态的孤立练习只能起到拉紧、稍微雕琢腹肌正面的作用，以便练习者能够在比赛场上摆出好看的造型。卷腹完全无助于增加任何真格的运动能力、肌肉或力量，但是现代健美者可不在乎这些，他们只想不顾一切地缩小人为鼓胀的肚子而已。

由于现代健美人士已经被视为健康的化身，所以那些徒劳无用的腹部训练方法也就传播开来了。你在附近的任何健身房里都看不到真正的魔鬼六块也就不足为奇了。

需要多种练习才能恰当训练腹部是现代人的另一个误解。你可能听说过，抬起上身能够锻炼"上部"腹肌，抬起腿或髋部则能够锻炼"下部"腹肌。任何解剖学家都会说这是扯淡。腹部肌肉的一端与胸骨相连，另一端与骨盆相连，这些肌肉都是均匀收缩的，不可能收缩一端而不收缩另一端，怎么运动都不可能。就像拉橡皮筋一样，如果你试图通过拉一端使之比另一端伸展得更长，就根本没法做到，因为橡皮筋会随着你的拉动均匀伸展，就像肌肉会均匀收缩一样。

现在的训练理念着迷于六块腹肌，这是另一个错误。对真正的运动能力与核心力量而言，重要的是"中段"或腰部，而不仅仅是腹直肌。腰部有数十块主要的肌肉，腹直肌只是其中的一组而已。训练中段时，你绝不要忘记它只是身体中间的一部分。我们不能将它与上身和下身割裂开来，它存在的意义是帮助整个身体协同工作。要练就全方位强有力的腰部，最好的方式并不是靠孤立练习——卷腹或器械练习，而是将身体作为一个整体来运用。击拳、投掷、推压、踢腿等，所有这些活动合并起来才能刺激腰部肌肉，并促使其和谐、平衡地发展。

# 老派腹肌练习：仰卧起坐与举腿

中段肌肉的作用是（几乎每时每刻）稳定我们的身体。若它们失效，我们就会瘫倒在地。在任何费力的动作中，这些肌肉都会非常卖力。如果你真的看重自己的腰部发展，那就需要练习一种有针对性的动作。踏踏实实地掌握这种动作，坚持下来你就会变得越来越强，最终你的腰部能够具有可怕的力量，这是通往魔鬼六块的唯一路径。

20 世纪 70 年代之前，身体中段终极练习的桂冠有两个"竞争者"——仰卧起坐与举腿。其实，仰卧起坐与举腿锻炼中段的方式类似，但方向相反：仰卧起坐是腹肌收缩提起躯干，举腿是腹肌收缩提起下肢。记住，真的完全不需要两项都练。我之前说过，腹肌没有所谓"上""下"之分，只有收缩或者不收缩。哪个经典练习更好呢？

这两项"老掉牙"的练习都极为高效，但在监狱里举腿更流行。这主要有三个原因：

1. 举腿所需的器械更少。要知道，对囚徒而言这可是一个大问题。你想要不断地提高自己做仰卧起坐的能力，需要一个可调节的仰卧起坐板，或是一把罗马椅，或是能起固定作用的重物，最好三者都有。而要练习悬垂举腿，只需要一个可以抓握的物体，高过头顶的横杆、树杈等都可以——只要用心，任何人都能找到类似的东西。

2. 举腿比仰卧起坐更具实用性。相比于抬起躯干，抬起腿的动作更加自然，在实际运动中也更有用——踢腿、跳跃、跑步、攀爬都必须抬腿。

3. 举腿比仰卧起坐训练的肌肉更多。在身体悬垂的情况下，强迫腹肌发力，会导致更多的肌肉参与到运动中来——比仰卧起坐中的要多。悬垂能锻炼训练者的背阔肌、提高训练者的抓握能力和肩部力量，还会强迫胸腔周围的、连接肋骨和身体中段的前锯肌卖力工作。为保持双腿伸直，股四头肌的深层肌肉在举腿过程中也要发力。

鉴于以上原因，本书把举腿作为六艺之一，它是人类所知的最伟大的腹肌练习动作。如果你想让自己的腰部获得最大的运动能力、柔韧性及结实的肌肉，练习举腿就够了。

# 举腿系列

大多数训练者都熟悉悬垂直举腿。该动作相当简单，你只需抓住一根高过头顶的横杆，让双脚自然下垂并离地，然后慢慢举起双腿，直到双腿与地面平行，暂停1秒钟，然后缓慢地降低双腿，就可以了。简单吧！

但简单并不意味着容易。其实，这个经典的腰部练习非常难。它要求钢铁般的腹肌、强有力的髋部、强健的脊柱以及柔韧性很强的腘绳肌与下背部。

事实上，没有几个人在做悬垂直举腿时能做到动作平缓、双腿完全伸直，就连武术家、摔跤手这样非常灵敏的运动员都未必能做到。但不用担心，没人指望你一夜之间就能掌握它。如所有六艺一样，你需要逐渐掌握一系列难度递增的动作，以培养所需的各项能力。你将从难度很小的第一式坐姿屈膝开始练习，该动作是为轻度锻炼腹部肌肉并强化髋部而量身打造的。此后，你将在地面上练习之后的四式。等你掌握以上动作之后，再开始进行悬垂练习。接下来的四式悬垂练习将使你拥有强健的中段——比99%健身者的都强，接下来你就可以满怀信心地挑战悬垂直举腿了。

你完全无需练习卷腹，无论是用瑞士球、腹肌练习器械、拉力带，还是用其他病态的现代垃圾。

# 腰部的训练理念

很难给举腿系列制定严格的指标，因为其中的有些练习相互之间差异极大，至少看起来差异很大。但我可以说说一般的腰部训练理念，以帮助大家发展出自己的中段训练哲学。比如：

- 呼吸会收紧腹部肌肉和肋间肌。还记得上一次笑得肚子疼时腹肌的感觉吗？为了最大化这种效果，在放下双腿时吸气，在动作进行到最高点呼气完毕。若有必要，可以在两次动作之间喘几口气。

- 腹横肌是腰部深处的肌肉层，其作用就像紧身胸衣一样，能够把内脏固定在特定位置。腹横肌如果很弱，在压力之下就可能被撕裂，使一些内脏向外凸出，形成疝气。在腹肌练习中，应该通过紧紧收缩腹部来锻炼腹横肌。在日常生活中始终通过收腹保持好姿势也会有锻炼效果。

- 有些人认为举腿会使原本就有的背部问题雪上加霜。其实，如果你循序渐进地练习就不会如此。举腿时感到背部疼痛可能是因为力量不均衡——你的腹肌比下背部更强。为消除这种不平衡，训练计划中要包括锻炼脊椎肌肉的练习——深蹲与桥都很有效。

- 做腹部练习之前，要确定胃里的食物已经消化得差不多了。吃饭与练习腹肌的时间间隔至少为两小时，否则会出现腹胀，从而影响动作。

- 如果你发现直腿举腿很难，这可能是由于你的腘绳肌过紧所致。训练前先拉伸腘绳肌，情况会好一些。

- 做大量仰卧起坐会使腹肌轮廓分明，纯属无稽之谈。肌肉的清晰度取决于身体的精瘦度。而脂肪的减少在全身范围内是按比例分配的，不可能通过大量做某种动作而使某一部位的脂肪减少，所以别浪费时间了。

- 如果你想拥有清晰的腹肌，就忘掉高次数训练。循序渐进地练习举腿会使你的腹部肌肉厚实而强壮，同时还要控制饮食以减少脂肪，这样你的肌肉轮廓就会凸显出来。

- 现代的大多数腹部训练计划都包括许许多多的孤立练习，比如侧卷腹、拉力器转体等，以便能够"全方位"地锻炼腹肌。这些迷你的练习根本无济于事，也丝毫不会影响到你的腹部。腰部肌肉的发展来自那些能够锻炼全身的循序渐进的练习。如果想要拥有发达的中段，就把这些小儿科抛在脑后，把精力用在六艺上吧！

- 有些健美人士相信，借助一根杆子做大量转体动作会使腰部变细，这简直是神话。过度训练（比如一周跑4次马拉松）会在全身范围内导致肌肉的消耗，但特定练习不会使特定部位缩小或"损耗"，不管多少次都无效。大量的转体练习只会使脊柱不适。

- 在举腿练习的最低点，如果用一点儿惯性摆动身体，动作就会变得容易不少，但千万不要这样做。如果你的举腿动作没法干净利落，那就回到上一式，直到你足够强壮再以正确的动作练习下一式。

# 关于悬垂直举腿的难度

经常有人问我："为什么相对于其他的最终式，悬垂直举腿没有那么难？"

悬垂直举腿是狱中的腰部练习之王。尽管如此，确实有比之更难的动作，你在现代体操中就能看到很多——但囚徒健身并不是现代体操。狱中的多数训练者更喜欢保存能量，来锻炼肩部、背部、手臂，而不会在腹部上投入太多心力。这是监狱健身文化的实际情况，并在我的体系中有所反映。

最终式并非训练的终点，而只是你的力量之旅中的一站而已。如果你能轻而易举做30个完美的悬垂直举腿，那是可以找些更难的腰部动作——但其实在这时，你对自己的腹肌很可能已经心满意足了。

实际上，很多强大得不可思议的人，根本不专门锻炼身体中段——腰部本来就是与身体其他部分协同工作的，所有的全身练习（俯卧撑、深蹲等）都会锻炼到这儿。

而如果你确实要锻炼腹部，几组完美的悬垂直举腿就足够了，无需更多。

好，理论说得够多了，该是动真格的时候了。

## 第一式 坐姿屈膝

## 动 作

坐在椅子或床的边缘，身体略微向后倾斜，双手抓住边沿，两腿伸直，双脚并拢，脚跟距离地面几厘米。这是该动作的起始姿势（图 61）。平缓地抬起膝盖，直到膝盖距胸部约 15 ～ 25 厘米。在此过程中呼气，动作完成时呼气结束，腹肌保持收缩状态。这是该动作的结束姿势（图 62）。暂停 1 秒钟，进行反向运动并回到起始姿势。伸展膝盖的同时吸气。双脚应该始终沿着一条直线移动，而且始终保持悬空，直到一组动作完成方可接触地面。腹部要始终收缩，动作要慢，要抵制快速完成动作的冲动。如果需要，可以在两次动作之间喘几口气（所有中段练习都一样）。

## 解 析

对初学者来说，坐姿屈膝是理想的腹部练习动作，因为该动作可以培养良好的脊柱姿势，锻炼腹部肌肉，增强髋部屈肌。对大多数人来说，这个动作也相对容易，因此给他们提供了发展完美技巧的绝佳机会，为以后的中段练习做好准备。切记，动作要平缓，呼吸节奏要正确，腹部始终要保持收紧状态。

## 训练目标

- 初级标准：1 组，10 次
- 中级标准：2 组，各 25 次
- 升级标准：3 组，各 40 次

## 稳扎稳打

坐姿屈膝动作的起始姿势（两腿伸展）与结束姿势（两膝靠近胸部）难度相当。想要降低坐姿屈膝的难度，就要在这两个难点之间适当缩小动作幅度。随着训练者的腰部越来越强，再逐渐加大动作幅度，直至动作完美无缺。

**图 61**

身体略微向后倾斜，双手抓住边沿，两腿伸直，双脚并拢，脚跟距离地面几厘米。

**图 62**

动作完成时呼气结束，腹肌保持收缩状态。

# 第二式　平卧抬膝

## 动 作

平躺在地上，双腿并拢，双手置于身体两侧的地板上。膝盖弯曲近 90°，双脚距离地面约 2 ~ 5 厘米。双手用力向下按压地板，这样有助于保持身体稳定。这是该动作的起始姿势（图 63）。然后平缓地抬起膝盖，越过髋部，直到大腿与地面垂直、小腿与地面平行，整个过程中膝盖始终接近 90°。在此过程中呼气，腹部肌肉保持收紧。这是该动作的结束姿势（图 64）。暂停 1 秒钟，进行反向动作。降低双脚，回到起始姿势，并在此过程中吸气。在整组练习中双脚都不能接触地面。

## 解 析

掌握坐姿屈膝之后，接着练习平卧抬膝可以进一步强化训练者的腰部。平卧抬膝训练脊椎肌肉、腹部肌肉、腹斜肌和腹横肌，使之协调工作，同时也能够锻炼大腿前侧肌肉。由于该动作要求训练者平躺在地上，所以髋部屈肌也必须更多地参与其中，这会使训练者适应之后强度更大的平卧动作和悬垂动作。

## 训练目标

- 初级标准：1 组，10 次
- 中级标准：2 组，各 20 次
- 升级标准：3 组，各 35 次

## 稳扎稳打

平卧抬膝的难点是要保持双脚离地。如果这对你来说有点儿困难，那就在两次动作之间让双脚接触地面。当你有力量在双脚离地的情况下连续做几次动作时，就要尽量抬起脚——即便只能做 2 次也应如此。久而久之，在两脚离地的前提下不断增加动作次数。

**图 63**

膝盖弯曲近 90°，双脚距离地面约 2 ~ 5 厘米。

**图 64**

膝盖始终接近 90°，在此过程中呼气，腹部肌肉保持收紧。

# 第三式 平卧屈举腿

## 动 作

平躺在地上，双腿并拢伸展，双手置于身体两侧的地面上。双腿抬起，膝盖弯曲，使大腿与小腿的夹角大约成 135°，双脚距离地面约 2 ~ 5 厘米。这是该动作的起始姿势（图 65）。该练习前半部分的动作包括平缓地抬起双腿和双脚，持续大约 2 秒钟，直到双脚位于骨盆正上方（图 66）。在整个动作过程中，膝盖弯曲的角度应该保持不变——始终"锁定"。双手向下按压地板，这样有助于保持身体稳定。两脚位于骨盆正上方时，略作停顿，然后进行反向动作。在回复到起始姿势时也略作停顿，然后重复以上过程。双脚向上运动时呼气，向下运动时吸气。在整组练习中，腹部始终都要收紧，双脚始终不能接触地面。

## 解 析

平卧屈举腿是平卧抬膝的简单延续。双脚与身体距离更远，这会增加动作的难度，也会加大髋部、腰部以及腹部肌肉所受的压力，使它们变得更加有力。

## 训练目标

- 初级标准：1 组，10 次
- 中级标准：2 组，各 15 次
- 升级标准：3 组，各 30 次

## 稳扎稳打

平卧抬膝要求膝盖弯曲成 90°，平卧屈举腿则要求膝盖弯曲成 135°。弯曲角度越大，力臂越长，难度就越大。如果你还达不到该动作的初级标准，那就让膝盖再弯曲一点儿，略大于 90° 即可。等你变得更强之后，再一点点把腿伸直，直到达到 135° 的标准。

**图 65**

双腿抬起，膝盖弯曲，使大腿与小腿的夹角大约成 135°。

**图 66**

在整个动作过程中，膝盖弯曲的角度应该保持不变 —— 始终"锁定"。

# 第四式 平卧蛙举腿

## 动 作

先做第三式前半部分的屈举腿动作，但在最高点的时候（图 66）不要停顿，而是要完全伸直双腿，使其与地面垂直，并与上半身的夹角成 90°。这是该动作的结束姿势（图 67）。应该在这个两部分的动作过程中呼气。大多数中段练习此时都要反向重复前半部分的动作，但这个练习有所不同。在有阻力（重力）的情况下降低双腿比抬起双腿要容易，蛙举腿正利用了这一点。降低双腿并保持完全伸展（图 68），直到双腿距离地面约 2 ~ 5 厘米（图 69）。大多数练习动作中上与下的过程都要经过 2 秒钟，但该练习的下落过程要经过 4 秒钟，以便身体在有利的姿势中获得更多的锻炼。双腿慢慢下降时吸气，然后重复以上动作。

## 解 析

不管是平卧姿势，还是悬垂姿势，从屈举腿到直举腿的过渡都是相当大的挑战，需要更多的柔韧性和力量。蛙举腿能够帮助训练者渡过这个难关，其作用就像是屈举腿与直举腿之间的摆渡人，因为它能够锻炼腘绳肌和背部的力量与柔韧性。可惜的是，蛙举腿在健身界少有耳闻——20 世纪 60 年代之后似乎就已失传，因为那时举腿练习已经被卷腹取代，不再流行。

## 训练目标

- 初级标准：1 组，8 次
- 中级标准：2 组，各 15 次
- 升级标准：3 组，各 25 次

## 稳扎稳打

如果你发现这个动作对你来说有些吃力，那就集中在靠上的动作幅度内，即不要把双腿放得太低。随着你力量的增加，再慢慢加大动作幅度，直到可以练习完整的动作。

**图 67**

完全伸直双腿，使其与地面垂直，并与上半身的夹角成90°。

**图 68**

降低双腿并保持完全伸展。

**图 69**

直到双腿距离地面约2～5厘米。

# 第五式　平卧直举腿

## 动　作

平躺在地上，面部朝上。双脚并拢，双腿伸直，双手置于身体两侧。抬起双脚，使其距离地面约 2 ~ 5 厘米。双手向下按压地板，以保持身体稳定。这是该动作的起始姿势（图 70）。双腿锁定，抬起双脚直到它们到达骨盆正上方，即双腿与上半身的夹角成 90°。这是该动作的结束姿势（图 71）。抬脚的过程中呼气，腹部保持收紧。至少要用 2 秒钟平缓地完成该动作，不要用猛劲。停顿片刻，然后反向动作，降低双腿的过程中吸气。到达起始姿势后略作停顿，再重复。在整个动作过程中，膝盖始终要锁定，双脚不能接触地面，直到一组完成之后方可。

## 解　析

这个动作在军事训练营和武术学校中颇受欢迎，因为它既可以增加腹部和髋部的力量及耐力，又可以提升身体的运动能力和柔韧性。该动作貌似很简单，但那只是假象：只要膝关节稍微弯曲，两脚触地，借助惯性离开地板，该动作就会变得非常容易；可是，这也会使练习成效大打折扣。

## 训练目标

- 初级标准：1 组，5 次
- 中级标准：2 组，各 10 次
- 升级标准：2 组，各 20 次

## 稳扎稳打

只要膝盖稍微弯曲，就可以大幅降低动作难度，但我不推荐大家这样做，因为该动作的主要益处就是来自于双腿伸直。如果你还达不到该动作的初级标准，那就回到平卧蛙举腿（第四式），等你能够达到 3 组，每组各 30 次的标准后再尝试该动作。如果那时你还觉得困难，那就保持双腿伸直，但是缩小动作幅度，集中做靠上部分的动作，随着力量的增加再逐渐增加动作幅度，把脚放得越来越低。

**图 70**

双手向下按压地板，以保持身体稳定。

**图 71**

双腿锁定，抬起双脚直到它们到达骨盆正上方，即双腿与上半身的夹角成 90°。

# 第六式 悬垂屈膝

## 动 作

向上跳起，抓住高过头顶的横杆，双手与肩同宽。横杆要够高，以使身体悬垂时双脚依然离地，即使离地仅有一厘米。身体成一条直线，保持肩部收紧（参见第 107 页）。这是该动作的起始姿势（图 72）。平缓地抬起膝盖，直到双膝与骨盆处于同一高度，膝关节弯曲成 90°，大腿与地面平行。在以上运动过程中呼气，同时保持收腹。这是该动作的结束姿势（图 73）。暂停一下，然后反向运动，直到身体完全伸展。在此过程中吸气，然后重复练习。

## 解 析

从这一式开始，训练者将开始举腿系列中更难的悬垂动作。在地板上练习时，训练者只需部分地克服重力，而现在必须完全克服重力。这种变化会在短时间内急剧增强髋部与身体中段的力量。此外，在横杆上悬垂，也增加了胸腔肌肉（如前锯肌与肋间肌，它们在手臂和腹部之间起连接作用）的活动性。因此，在横杆上进行悬垂举腿练习比在双杠或类似设备上练习效果更好。

## 训练目标

- 初级标准：1 组，5 次
- 中级标准：2 组，各 10 次
- 升级标准：2 组，各 15 次

## 稳扎稳打

如果你还不能严格按照要求做 5 次悬垂屈膝，那就减小动作幅度，集中于动作的靠上阶段，然后再逐渐增加幅度。不管做什么动作，都不要使用惯性。在该系列的前几式使用平缓的、完全有控制的动作，能够很好地锻炼肌肉与肌腱的力量，这对你掌握后面的练习至关重要。切记，惯性无益。

**图 72**

身体成一条直线，
保持肩部收紧。

**图 73**

平缓地抬起膝盖，
直到双膝与骨盆处
于同一高度，膝关
节弯曲成 90°，
大腿与地面平行。

## 第七式    悬垂屈举腿

## 动 作

　　向上跳起，抓住高过头顶的横杆。身体成一直线，双脚离地。双手大致与肩同宽，肩部收紧。弯曲膝盖，直到膝关节大约成 135°，双脚置于身后几厘米。这是该动作的起始姿势（图 74）。以髋部为轴，平缓地抬起双腿，直到双脚与骨盆在一个高度上。这是该动作的结束姿势（图 75）。暂停一下，然后做反向动作，如此重复。整个运动过程中，只能移动髋部，膝盖要保持锁定。举腿时呼气，下降时吸气，始终保持收腹。

## 解 析

　　悬垂屈举腿是悬垂屈膝的延伸，难度更大。悬垂屈膝时膝盖要弯曲成 90°，而悬垂屈举腿时膝盖则要成 135°。增长的力臂使得悬垂屈举腿成为到目前为止最难的中段练习。你的腹肌、腰部肌肉、前锯肌、髋部屈肌都会变得更强壮。

## 训练目标

- 初级标准：1 组，5 次
- 中级标准：2 组，各 10 次
- 升级标准：2 组，各 15 次

## 稳扎稳打

　　最初，你可能很难在整个动作过程中都将膝关节锁定在 135°。双腿下降时，你很想把双腿伸直一点儿。要尽量避免这一趋势，因为在此过程中重新调整膝关节的角度会产生惯性，从而导致身体摇晃。如果你做该动作有困难，只要减少膝盖的弯曲角度即可——更接近 90°。随着在每次练习后力量的不断提高，再逐渐增加膝盖的弯曲角度，直到最终成 135°。

**图 74**

弯曲膝盖，直到膝关节大约成 135°，双脚置于身后几厘米。

**图 75**

整个运动过程中，只能移动髋部，膝盖要保持锁定。

# 第八式 悬垂蛙举腿

## 动 作

起始姿势与第七式悬垂屈举腿相同（图 74），就像做第七式一样，抬起双腿。双脚与髋部在同一高度时（图 75），再将双脚伸向正前方，直至双腿完全伸直。这时双腿与地面平行，即与上半身之间的夹角成 90°（图 76）。暂停一下，然后慢慢放下双腿，在此过程中双腿始终伸直（图 77）。该动作完成时，身体完全伸展（图 78）。然后回到起始姿势，重复练习。举腿时呼气，下降时吸气，腹部从始至终都要收紧。

## 解 析

从力学上来说，举腿的下降过程比上举过程容易，悬垂蛙举腿便充分利用了这一点。努力练习该动作，可以非常快速地增加力量和柔韧性，从而使你能够更轻松地过渡到后面的直腿练习（第九式与最终式）。

## 训练目标

- 初级标准：1 组，5 次
- 中级标准：2 组，各 10 次
- 升级标准：2 组，各 15 次

## 稳扎稳打

如果你能达到悬垂屈举腿的升级标准，那做 5 次悬垂蛙举腿应该不在话下。训练者难以从悬垂屈举腿升级到悬垂蛙举腿，通常是因为身体柔韧性较差，而非力量不足。其实这很容易解决：练习之前先做几分钟体前屈动作，拉伸下背部和腘绳肌。

**图 76**

双脚伸向正前方，直至双腿完全伸直。

**图 77**

慢慢放下双腿，在此过程中双腿始终伸直。

**图 78**

该动作完成时，身体完全伸展。

# 第九式 悬垂半举腿

## 动 作

抓住高过头顶的横杆，身体成一条直线，双脚离地，双肩收紧。双腿锁定，然后慢慢抬起，使之与地面之间的夹角成45°。这是该动作的起始姿势（图79）。膝关节保持锁定，然后平缓地抬起双腿，直到它们与地面平行。这是该动作的结束姿势（图80）。暂停一会，然后放下双腿，回到起始姿势，如此重复。举腿时呼气，下降时吸气，腹部保持收紧。

## 解 析

膝盖锁定、不使用惯性做直举腿相当难，500个认真的训练者里可能就有一个人能完成——没准更少。该动作如此困难的原因之一是动作幅度大（身体从完全伸展到完全直角的姿势）。训练者一旦获得在最高点将腿伸直（即悬垂蛙举腿的结果）所需的力量和柔韧性，就可以练习悬垂半举腿。与第八式相比，该动作使上半幅度的动作更难一些，并去除了下半幅度的动作。

## 训练目标

- 初级标准：1组，5次
- 中级标准：2组，各10次
- 升级标准：2组，各15次

## 稳扎稳打

如果你能达到悬垂蛙举腿的升级标准，那就意味着你能够完成更难的直腿动作（图80）。如果你觉得悬垂半举腿太难，那一定是因为你的肌肉力量还无法完成这么大的动作幅度。做出该动作的结束姿势（双腿伸直与地面平行），然后慢慢地、小幅度地向下再向上移动双腿，即便刚开始只能移动几厘米也没关系，随着力量的增加，你就能够动作标准地完成悬垂半举腿了。

**图 79**

双腿锁定，然后慢慢抬起，使之与地面之间的夹角成 45°。

**图 80**

平缓地抬起双腿，直到它们与地面平行。

# 最终式 悬垂直举腿

## 动 作

现在你已经知道该怎么做悬垂直举腿了。抓住高过头顶的横杆，要保证身体悬垂时双脚依然离地。双手大致与肩同宽，双肩收紧。这是该动作的起始姿势（图81）。平缓地举起双腿，直到它们与地面平行，此过程至少要持续2秒钟。举腿时呼气，尽量将所有气体都呼出肺部，使腹部完全收紧。这是该动作的结束姿势（图82）。暂停一下，然后反向运动，回到起始姿势，这一过程至少也要持续2秒钟，在此过程中吸气。即使在起始姿势中腹部也要收紧，两腿始终锁定，整个运动过程中只用肌肉控制，不要用惯性。

## 解 析

若根据上述规定严格练习，那么悬垂直举腿将是世界上最伟大的中段练习动作，卷腹、器械练习和负重仰卧起坐都相形见绌。如果你能完美无缺地做上20次悬垂直举腿，那你的腰部将无比强大和灵活，腹外斜肌、前锯肌、腹横肌和肋间肌将犹如岩石般坚硬突出，腹肌也会像钢板般结实。你将拥有魔鬼六块！

## 训练目标

- 初级标准：1组，5次
- 中级标准：2组，各10次
- 精英标准：2组，各30次

## 稳扎稳打

开始练习悬垂直举腿时，你应该已经很好地掌握了悬垂半举腿。如果还没有，那就不要贸然前行。如果已经掌握，那只需不断练习，慢慢增加动作幅度——即便每次只增加1厘米——你会在不知不觉之间征服这个动作。

**图 81**

即使在起始姿势中腹部也要收紧，两腿始终锁定。

**图 82**

举腿时呼气，尽量将所有气体都呼出肺部，使腹部完全收紧。

# 举腿系列升级表

| 第一式 | 坐姿屈膝<br>第 144 ～ 145 页 | 逐步做到<br>**3 × 40 次**<br>然后开始第二式 |
| --- | --- | --- |
| 第二式 | 平卧抬膝<br>第 146 ～ 147 页 | 逐步做到<br>**3 × 35 次**<br>然后开始第三式 |
| 第三式 | 平卧屈举腿<br>第 148 ～ 149 页 | 逐步做到<br>**3 × 30 次**<br>然后开始第四式 |
| 第四式 | 平卧蛙举腿<br>第 150 ～ 151 页 | 逐步做到<br>**3 × 25 次**<br>然后开始第五式 |
| 第五式 | 平卧直举腿<br>第 152 ～ 153 页 | 逐步做到<br>**2 × 20 次**<br>然后开始第六式 |

# 举腿系列升级表

| | | |
|---|---|---|
| **第六式** | **悬垂屈膝**<br>第 154 ~ 155 页 | 逐步做到<br>**2×15 次**<br>然后开始第七式 |
| **第七式** | **悬垂屈举腿**<br>第 156 ~ 157 页 | 逐步做到<br>**2×15 次**<br>然后开始第八式 |
| **第八式** | **悬垂蛙举腿**<br>第 158 ~ 159 页 | 逐步做到<br>**2×15 次**<br>然后开始第九式 |
| **第九式** | **悬垂半举腿**<br>第 160 ~ 161 页 | 逐步做到<br>**2×15 次**<br>然后开始最终式 |
| **最终式** | **悬垂直举腿**<br>第 162 ~ 163 页 | 终极耐力<br>**2×30 次** |

# 更上一层楼

　　举腿系列给绝大多数训练者（即使极有天赋、进步神速的人）提供了丰富的富有成效的腰部训练。只要稍加改变（参见"稳扎稳打"部分的描述），举腿系列中的每项练习都可以变成许多不同的动作。这个系列可以让你练很长时间，你会变得越来越强，等你达到最终式悬垂直举腿时，将真正拥有魔鬼六块。等到适应之后，你可以尝试增加次数。悬垂直举腿超过 50 次，确实是神一样的目标，但还是有人能做到的。

　　对普通训练者来说，这是个非常值得自豪的成就。如果你的训练就一直停在这个动作上，那也绝对不是什么丢脸的事。与健身房里的"行尸走肉"所能达到的成就相比，你已经领先了几光年。但是总有些人想要走得更远。如果你也属于这群精英，我建议你把眼光放在最强有力的中段练习动作——V 字举腿——上。

　　V 字举腿在健身房里极为罕见。除了偶尔有一些武术家表演过 V 字举腿（李小龙的最爱之一），通常只有高手级的体操运动员才能做到这种动作。它需要训练者经过数年、认真的、循序渐进的身体中段训练，尤其要专心于最难、最有成效的技巧，方可培养出做该动作所需的肌肉力量、神经力量、协调力与柔韧性。

　　经典的举腿动作中，双腿只要上举到与上半身之间的夹角成 90°，即与上半身垂直即可。而 V 字举腿要求锁定的两腿举得更高，也就是与上半身所成的夹角更小，就像字母"V"一样（因此得名）。说来容易，亲自试一试你就知道该动作与"容易"二字毫无关系。V 字举腿需要腹部肌肉有极大的收缩能力，这又需要与钢铁般的髋部力量相结合。此外，如果你的脊柱、臀大肌和大腿后侧的柔韧性不是特别好，那也没有希望完成 V 字举腿。

　　只有达到悬垂直举腿的精英级别，才能尝试 V 字举腿。如果你已经达到了，那就继续举腿系列的训练，找另外一天，即等到腹部与腰部肌肉得到充分恢复后再练习 V 字举腿。先热身，再做一些腰部的柔韧性练习，然后在地上尝试 V 字举腿动作。用双手和臀部支撑身体，抬起双腿，使之离地，要尽量抬高。身体可以稍微向后倾斜，直到大腿接近胸部，此时身体成"V"字形。刚开始，髋部与腹部会很不适应如此高强度的收缩，动作会很吃力。与所有中段练习一样，用肌肉控制来完成动作，用惯性只会让你更弱。掌握之后，你就可以逐渐增加次数，最后达到 20 次左右。等你能够在躯干略微向后倾斜的情况下做 20 次时，再尝试在躯干完全垂直的情况下练习 V 字举腿，此时难度会更大。如果在这种情况下你还能做 20 次，那你就能够习惯有难度的上半部分的动作，并可以尝试动作幅度更大的练习了。

　　再尝试在两把椅子之间练习。双手分别撑在两个椅背上，身体直立。双腿伸直，双脚放在身体前方的地面上，从此姿势开始练习 V 字举腿。因为椅子高度不够，所以双腿不能悬空，但该过渡动作可以让你掌握举腿的中间部分的动作。慢慢举起双脚，双腿保持锁定，向上抬起超过水平位置，直到身体成"V"字形。像这样做直到 20 次。

掌握上半部分与中间部分的动作之后，你就已经能够在横杆上尝试标准的悬垂 V 字举腿了。

完成 V 字举腿，只能凭借不可思议的力量。

# 变式

其实，随便从报刊亭中拿起一本健身杂志，里面大概都会有"腹部训练专栏"。这些文章通常都是介绍大众熟知的、毫无效果的腰部练习，即卷腹及其诡异的变式：反向卷腹、扭转卷腹、上斜卷腹、负重卷腹、平衡球卷腹、转体卷腹、拉力器卷腹以及不同的器械卷腹。它们在本质上都是孤立练习，而且效果微乎其微，完全不能把训练者的身体中段转换成富有运动能力的核心区。避开这些垃圾吧！你可以偶尔在训练日程中加入一些行之有效的中段练习动作，但这些动作都非常古老，因此那些只重时尚、不重效果的现代健身人士认为它们已经过时。下面是一些值得去做的动作。

## 仰卧起坐

经典而简单的动作，它可以训练你的中段与髋部。平躺在地上，双脚钩住坚固的物体，以髋部为轴向上弯曲身体。仰卧起坐一直以来总是被指责为对脊柱有害，其实如果膝盖弯曲的角度合适，就不会有问题。双手不要放在脑后，否则可能会拉伤颈部，而是应该握拳置于太阳穴处，然后拉起上身，直到肘部接触膝盖。很多人说仰卧起坐并不能真的锻炼腹肌，但这些人显然并不做仰卧起坐。如果你把这个美丽的动作做上几百次，那么第二天你就可以感受到美妙的酸痛——从胸骨一直到骨盆。仰卧起坐的真正缺点其实在于你的身体会非常快地适应它，所以为了增加力量，大家通常不得不增加负重。如果你不想使用负重，那也可以升级到难度更大的仰卧起坐，比如扬达仰卧起坐、下斜仰卧起坐和罗马椅仰卧起坐。

## 扬达仰卧起坐

此练习由捷克科学家扬达发明，故有此名。扬达仰卧起坐与普通仰卧起坐的不同在于：整个动作中双脚用力向下压，同时又要使臀部与腘绳肌尽量收紧。这样做仰卧起坐的用意是使髋部屈肌不动，因为从结构上看，髋部屈肌的位置与臀部和腘绳肌相对，这一理论被称为"交互抑制"。该理论的支持者认为，如果臀部与腘绳肌发挥作用，那髋部屈肌就不会发挥作用，那么负荷就会转到腹肌上，从而能让腹肌变得更强。我非常怀疑这一理论：首先，为什么收缩一组肌肉能够避免相对的肌肉收缩（此现象以伦巴德悖论之名为人所熟知，第 71 页就有个很好的例子）？其次，为什么不让髋部屈肌发力呢？腹部与髋部屈肌本来就应该协同发力，如果你想发展整个系统中的某一部分，同时又不发展与之相关的部分，那就是在自找麻烦。也就是说，扬达仰卧起坐可以作为你训练系统中有效的补充，但并不是因为"交互抑制"，而是因为静力收缩使得中段肌肉必须更加用力。你若能做 50 次以上普通仰卧起坐，那可以尝试扬达仰卧起坐。

## 下斜仰卧起坐

此练习需要一块一端可以架高的板子或一个倾斜的平台。把双脚固定在板子或平台上较高的地方，然后开始做仰卧起坐。如果你觉得这样越来越轻松，那就逐渐抬高双脚，这会迫使身体中段更加用力。如果可以找到能够安全放置板子的更高的地方，那你可以持续抬高双脚，直到你的身体几乎与地面垂直。

## 罗马椅仰卧起坐

罗马椅仰卧起坐由下斜仰卧起坐演变而来，不过强度更大。双腿钩住固定架，双腿也在椅子上得到支撑，这样你的躯干和髋部就在无支撑的情况下向后悬空。从这个姿势开始做仰卧起坐，这样中段就必须更加用力才能在动作的最低点控制身体。你也可以再向下倾斜一点儿，超过一般仰卧起坐的限制，这样就增加了动作幅度。此练习在美国健身的黄金时代（即 20 世纪 30 ~ 50 年代）大受欢迎。看看那个年代的人——比如艾文·科泽斯基（Zabo Koszewski）和利奥·罗伯特（Leo Robert）——的照片，你就会发现当时的运动员的中段都训练有素，看起来更加紧致、更加强健，远非现代那些靠药物催生的冠军所能及。该动作通常需要借助特制的器械,但也不是必需的。在监狱里,我们会坐下来,横躺在椅子上,同时让别人抓住我们的双脚。我看见过贫民区中一些家伙把双脚挂在篮球筐上做这个动作!虽然我不建议你也这么做,但这的确能够说明:只要想做,总有办法。你若有心,整个世界都是你的健身房。

## 转体仰卧起坐

这其实就是普通的仰卧起坐,只不过训练者要在向上的过程中转体,让一侧的肘部接触另一侧的膝盖,每次反复都需变换转体方向。很多健美运动员(以及拳击手——其实他们不该这么无知)都会练习转体仰卧起坐,以期强化腰部两侧的肌肉,即腹外斜肌。可是做仰卧起坐时,转动躯干所需的力量实在太小,因此该变式与普通仰卧起坐其实相差无几。苏联的训练者几十年前就深谙此道,所以发明了更有效的练习来锻炼腰部的扭转肌肉,这就是俄式转体。

## 俄式转体

坐在罗马椅上,或者采用其他姿势,只要能让躯干在没有任何支撑的情况下向后仰就好。双手在身体前方拿着一个重物——健身房里的很多家伙都使用 20 千克重的杠铃片,但在监狱里大家喜欢厚厚的书或是水瓶——然后慢慢向后倾斜躯干。伸直手臂,然后从左向右扭转身体。双臂的动作幅度无需过大——大约从 10 点钟的位置移到 2 点钟的位置,同时腰部也要随之转动。如果你腹部两侧的肌肉开始疯狂燃烧,那就说明你的动作是对的。你很难增加该练习的难度,但这是一种很有趣的变式,可以偶尔将其加入你的训练计划。

## 直角式

坐在地上,双腿伸直锁定,双手放在身体两侧同时用力下压,使臀部与双腿完全离地。抬高双腿,使其与上半身的夹角成 90°。你要有强壮的背阔肌和手臂,才能把身体推离地面。同时,腹肌、髋部及大腿也需要用力收紧,不然双腿会下垂。该动作与悬垂直举腿很相似,但由于动作幅度不是很大,所以其锻炼腹肌的作用没有举腿那么有效。不用悬垂也意味着胸腔和前锯肌得到的锻炼较少。尽管如此,该动作仍然很酷。

## 健身球锻炼

以前,想要锻炼腰部的训练者往往会严重依赖健身球,但这个动作也几乎像恐龙一样灭绝了。真可惜!其实投和接重球的动作能够锻炼所有的中段内部肌肉,比如膈肌和腹横肌。该动作会强迫腹肌快速有力地收缩,就像摔倒或受到撞击时,腹肌要快速收缩以保护内脏那样。不过,你无需真正的健身球,如果你投掷时足够有力,篮球就可以了。你甚至都不需要训练伙伴,只要将球投向一堵墙,在其反弹回来时将其抓住即可。

## 侧抬腿

　　侧躺在地上，双腿伸直，尽可能抬高上面的那条腿。能抬到 90° 最好，不过刚开始很难做到，因为一般人髋部两侧的肌肉比较弱——除非你练过滑冰或武术。如果你可以做 50 次，那就可以尝试采用站立姿势练习侧抬腿，这会更难。有一种负重练习可以代替该动作，即将杠铃置于颈后或手拿哑铃做体侧屈。我不推荐在将身体侧向一边时使用额外负重，这会让脊椎下段处于不利位置。现在，很多健身书都推荐练习腰部侧面的动作，比如各种侧向卷腹及转体动作。其实，举腿系列就可以锻炼包括腹斜肌在内的整个腰部，也会使髋部更好、更强壮。如果你按照举腿十式努力练习，那你真的不需要额外的"侧腰"动作。但是，如果真的想专门锻炼这一部位（不管出于什么原因），那就把其他练习都放下，挑战转体举腿吧！

## 转体举腿

　　这是专门锻炼躯干两侧肌肉的终极动作，但只有在你足够强壮时才能尝试。通过练习侧抬腿与举腿系列十式来增强你的力量。抓住横杆，使身体悬垂，双腿伸直，然后举腿。双腿举到最高处时，将一侧髋部转向前方，骨盆则尽量向高处扭转。然后反向运动，接着重复练习另一侧。这样一组动作，比 1000 组卷腹或转体更有效。它能使你的腹外斜肌像手指一样突出，使你的转体动作更灵敏，让你拥有杰出的扭转力。个中原因，就是该动作的强度极大。就像人们说的，拿铅笔敲炸药，敲上千次也不会爆；而拿锤子轻轻敲一下，砰！肌肉细胞同样如此。仅仅让它们反复收缩，什么都不会发生。这就是腹部电子刺激装置不起作用的原因所在，因为它只会使肌肉重复收缩而已。你需要迫使肌肉做出反应，要用"锤子"猛击那些烦人的肌肉细胞。孩子，跳起来抓住横杆举腿吧！

# 第九章　严阵以待的脊柱

# 桥

　　如果非要说这个世界上最重要的力量练习是什么，那就是桥。其他的练习都无法望其项背。

　　深蹲打造强有力的双腿，俯卧撑发展胸肌，引体向上练就厚实的背阔肌和肱二头肌，还有太多太多的练习能铸就令人钦佩的大块肌肉，只要你知道如何正确做它们。数以百计肤浅花哨的健身书都在教人们如何练出可以卖弄的大块头，但桥这一能把脊椎练得如钢鞭般强健而又灵活的技艺，却几乎不为人知。你在健身房里看不到一排排练习桥的家伙，健身作家也不会在这种老古董动作上浪费笔墨，他们更愿意专注于手臂、腹肌和躯干的训练。其实，只有寥寥几人知道如何正确练习桥，这使其简直就成了一种秘技。

　　何以如此？这多半与现代"重看不重用"的风气有关。今天的人都已经被健美哲学洗脑了，没人会转过身来展示自己的脊椎肌肉。当训练者聚在一起谈论肌肉时，他们通常会先问你的手臂有多粗，而不是问你的脊椎肌肉有多强壮。

　　真可耻，脊椎肌肉对力量和运动来说，远比肱二头肌重要。事实上，脊椎肌肉是身体上最重要的随意肌，没有之一。

## 训练脊柱

　　人体最重要的器官不是肌肉，也不是心脏和肺部，而是脑部。脑部控制着所有的器官，就像它实际控制着人体中的所有结构与活动一样。在很大程度上，我们的心理认同都与脑部功能息息相关，甚至可以说我们除了脑就什么都不是了。脑部死亡，你也就没了。

　　人体第二重要的器官是脊髓，因为脊髓联系着脑部与其他身体部分。脊髓是异常复杂的纤细神经管道，从低位脑干向下在后背延伸。如果脊髓受损，不管脑部多强大、多健康，都无法与其他身体部分联系了，因此将变得毫无用处。大家都记得超人克里斯托夫·里夫（Christopher Reeve）瘫痪的悲剧吧？20世纪90年代中期，他不慎从马上跌落，由于有头盔保护，他的脑部没有受伤，但由于脊髓严重受损，他再无法控制他的身体。

　　脊髓极其脆弱，如果不加保护很容易受伤。它即使受一点点伤，也会对身体功能酿成灾难性的后果。不过还好，由于对我们的健康和生存至关重要，所以脊髓通过进化过程得到了很好的保护。它包在柔韧且呈铰链式连接的、厚厚的装甲里，这种装甲由坚韧的软骨连接着诸多密实的单个骨头组成，这些单个骨头就是脊椎骨，这些软骨就是椎间盘。整个脊椎又进一步由韧带与控制脊椎运动的深层复杂肌肉组成的网络保护。共有

30 多对基本的脊椎肌肉，由于篇幅所限，此处并不详细罗列，也不具体描述它们各自的功能。感兴趣的训练者可以拜读亨利 • 格雷（Henry Gray）的《格雷解剖学》（Gray's Anatomy）。所有这些肌肉都不是各自为战，而是被塑造成了两根厚实的、强有力的、蛇一样的管子，附在脊柱两侧，这些肌肉群叫做竖脊肌。

这两根肌肉柱是防止脊柱受伤的第一道防线，就像厚实的紧身衣，能够保护脊柱免受来自外界的危险，比如尖物或钝物的伤害。这些肌肉也能够控制脊柱的运动，确保脊椎骨遵循一定的运动幅度，从而保护脊髓，并规定脊柱的所有活动。若没有竖脊肌，人根本不能走路、站立、转体、移动躯干，甚至无法扭头。

竖脊肌对人体至关重要。但是竖脊肌与其保护对象脊髓相比显得微不足道。神经冲动通过脊髓从上向下传递，所以受伤部位越靠上，后果越严重。

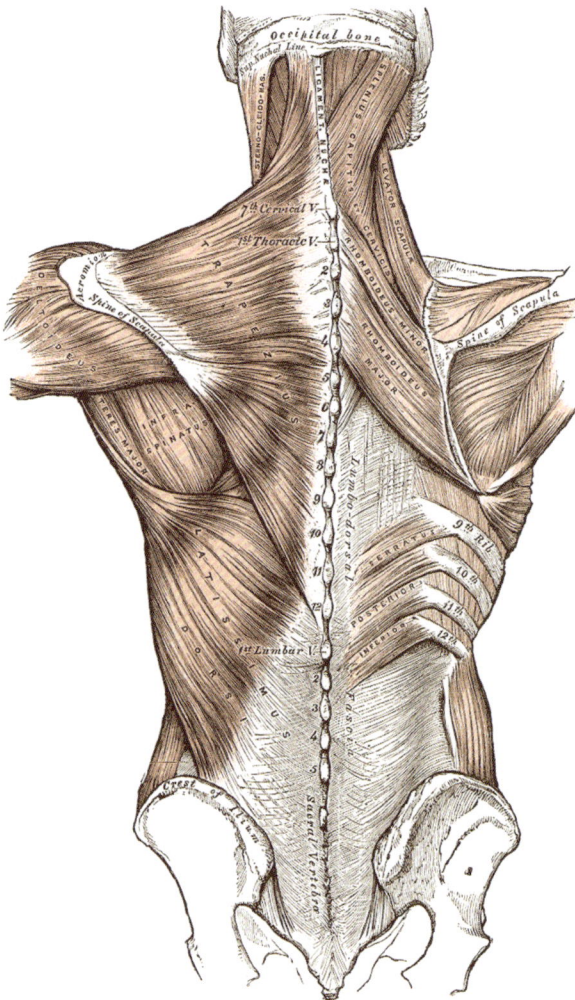

此图出自经典教材《格雷解剖学》，背部肌肉的复杂程度一目了然。桥可以锻炼所有这些肌肉及其肌腱。

- 脊柱下部（腰椎）受伤，双腿将失去知觉，伤者将大小便失禁和性无能。
- 脊柱中部（胸椎）受伤，伤者无法控制躯干的肌肉。
- 脊柱上部三分之一（颈椎）受伤，会使手臂、肩部和颈部瘫痪。如果伤势严重，那么为肺部提供动力的膈肌也会瘫痪。

除以上这些症状以外，脊柱受伤还有可能引发其他可怕的副作用，包括肌肉萎缩、骨质疏松症、神经性头痛，以及基本生理功能（如血压、体温和心率）的失控。更糟糕的是，脊髓神经组织复杂得不可思议，一旦受损其自我修复能力微乎其微。克里斯托夫·里夫从马背上跌落摔碎了第一颈椎和第二颈椎，结果其脖子以下的身体功能全都不复存在。经过数月的治疗，他才能在脱离呼吸器的情况下进行短暂的呼吸。

脊髓的安全依赖脊柱的整体性，而脊柱的整体性又主要依赖于支撑脊柱的韧带与肌肉的健康。保护脊髓并使之保持健康的最好方式就是维持强壮的竖脊肌。

可能除呼吸、健康饮食和规律睡眠之外，投入时间训练以保护脊柱是你能做的对健康最重要的事情。就是这样。

# 脊柱与运动

如果你家里有一个杠铃，你最好卖掉它，然后买一个健身垫来锻炼脊椎。我知道这个建议与当今的健身文化似乎格格不入，甚至有点儿可笑，但我并没有开玩笑。

脊柱就像汽车上的万向接头一样，运动所形成的每一点压力都需要由它传递——小到转头，大到足球场上铲球那样的强劲动作。如果你的脊柱非常脆弱，那这些动作都可能让你受罪——从折磨人的椎间盘突出，到压缩性骨折，甚至脖子也可能断裂。动作越激烈，脊柱面临的风险就越大。而脊椎肌肉越强壮，脊椎就能愉快地承受越大的压力。

除了避免运动受伤之外，对运动本身来说，脊椎肌肉也发挥着基础且正面的作用。脊椎肌肉极其强壮，我们所做的大部分动作——从投掷、转体、俯身到举重，脊椎肌肉其实都会参与其中。没有强健的脊椎肌肉，力量根本就无从谈起。不使用脊椎肌肉，四肢也就无法使用——无论是弯举、深蹲、推或拉。这些肌肉比其他所有的随意肌都更常用。无论在哪种运动中，更强的脊椎肌肉都意味着更好的运动表现。

如此重要的肌肉却不是所有训练者锻炼的首要目标，真是讽刺！更令人难以置信的是，大多数训练者根本不想直接锻炼脊椎肌肉。此外，还有很多人是不知道该如何开始锻炼。下背部疼痛是世上所有健美者的首要烦恼，这毫不奇怪，因为他们如此无知。

# 桥的益处

有一种解决办法，终极的解决之道，那就是桥。桥是一种简单的技巧，只要用四肢把身体向上推离地面、后背弯成弓形即可，但是经常练习它可以消除大多数因滥用身体而引发的背部问题。不幸的是，现在的我们比前人更需要这剂良药。在脊柱方面，人类天生就存在缺陷——直立行走是人类迄今为止最糟糕的"发明"，依靠四肢行走的动物，罕有脊柱问题——而现代文明更深化了这种与生俱来的缺陷。今天，普通人的生活中都存在对脊柱弃之不用或用之不当的问题。人们一整天弯腰坐在电脑屏幕前做重复的工作，这种糟糕的姿势让脊椎骨处于不健康的状态，回到家后他们又会瘫倒在沙发里看电视。结果就是现代的文明人遭受越来越多的背部问题，甚至在三十多岁时，有些人的椎间盘就开始退化了。

桥（即便每周只练一次）能预防所有这些问题。因为该动作不但能使脊椎骨恢复正确位置，还能增强背部深层肌肉的力量，这些肌肉对正确的身体姿势至关重要。长期练习桥，你的骨头甚至会变得更强壮。椎间盘由软骨组成，但凡是软骨其中都很少有血流——它们只能从关节内的液体（滑液）中获得营养。由于滑液并不与血液循环相连，所以只有当关节来回运动时，关节内才会有新鲜的滑液。桥会移除废物，给椎间盘带来营养丰富的滑液，从而使其康复并阻止其退化，确保其处于最佳的健康状态。强壮的脊椎肌肉可以减少椎间盘突出的概率，甚至有助于治疗椎间盘突出。

除上述益处以外，桥也会使你所做的所有运动更加强劲有力。桥是锻炼脊椎肌肉的终极练习动作。如果一个人有两条非常酷的"蟒蛇"纵贯其脊柱两侧，就可以知道他掌握了桥。作为锻炼竖脊肌的基本动作，桥其实也能够锻炼人体的其他肌肉。做这个动作时，四肢要把身体推离地面，而上肢带肌与上背部也会在这个过程中得到很好的锻炼。此外，整个身体正面（男性的经常很僵硬）也会得到最大的伸展。我们的膝盖、股四头肌、髋部屈肌、腹肌和胸部也会极大地受益。这种独特的运动方式还可以消除我们肩部沉积的钙，并使我们的身体极度柔软、灵活。还有，包括我在内的许多亲身实践者都相信，定期练习桥可以扩大胸腔，增加肺活量。

桥会使你的脊柱变得对那些大力度的、爆发式的或意想不到的动作刀枪不入，让你能做出难度更大、力度更大、速度更快的动作。强壮的脊椎肌肉会释放腰部、躯干以及四肢的潜在力量，那是脆弱的背部无法企及的力量。在身体的活动过程中脊柱一直在工作，所以强壮的脊椎肌肉会带来更大的耐力——在运动和生活中都是这样。

我还可以不断地继续列举桥的诸多益处，不过这样就行了。你已经明白了最关键的东西：桥会让你远离背部疼痛，使你更健康、更强壮、更迅速、更灵敏，更有精力。你应该练桥。

# 李小龙的背部

许多力量训练者用杠铃锻炼脊椎肌肉，比如硬拉和"早上好"（直立体前屈）之类的动作。这些动作都能够锻炼竖脊肌，但问题是它们只在一个固定点上给脊椎施加负重，这意味着深层肌肉所受到的锻炼是不均衡的。在桥动作中，强劲的脊椎肌肉是在脊柱向后弯成弓形时得到锻炼的，此时关节处于闭合状态，这种姿势非常安全，尤其是没有额外的负重。可是，杠铃练习却是迫使脊柱向前弯，这会迫使脊椎骨打开，从而使椎间盘面临裂开或突出的危险。做杠铃动作时，由于额外负重的力臂较长，脊柱凸出张开，因此背部极易受伤。1970 年，强大的李小龙在用杠铃练习"早上好"时背部严重受伤，医生断定他不能再练功夫了，但他凭借体操重新恢复到了完全强健的状态。

# 桥文化

桥练习在西方还不普及，这或许是因为西方文化重看不重用吧！因为在很多地方，桥备受尊崇，并被作为最伟大的练习之一广为人知。在东方，桥被当作训练"王道"。少林功夫中有各式各样的桥，道教养生术（比如"导引"）中也有桥的身影。但也许没有哪个国家会像印度那样，花费了那么多的时间去理解桥（在那儿被称为轮式，chakrasan）。在瑜伽中有大量的桥，从基本的到高难度的（练习者的双脚是放在头上的）。印度比西方早几千年就认识到了脊柱的重要性，阿育吠陀医学（古印度的医学哲学）甚至认为其拥有超自然的神秘力量。

或许我有点儿苛责西方文化对待桥的态度。其实，某些体育项目——能力重于外表的项目——的运动员依然在练习桥。体操运动员练习桥，因为他们需要强壮而柔韧的背部来做空翻动作；很多资深力量型举重运动员也会练习桥，而且极其信赖它；摔跤运动员也早早就认识到背部强壮的重要性，因此桥便成了他们的基本训练科目，在任何级别都是。如果你在美国高中里看到有人在练桥，那一定是在摔跤课上。真是可怜！要是教学生从小就练习桥，那这一代人的下背部疼痛和其他脊柱病便可以减少 99%。

# 完美桥的四项标准

许多训练者——甚至是瑜伽练习者（他们本不该这么无知）——认为只要能把背部撑离地面，便是能做桥了。事实并非如此。在这项重要的练习中，训练者应该努力使动作接近完美，而完美的桥有四项标准（除第 4 项标准外，其他标准适用于第六式标准桥及其之后的动作）：

1. 脊柱应该形成凹面，背部必须形成优美的弧形。说来简单，但如果脊柱的深层肌肉很弱，那么训练者就倾向于使用四肢撑起身体，这样背部会显得很直挺。

2. 髋部应该远离地面。孱弱的桥最明显标志就是髋部只能勉强离地；完美的桥，髋部与臀部应该比头部和肩胛骨要高。这点很难判断，除非你从侧面给自己拍一张照片。

3. 双臂与双腿应该伸直。做桥时，双臂伸直相对容易，但要双腿与其同时伸直，则需要训练者具有非常好的柔韧性。

4. 呼吸应该又深又平缓。桥使胸腔伸展，使膈受到压力，如果胸部僵硬，那训练者的呼吸会急促不平。自然的呼吸是掌握桥的标志。切记，练习时绝不要屏住呼吸。

完美的桥必须达到这四项标准，能够达到其中的三项，可视为不错的桥；只能达到其中的两项，只能够算初级的桥；只能达到其中的一项或一项也达不到，那你做的根本就不是桥，至少对本书的训练者应如此要求。

不管你有多么强壮、柔韧性有多么好，没有人第一次尝试就能练出达到以上四项标准的完美桥。这得花上数月甚至更长的时间。别担心，就算不完美，也比做不了强。信心十足地去尝试吧！要知道，每训练一次你都会做得更好，你的身体会更受益。坚持努力，总有一天你的桥会满足以上四项标准的。

# 掌握桥

不要因为桥是如此重要的动作，就贸然开始练习。在你的身体还未习惯的情况下，做桥是很危险的。极少训练者有足够的脊椎力量，以至于一开始就能做出桥。更糟糕的是，一般人身体的柔韧性完全是不平衡的：大多数人都习惯于前倾，甚至那些沙发懒虫也得向前弯曲脊椎，来系鞋带或拿遥控器，但平常人向后弯身的情况有多少呢？有也是屈指可数。长此以往的结果就是极不平衡的柔韧性，而这是很危险的。如果仅仅是一时兴起就开始练习桥，那么缺乏力量的肌肉和不平衡的柔韧性会让你的肌肉拉伤，甚至更严重。

你需要计划。如果你刚刚接触桥（或只是大概练练），我建议多花点儿时间去锻炼基本力量。大量的深蹲和举腿会增强你的背部与髋部肌肉，并让腰部更加灵活。等到你掌握了窄距深蹲（86 ~ 87 页）和悬垂屈膝（154 ~ 155 页），你就可以着手应付桥系列了。

桥系列的前三式表现了治疗的过程。这三式可以缓解旧伤，增加向后的柔韧性，并使紧绷的髋部屈肌得到放松，也可以唤醒你不习惯使用的脊柱深层肌肉。随着不断发展，你可能感觉到这些肌肉在燃烧并伴有疼痛感。这是好事！燃烧感意味着你的肌肉已经开始储存葡萄糖（它们在被使用的时候就会有燃烧感）。如果你通过举腿和深蹲系列培养了一定的力量基础，那么练习桥系列的前三式应该问题不大。即使这样也不要急于求成，要培养而不要破坏训练的势头。你不妨在桥系列中多花些时间，毕竟我们的脊柱极为珍贵，值得善待。

接下来的三式将逐渐带你走进标准桥。在此阶段，力量与柔韧性会同时发展。一旦你攻克了标准桥（第六式），就多花点儿时间（至少几个月）在上面。要注意桥的质量，所有练习技巧都有好坏之分，桥尤其如此。好的桥，髋部高抬、四肢伸直，背部会形成优美的弧形（展示着上好的柔韧性），看似不费吹灰之力。质量差的桥松松垮垮，四肢弯曲，身体勉强微微离地，脊柱犹如木板一般僵硬，看起来极其费力（实际上也是）。

如果你认真练习了前面几式的动作，你的身体很快就能适应标准桥。我的一些学生常说，他们能真切地感到，每训练一次，自己的桥都明显变得更优美。这种适应过程会非常快，甚至对年纪较大的人来说也是如此，这是因为大多数人的深层脊椎肌肉还是"处女地"，很少做高强度的收缩，所以它们学得很快。

如果能做到标准的桥，那你可以好好犒劳一下自己。你的背部会比以往任何时候感觉都好，你的脊柱会比其他 99% 训练者的更强壮、更柔韧——"像一根钢鞭"，我以前的一位学生如此描述。他是武术家，深知那种脊柱的价值。但这还不是终点，你还能变得更好。到目前为止，你已经能够躺在地板上做标准桥了。其余四式将教你做桥的高级手法，直到最终能做铁板桥。铁板桥的动作是从直立姿势弯身成桥，再平缓地进行反向动作，并最终回到直立姿势。铁板桥是桥系列的最终式。能把这个美妙的动作完美地做上 10 次的人绝对是凤毛麟角。铁板桥不仅可以给你的脊柱与腰部以不可思议的爆发力与柔韧性，也会让你的全身力量受益。还有，它看起来实在太酷了！

下面是桥系列十式的详细解说，读读看吧。但要记住，如果你做不到深蹲和举腿系列的第六式，最好不要尝试这个系列。

## 第一式 短桥

## 动 作

躺在地上，双手叠放在腹部。膝盖弯曲，将双脚拉向臀部，直到胫骨与地面接近垂直，此时脚跟距离臀部约 15 ~ 20 厘米，脚掌平放在地上。双脚与肩同宽或略窄，依个人舒适度而定。这是起始姿势（图 83）。然后双脚用力下压，身体向上拱起，使髋部和背部离开地面，直到仅以双肩和双脚支撑整个身体。此时，大腿和躯干应成一条直线，髋部不要下沉。这是结束姿势（图 84）。暂停一会，然后做反向动作，缓缓地放低身体，直到回到起始姿势，如此重复。身体撑起时呼气，身体放低时吸气。

## 解 析

用下肢来推动整个身体，这是开始脊柱训练最温和的方式。因为在日常生活中，我们通常都是通过腿部带动脊柱活动的，比如散步、弯腰等。在短桥的最高处保持躯干伸直的动作，会刺激脊椎和髋部的肌肉，同时几乎不会给脊椎骨造成任何压力。所以，对椎间盘有伤的人来说，这是极好的治疗动作。

## 训练目标

- 初级标准：1 组，10 次
- 中级标准：2 组，各 25 次
- 升级标准：3 组，各 50 次

## 稳扎稳打

大多数人做短桥时都不会感觉太吃力。如果你正处于背伤恢复阶段，动作对你而言稍有困难，那你可以在髋部下方放上枕头或坐垫，以缩小动作幅度。

**图 83**

双脚与肩同宽或略窄，依个人舒适度而定。

**图 84**

大腿和躯干应成一条直线，髋部不要下沉。

# 第二式 直桥

## 动 作

　　坐在地上，双腿伸直，双脚与肩同宽。手掌平放在髋部两侧的地上，手指朝前。坐直，此时腿和上半身之间的夹角成 90°。这是该动作的起始姿势（图 85）。双手用力下压，双臂绷紧，同时将髋部向上推起，直到双腿与躯干成一条直线。下巴向上抬起，看向天花板，此时只用手掌和脚跟支撑身体。这是结束姿势（图 86）。暂停一会，然后反向运动。身体撑起时呼气，身体放低时吸气。

## 解 析

　　短桥主要通过双腿的推动活动脊椎肌肉，而直桥在此基础上又增加了手臂，再加上伸直整个身体的动作，从而增加了难度。直桥一方面会训练手臂，另一方面也会打开僵硬的身躯，并强化肩胛骨之间的肌肉，这对于难度更大的桥而言至关重要。

## 训练目标

- 初级标准：1 组，10 次
- 中级标准：2 组，各 20 次
- 升级标准：3 组，各 40 次

## 稳扎稳打

　　如果你觉得上面描述的动作太难，那么可以缩短力臂，降低难度。像做短桥一样弯曲而不是伸直双腿做该动作（图 84）。如果这样还是太难，那就双膝跪地、身体后仰做这个动作，将臀部向上抬起几厘米，使其离开小腿。一直这样练习，直到你足够强壮之后再尝试做标准的直桥。

**图 85**

坐直，此时腿和上半身之间的夹角成90°。

**图 86**

将髋部向上推起，直到双腿与躯干成一条直线。

# 第三式 高低桥

## 动 作

高低桥需要借助一个与膝盖等高或略高的物体。在监狱里，床铺是最好的选择。一般家庭里的床稍高一点，但也可以。坐在床的边缘，身体向后躺在床上，双脚平放地上，与肩同宽。身体往前挪，以便髋部离开床。双手放在头部两侧，手指指向脚。这是该动作的起始姿势（图 87）。双手用力下压，肘部打开，推起髋部，同时背部弯起成弧形。继续平缓地尽力上推身体，至少让头部与身体完全离开床。手臂不必完全伸直，肘部应该是弯曲的。或许你只能将自己的身体推起几厘米，那就可以了。有控制地向后仰头，以便能看见身后的墙壁。这是该动作的结束姿势（图 88）。然后反向运动，缓慢地放低身体，直到躯干与头部再次完全躺在床上。保持正常呼吸。

## 解 析

高低桥是桥系列中第一个标准的"头手并列"姿势的练习。这种姿势会强化训练者的腕部，打开其肩部与胸部，为之后的动作打下基础。相比于之前的几式，此动作要求脊椎上部有更高的柔韧性和收缩力。

## 训练目标

- 初级标准：1 组，8 次
- 中级标准：2 组，各 15 次
- 升级标准：3 组，各 30 次

## 稳扎稳打

角度越小（即头和手所处的位置越高），桥就越容易。如果床上的高低桥太难，那你可以尝试在更高的物体上练习，比如餐桌或书桌，直到可以用更低的物体练习为止。

**图 87**

借助一个与膝盖等高或略高的物体。

**图 88**

手臂不必完全伸直，肘部应该是弯曲的。

# 第四式 顶桥

## 动 作

平躺在地上，弯曲膝盖，把脚拉向臀部，直到脚跟与臀部相距约 15 ~ 20 厘米。双脚与肩同宽或略窄，双手撑在头部两侧的地板上，手指指向脚，两肘指向天花板。尽力抬起髋部，使身体离地。手臂与腿继续用力推，直到背部形成优美的弧形，髋部高高抬起。头向下仰，头顶指向地板，这是"桥式"。保持这个姿势一会儿，然后弯曲手臂与双腿，直到头部轻轻接触地板。这是该动作的起始姿势（图 89）。再次暂停一会，然后将背部向上推起成"桥式"。这是该动作的结束姿势（图 90）。运动过程中要小心，以免撞到头部。在整个练习组中，背部始终要保持弧形，并且尽量正常呼吸。完成训练目标之后，慢慢地放低肩部、背部和髋部，直至整个身体接触地面。

## 解 析

瑜伽是以静态姿势训练人体的背部，"老派"体操则专注于动态的力量。这种小幅度练习只是学习完整的桥的预备阶段。

## 训练目标

- 初级标准：1 组，8 次
- 中级标准：2 组，各 15 次
- 升级标准：2 组，各 25 次

## 稳扎稳打

如果你刚开始进入"桥式"有点儿吃力，那就在腰下面放一些东西——两三个坐垫或枕头应该就够了。如果你不能让头部接触地板，那就先练习较小的动作幅度，在以后的锻炼中再把头降得越来越低。

**图 89**

弯曲手臂与双腿，直到头部轻轻接触地板。

**图 90**

将背部向上推起成"桥式"。

## 第五式 半桥

## 动 作

　　这个动作需要借助一个篮球或足球来控制动作幅度。坐在地上，把球放在自己身后的地上（靠近自己）。向后躺，只有双肩和双脚在地面上，双脚与肩同宽或略窄，球支撑着腰部。如果你感觉这种姿势不舒服，在开始前可以在球上放上毛巾或坐垫。双手撑在头部两侧的地板上，手指指向脚。然后，用手把双肩和头部推离地板，只用双脚、球和手掌支撑身体。这是该动作的起始姿势（图 91）。在这个姿势基础上髋部要尽力向上顶起，伸展手臂和双腿，抬起背部，直到背部完全离开球。继续向上运动，直到背部形成完全的弧形。这是结束姿势（图 92）。在最高处暂停一会，然后慢慢放低身体，回到起始姿势。在一组动作过程中，后腰只能轻轻接触球，而不能将整个身体的重量都压在球上。重复练习，尽量保持正常呼吸。

## 解 析

　　半桥其实是第六式标准桥的上半部分动作。等你能达到下面的升级标准后，你的脊椎肌肉将变得强劲且柔韧，足以完成更难的标准桥的下半部分动作。

## 训练目标

- 初级标准：1 组，8 次
- 中级标准：2 组，各 15 次
- 升级标准：2 组，各 20 次

## 稳扎稳打

　　与大多数桥动作一样，如果你觉得如上述般完成训练目标有困难，可以先缩小动作幅度，然后一点点增加难度。

**图 91**

双脚与肩同宽或略窄，球支撑着腰部。

**图 92**

继续向上运动，直到背部形成完全的弧形。

# 第六式　标准桥

## 动 作

平躺在地上，弯曲膝盖，让双脚向臀部靠近，直至与其相距约 15 ～ 20 厘米。双脚与肩同宽或略窄，双手撑在头部两侧的地板上，手指指向脚，两肘指向天花板。这是该动作的起始姿势（图 93）。尽量把髋部向上抬，从而使身体离开地板。手臂和双腿继续用力推，直到背部形成优美的弧形。在完美的桥中，手臂要完全伸直。头部尽量后仰，从而看到后面的墙壁。这是该动作的结束姿势（图 94）。在最高处暂停一会儿，然后反向运动，有控制地放低身体——要平缓地降低，不要一下塌下来，这样你会受益更多。继续放低身体，直到髋部、背部和头部完全接触地面。这一连串动作就是一个标准的桥。完成相应的训练目标，整个过程尽量保持正常呼吸。

## 解 析

标准桥是一个不同寻常的动作，它既可以预防和治疗很多背部问题，也可以增加全身的柔韧性，还可以增强脊柱深层肌肉的力量、扩展胸腔，舒展肩膀。此外，它还能强化双臂和双腿，改善血液循环，甚至有助于消化。

## 训练目标

- 初级标准：1 组，6 次
- 中级标准：2 组，各 10 次
- 升级标准：2 组，各 15 次

## 稳扎稳打

想要做到理想的桥——尤其是将双臂和双腿完全伸展——确实很难，需要耐心刻苦的练习。开始时尽量把身体向高抬，"完美"终有一天会来眷顾你的。

**图 93**

双手撑在头部两侧的地板上，手指指向脚，两肘指向天花板。

**图 94**

头部尽量后仰，从而看到后面的墙壁。

# 第七式 下行桥

## 动 作

站在距墙壁大约一臂远的位置，如果把握不准，可以稍近一点儿，这样可以更安全地调整。双脚与肩同宽，髋部向前挺，身体向后弯。抬起下巴，头尽量向后仰，以舒服为准。身体继续平缓地向后弯，直到可以看到身后的墙壁。一旦能看见墙壁，便将双手举过头顶，手掌紧贴墙壁，手指朝下，与头部齐平。这是该动作的起始姿势（图95）。将一部分体重向后转移到手上，把一只手降低几厘米，再让其紧贴墙壁；然后再移动另一只手，使其降得更低。用手在墙壁上向下"行走"时，身体要一直向后弯曲（图96）。手向下移动的同时，双脚也要一点点远离墙壁，以适应身体弯曲——只要感觉需要这样做，就小步向前移动。双手继续交替下移，直到移至墙根为止。之后双手手掌撑地，此时你其实是在墙根处做标准的桥式。这是该动作的最低点（图97）。然后让身体落到地板上，再站起来，回到起始姿势，重新开始下一轮动作。整个动作过程中要平缓呼吸。

## 解 析

顺着墙壁向下"走"比向上"走"容易，所以要先掌握这个。

## 训练目标

- 初级标准：1组，3次
- 中级标准：2组，各6次
- 升级标准：2组，各10次

## 稳扎稳打

第一次做该动作就能"走"到墙根的人寥寥无几。你可以一点点地增加动作幅度——每次训练都降得更低一点儿。另外，"把步子迈得小一些"也会更容易一些。

**图 95**

身体继续平缓地向后仰，直到可以看到身后的墙壁。

**图 96**

用手在墙壁上向下"行走"时，身体要一直向后弯曲。

**图 97**

双手手掌撑地，此时你其实是在墙根处做标准的桥式。

# 第八式 上行桥

## 动 作

　　背向墙壁（不接触墙壁）站立，身体向后弯曲，双手举过头顶，与墙壁接触，做出第七式的起始姿势（图95）。然后，如第七式中描述的那样，双手向下"行走"，直到贴着墙根做出标准的桥式（图97）。接下来，你需要向反方向运动。让一只手重新接触墙壁，同时用力推墙壁，之后让另一只手也接触墙壁，位置比之前那只手略高（图98）。把双手从地面上转移到墙壁上，是该动作最难的地方。接来下只是交替地把一只手放得比另一只手更靠上一些，顺着墙壁往上"走"。随着身体逐渐伸展，你很可能需要慢慢小步移动向墙壁靠拢，以保证手掌处有足够的压力。继续向上"走"，直到身体几乎伸直（图99）。然后，双手轻轻推墙，再次完全脱离墙壁站立（图100）。站立、向下"行走"、向上"行走"、再回到站立姿势，这就是一个完整的动作。

## 解 析

　　一旦你具备了顺着墙壁向下"走"所需要的柔韧性与力量，就该开始练习向上"走"了。这并不要求更好的柔韧性，但要求更大的力量，因为你要克服重力。

## 训练目标

- 初级标准：1组，2次
- 中级标准：2组，各4次
- 升级标准：2组，各8次

## 稳扎稳打

　　与第七式一样，想要完美地做成该动作，关键在于逐渐增加动作幅度。首次尝试时，只要顺墙壁向下"走"到某一点就可以了——确保你还能从这一点再向上"走"回来。如果觉得有用，就用粉笔把这一点标记下来，并逐渐降低下降的高度。

**图 98**

让一只手重新接触墙壁，同时用力推墙壁。

**图 99**

继续向上"走"，直到身体几乎伸直。

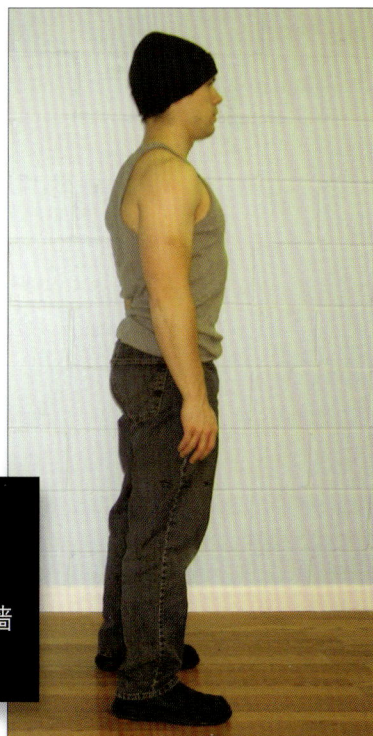

**图 100**

双手轻轻推墙，再次完全脱离墙壁站立。

# 第九式　合桥

## 动　作

　　直立，双脚与肩同宽，身体后方的空地要足以让训练者平躺。这是该动作的起始姿势。双手置于髋部两侧，并开始向前推骨盆（图101）。当骨盆移至你的极限时，开始弯曲膝盖，同时脊柱向后弯曲成弓形。然后头部向后仰，眼睛向后看。整个过程要流畅、一气呵成。继续弯曲脊柱，直到你可以看到身后几厘米的地面。一旦看到地面，就让双手离开髋部并将其举过头顶（图102）。这种姿势要求你有很好的柔韧性，前移的髋部加上弯曲的膝盖能够防止你向后摔倒。继续向后、向下运动，手臂保持伸展，直到手掌接触地面。这是该动作的结束姿势（图103），标准的桥式。接着，弯曲手臂与双腿，直到背部着地。然后站起来，回到起始姿势，重复动作。在整个练习组中，保持正常呼吸。

## 解　析

　　该动作是目前为止难度最高的桥。它包含最终式铁板桥中的"离心"运动阶段，即反向运动阶段。

## 训练目标

- 初级标准：1组，1次
- 中级标准：2组，各3次
- 升级标准：2组，各6次

## 稳扎稳打

　　起初，在该动作的最后三分之一阶段，你的身体很可能会向后倒，运气好的话你可能还能够用手掌"砸"地。这样可不行，你必须反复练习，直到你可以让双手温和地落在地面上。有个小窍门对你会有帮助，就是向后倒在台阶上——每次选择更低的台阶，直到可以让双手缓和地落在地上。

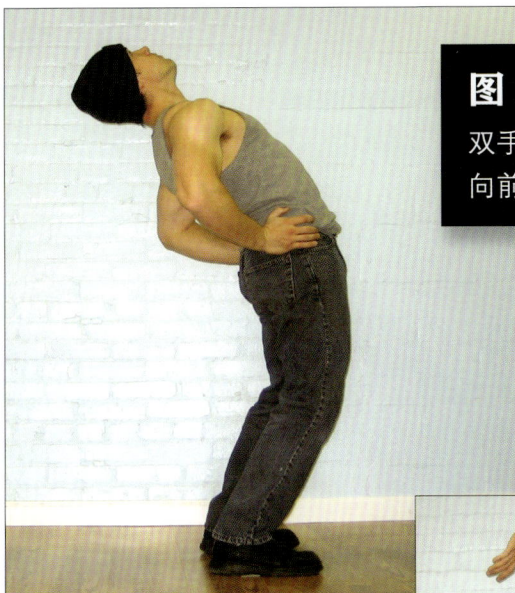

**图 101**

双手置于髋部两侧，并开始向前推骨盆。

**图 102**

一旦看到地面，就让双手离开髋部并将其举过头顶。

**图 103**

手臂保持伸展，直到手掌接触地面。

# 最终式 铁板桥

## 动 作

直立，按照合桥（第九式）的运动过程，做出标准桥式（图 104）。双臂伸直，同时弯曲膝盖，将体重转移至双腿。双手（最后是手指）用力按压地面，使手掌离地，同时继续向前转移体重。此时，如果你的后背足够柔韧以维持高度的弓形，腹部又足够有力，在你起身时手指会离地（图 105）。这个向上的运动过程应该是平缓向前转移体重的结果，而非用双手以爆发力推地面的结果。继续向上运动，双手绕过肩部收回，颈部也收回，与身体成一直线。最后，将髋部拉回，成直立姿势，双手回到身体两侧。这是该动作的结束姿势（图 106）。从直立姿势做成标准桥式，然后把自己从下向上拉回成直立姿势，就是一次完整的动作。重复练习，保持正常呼吸。

## 解 析

这是桥系列的最终式，它需要不可思议的柔韧性、强大的关节、强有力的肌肉以及极好的平衡能力和协调能力。经常练习铁板桥，可以增强敏捷性、按摩内部器官，调整脊椎和肌肉系统，让你精力充沛。达到高次数练习后，它还会为你的新陈代谢"加油"。

## 训练目标

- 初级标准：1 组，1 次
- 中级标准：2 组，各 3 次
- 精英标准：2 组，各 30 次

## 稳扎稳打

犹如练习合桥（第九式）一样，练习铁板桥也可以借助台阶一点点增加动作幅度。采用较宽的站姿也会有所帮助，但最终还是要争取回归到与肩同宽的站姿。

**图 104**

按照合桥（第九式）的运动
过程，做出标准桥式。

**图 105**

双手（最后是手指）用力
按压地面，使手掌离地。

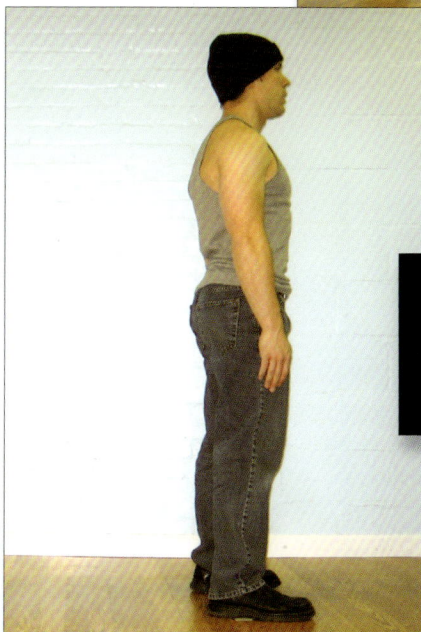

**图 106**

将髋部拉回，成直立姿势，双手
回到身体两侧。

# 桥系列升级表

| 第一式 | 短桥<br>第 178 ~ 179 页 | 逐步做到<br>**3 × 50 次**<br>然后开始第二式 |
|---|---|---|
| 第二式 | 直桥<br>第 180 ~ 181 页 | 逐步做到<br>**3 × 40 次**<br>然后开始第三式 |
| 第三式 | 高低桥<br>第 182 ~ 183 页 | 逐步做到<br>**3 × 30 次**<br>然后开始第四式 |
| 第四式 | 顶桥<br>第 184 ~ 185 页 | 逐步做到<br>**2 × 25 次**<br>然后开始第五式 |
| 第五式 | 半桥<br>第 186 ~ 187 页 | 逐步做到<br>**2 × 20 次**<br>然后开始第六式 |

# 桥系列升级表

| 第六式 | 标准桥<br>第 188 ～ 189 页 | 逐步做到<br>**2 × 15 次**<br>然后开始第七式 |
|---|---|---|
| 第七式 | 下行桥<br>第 190 ～ 191 页 | 逐步做到<br>**2 × 10 次**<br>然后开始第八式 |
| 第八式 | 上行桥<br>第 192 ～ 193 页 | 逐步做到<br>**2 × 8 次**<br>然后开始第九式 |
| 第九式 | 合桥<br>第 194 ～ 195 页 | 逐步做到<br>**2 × 6 次**<br>然后开始最终式 |
| 最终式 | 铁板桥<br>第 196 ～ 197 页 | 终极耐力<br>**2 × 30 次** |

# 更上一层楼

如今，健身房里有许多大块头，他们的四肢和躯干都相当强壮——对于在健身房里举重来说，相当强壮。但他们就只有这点了。毫无疑问，如果你能达到桥系列的最终式，你的脊柱将具有不可思议的力量——不仅表面肌肉如此，就连大负荷举重通常无法触及的最深层组织也如此。同样，我见过许多自认为柔韧性不错的武术家，但只要和他们一起训练就会发现，他们的身体只是在前倾时才算得上柔韧。若让他们向后弯身以双手接触地面，那他们的屁股肯定会先着地。

桥系列会给你不可思议的力量与柔韧性。如果这就是桥系列的全部好处，那也完全值得你将其列入训练计划中。但是，完成这个系列会让你得到更多，比你从任何其他动作中所得的都多，多得多：它可以修复背部的旧伤（比如椎间盘突出），避免新伤；也会强化腹部、三角肌、双腿及双臂；同时还可以扩展胸腔，打开双肩，使整个身体更灵敏、更协调；它会提高身体的平衡能力，矫正不正确的姿势，促进消化。好处多得说不完。

如果你已经达到了最终式，还想更进一步，那最好牢记以下的事实。桥远不只是一种力量训练，或者一种柔韧性练习，而是自成一体的完整的训练法，可以在每一个方面促进健康和体能的发展。因此，如果你想更进一步，不要只想着如何增强力量或柔韧性。

你的确可以用桥继续增强力量，方式之一就是在第六式标准桥中使用负重。圣昆汀监狱曾经有一个非常壮实的力量举运动员，他做标准桥时会让体重达 90 千克的伙伴坐在自己的肚子上。你几乎不能相信那样的大块头居然能做那样的表演，他自己的体重也超过 135 千克，而且不全是肌肉，但是常年练习桥，让他的身体异常柔软。尽管负重的桥看起来很棒，但是我对在脊柱练习中这样做总是心存戒意。偶尔尝试几次负重练习是一回事，长年累月如此是另一回事——最后肯定会出问题。

想增加柔韧性其实也很容易，你只要每次在桥动作的最低点（桥式），让头更靠近脚即可。在这个动作中人类的终极柔韧性是脚底紧贴头顶，该姿势即瑜伽中的蝎子式。你可能见过柔术演员表演这个绝活，看他人表演是我离这个绝活最近的时刻。除非你是个女子，而且从年轻时就开始练习体操，否则想达到这个水平的机会基本为零。能做该技巧的成年男性极为罕见，除非他们有医学上所谓的"过度灵活"（有时被错误地称为"双重关节"）的身体。柔韧性很重要，但已经有更安全、更有效的方式能增强我们背部的柔韧性，所以我并不建议你将精力集中在这种训练上。

如果你打算由铁板桥更进一步，我推荐两条途径。

第一，整合自身体重训练技巧，尤其是把倒立撑与桥结合在一起。在桥式中，不要用双手推起，而是用双腿蹬起身体，在身体垂直时保持倒立姿势。虽然要花点儿时间练习，但这其实是进入倒立姿势最酷的方式之一。能这样做之后再尝试反向做，从倒立姿势慢慢降低双腿，最后成桥式（首次尝试时一定确保下面有垫子缓冲）。等你可以轻松地做这些转换动作时，就可以将其结合在一起。翻筋斗成倒立姿势，然后下降成桥式，再蹬回成倒立姿势。这种高级技巧要求训练者身上的每块肌肉都有钢铁般的力量、鞭子般的柔韧性，这会极大地增加全身的控制力，还有不同寻常的满足感。当然，只有掌握了铁板桥，并达到倒立撑系列至少第四式，你才能开始尝试这种组合动作。

第二，高位桥。若力量体操这一路不对你的胃口，那你可以尝试高位桥。使用高于地面的平台会使铁板桥（在无需增加负重的情况下）变得更难、更需要爆发力——鲜有人知道这点。在平台（比如一级台阶）上直立，然后向后弯身，最后双手落地成桥。如果可以，再将身体推回到站立姿势。这个动作的幅度更大，需要极大的身体力量。这可能是在铁板桥之上"更上一层楼"的终极方式，但刚开始练习的时候要慢慢来，多加小心，因为高位桥会给手腕带来很大的考验。

# 变式

桥是不可思议的全能练习，因此罕有可以真正取而代之的变式。下面有些练习（比如骆驼式）和桥有些许类似之处，因为它们也同时要求脊柱的力量和柔韧性。而其他练习（比如俯卧挺身）只能强化脊柱与髋部，对身体柔韧性的影响微乎其微。因此，如果你因为某些原因（比如手臂受伤）无法练习桥，这些都是很好的维持背部力量的练习。

## 弓式

这是经典的脊柱练习，可以提高背部的收缩能力，并训练脊椎及其周围的韧带。趴在地上，双膝弯曲，脚跟接近臀部上方，左右手分别向后抓住同侧的脚踝。这本身就有一种拉伸感，但还没完，之后，纯粹使用脊柱的力量，同时将胸部和双膝尽量抬高并使之离地，保持此姿势 10 ~ 30 秒。一旦你觉得弓式太过轻巧，便可以尝试骆驼式。

## 骆驼式

双膝跪地，两膝相距几厘米。屁股不要坐在小腿上，大腿与躯干成一条直线，与小腿的夹角成 90°。由此姿势开始，脊柱慢慢向后弯曲成弓形，双手向后抓住脚踝。之后将髋部向前推，使脊柱的弯曲度最大化，坚持 10 ~ 30 秒。说来容易，但这需要脊柱的深层肌肉有一定力量才能完成。我是从一位住在美国西海岸的瑜伽修行者那里学到这个绝妙动作的。好像没人知道它为什么叫"骆驼式"，我一点儿也看不出哪里像骆驼。

## 蜥蜴桥

这是比标准桥难度更大的变式。先做出标准桥式（见图 90），然后抬起一侧的手臂及另一侧的腿，使它们与地面平行，并分别朝向正前方和正后方。坚持该姿势片刻，然后用四肢支撑身体，再换用另一只手臂及其相对的腿练习。与标准桥相比，该动作需要四肢更有力量，同时也会强化腰部肌肉，因为它们必须极度紧张以维持身体平衡。

## 山羊挺身

这是我推荐的少数需要训练伙伴的练习之一。趴在餐桌、书桌或较高的台子上，让双腿（直到骨盆）在平面上，上半身从髋部处开始悬空并下垂——与双腿的夹角成90°。你要想保持这个姿势，需要他人压住你的脚踝，以免摔下来。你可以在髋部下面放个垫子或·块毛巾，以增加舒适度。双手置于脑后，上半身向上抬起，直到与双腿持平。坚持此姿势片刻，然后慢慢放低身体，如此重复。山羊挺身能够锻炼腘绳肌、臀肌、髋部和脊椎肌肉，而同时也不会给脊柱造成任何压力。那些由于做大重量硬拉或深蹲而使椎间盘破裂或部分错位的家伙，可以通过该练习锻炼背部肌肉，而不会加重旧伤。

## 俯卧抬腿

做山羊挺身时双腿保持不动，以髋部为主轴或支点抬起上半身。以此类推，把这个动作反过来做也可以锻炼相同的肌肉：上半身保持不动，还是以髋部为支点，抬起双腿。要这样做，就必须趴在餐桌或书桌上，上半身在桌子上，双腿悬空（由于腿比躯干长，所以很可能接触地面，但并无大碍）。抓住桌子（只要能稳定上身，怎样都行），然后在身后抬起双腿，直到它们与上半身成一条直线。双腿尽量保持伸直会增加动作难度。在动作最高点保持片刻，然后有控制地放低双脚。多次重复练习。我发现，大的沙发式扶手椅非常适合练习俯卧抬腿。横趴在椅子上，髋部在一侧的扶手上，胸部则在另一侧的扶手上。可以向下伸手抓住椅子以帮助稳定身体。如果你家里有把舒服的椅子，那就可以尝试一下（一般的床太低，会大大降低该练习的效果）。俯卧抬腿具有山羊挺身的全部好处，此外还不需要训练伙伴。该动作对那些背部有伤的训练者来说可谓福音，因为它可以增加下背部的血液循环和力量，同时又不会给背部造成压力。

## 俯卧挺身

趴在地上，双脚并拢，双手置于脑后。尽可能低抬高胸部和双脚，双膝不要弯曲。其实，你的四肢只能向上移动几厘米，但这确实是很好的锻炼脊椎肌肉的练习。多次重复或在动作的最高点坚持10～30秒（就像浮在水面上的小船）。由于在这种动作中，腿部的移动幅度非常小，所以腘绳肌、臀肌和髋部不能得到和竖脊肌一样的锻炼。我还发现，该练习能够很好地解决中背部轻微痉挛的问题。如果你总是伏案工作，那它也是让背部焕发新生的绝佳动作。该练习非常和缓，你若是愿意，可以一天练习多次。两臂伸直向前（就像在飞一样），会稍微增加动作的难度（由于杠杆原理）。

## 后手翻

你迟早会想练这个。随着背部越来越柔韧，并越来越熟悉后弯动作，到某个时候你很可能就会想：能不能来个后手翻。你知道怎么做——可能在电影里见过很多次了。跳起来，向后翻筋斗，用手短时间撑地，然后以双脚落地，犹如猫一样灵敏。多酷啊！其实，急于探索后手翻并不是坏事。除了看起来相当妙之外，在很多方面该动作都算是桥的"弹震式"版本：它能够让你以比桥更具爆发力的方式训练脊椎肌肉、髋部和腿部，还会迫使你的全身以迅疾的运动风格做动作。其实，一旦你的髋部与脊柱通过桥练习被打开之后，后手翻就并非高不可攀了。如果你坚持不懈，即便身体超重也能做到这个。我多次见到胖乎乎的武术家洪金宝表演后手翻，还是在他 40 多岁时。关键在于信心。我第一次尝试后手翻时，做到一半就临阵退缩，结果差点儿把头撞破（那次尝试是在混凝土地面上），这严重打击了我的自信心。你第一次最好在厚厚的泡沫垫上尝试。后手翻动作快如闪电，需要亲身体验才能真正领会，所以动口不如动手，但我至少可以给你一些指点。用力跳起，但不单单向上跳，而是既向上又向后跳。手臂随之尽快上摆，越过头顶向后摆。后背收紧成弓形，头部始终处于两臂之间，在地面上找个点放置双手。在发现这个点的同时，双腿也顺势上摆，惯性会完成其余的工作。一旦掌握后手翻，你可能就想尝试后空翻，后空翻与后手翻动作相同，只是双手不着地（参见下图）。这需要腿和脊柱更具爆发力，同时腹部也要很有力才能把双膝带过去。后空翻还可以发展成其他特技（如果你想探索的话），比如蹬墙后空翻、后空翻踢、转体空翻等。

一位运动员在做后空翻，注意那弯曲成弓形的背部，如果没有强有力的脊椎肌肉是不可能做到这个的。

# 第十章 健康、强力的肩膀

# 倒立撑

　　很难想出有什么身体部位，能比肩膀更关乎纯粹的男子汉气概。人类天生就明白肩膀与力量的联系，所以在希腊神话中阿特拉斯（Atlas）以双肩捅天。在几乎所有的手臂动作中，肩部的主要肌肉——三角肌都起着传递躯干肌肉力量的作用。因此，如果肩膀弱，整个上半身也就弱。宽大的肩部就是"强劲有力"的象征，其他任何身体部位都没有能与之相提并论的视觉效果。

　　听起来很不错，但现代肩部训练方法有一个问题。

　　这个问题根深蒂固。

## 疼痛的肩膀

　　肩部疼痛与力量训练似乎天生就是一对，就像火腿和鸡蛋、爱情和婚姻一样。真是悲剧。不管你喜欢什么样的训练方式——健美、力量举重、奥林匹克举重、器械训练等，肩部疼痛在其中都可谓俯拾即是，事实上二者已经成了同义词。如果你已经进行了超过六个月的重量训练或器械训练，那你应该已经体验到令人不得安宁的肩部疼痛了——虽然可能还不算严重。如果还没体验到，那你可真是一个幸运儿，但如果继续训练，你会体验到的。

　　这些伤痛绝大多数都发生在肩袖上。你可能听过"肩袖"这个术语，如今在任何关于运动伤病的讨论中，这个流行词都可谓铺天盖地。对健身人士和运动员来说，肩袖和前交叉韧带一直是麻烦不断的部位。很不幸，尽管这个词被广泛使用，但许多训练者还是不知道肩袖是什么以及有什么用。首先，肩袖不是一块肌肉，而是一个肌肉群，其作用是将肱骨（即上臂骨）稳定在肩关节窝中。详细来说，肩袖包括四块肌肉（冈上肌、小圆肌、冈下肌、肩胛下肌），它们控制上肢向前、向后旋转。（而三角肌是肩膀处的大肌肉，负责手臂的主要运动，通常与背阔肌侧面、大圆肌和斜方肌背部、胸肌胸部协同工作，可以使手臂向下、向后、向前以及向上运动。）

　　这种旋转运动十分重要，原因有两点：首先，因为手臂在运动中一直在旋转——即便看起来完全直来直去的动作，也需要肱骨或前或后旋转才能完成动作，比如前推或后拉。动作越大，旋转越大。大幅度运动更会引起肱骨在肩关节窝内剧烈扭转。手臂靠球窝关节连接在锁骨上，若肱骨不能旋转，那上臂几乎就是瘫痪的。其次是安全问题。球窝关节的结构十分巧妙，这给了它极大的灵活性，但代价是脆弱。肩部其实很弱，旋转时极易受伤。肱骨剧烈扭转时，肩袖尤其容易受伤。大重量的杠铃练习（尤其是推举）会强迫肩袖承受很大的压力，其周围较大的肌肉，比如三角肌、胸大肌、背阔肌等都很大很强，且它们的运动方式相对都很直接，所以可以承担反复的大负荷工作，但是相对较小且更复杂的肩袖，则不适合这种不自然的重量练习。

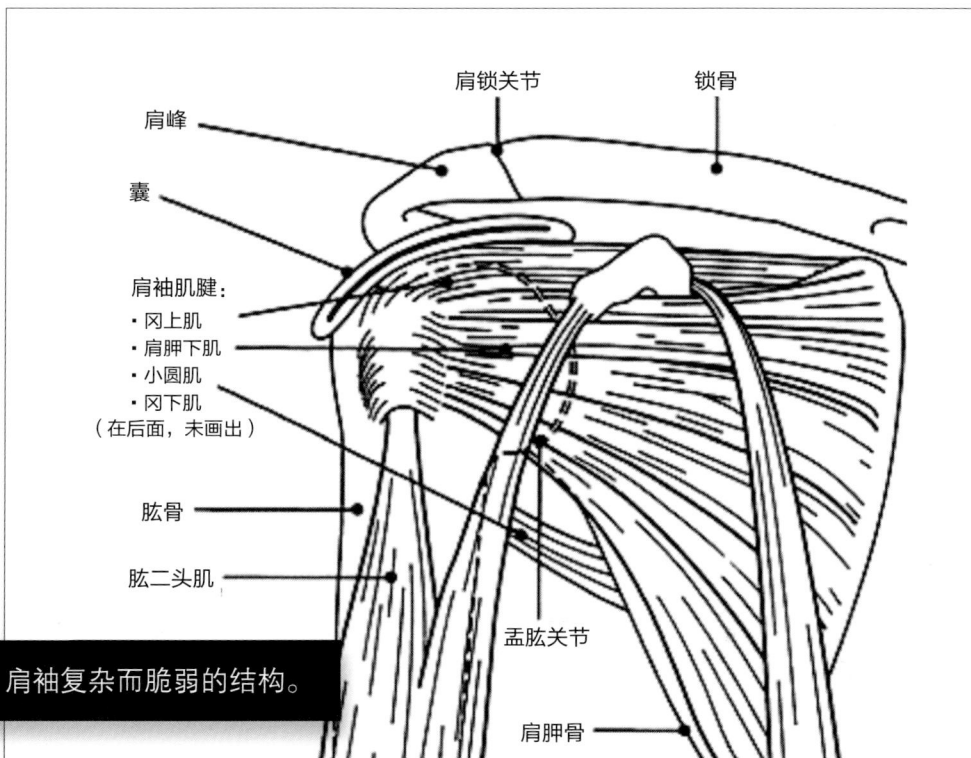

肩袖复杂而脆弱的结构。

　　只需一次杠铃训练，肩袖就会发炎。几乎所有的重量训练者的肩部都将面对不同程度的拉伤、损伤。起初往往很轻——肩袖和相连的肌腱只是会变得敏感、发炎。这时，那些受到"块头增大"鼓舞的训练者往往会继续练习，从而使问题加重。由于肩袖跟不上周围大肌肉的发展速度，随着后者越来越大、越来越强，这种力学上的不平衡会使它不得不承受更大的压力。卧推和肩推的重量会越来越重，对肩部的慢性损伤则不断增加。不在健身房的时候，训练者不得不尽量少使用肩膀，因为那儿动起来会疼，会噼啪作响。日常活动的减少最终会导致肩部的柔韧性变差、深层血流减少，而这又会使问题进一步加重。最终结果是无休止的病痛，比如肌腱炎、肩部撞击症、滑囊炎和冻结肩。几乎所有高水平的举重者都活在肩痛中。资深的健身房鼠辈也许看起来块头不小，甚至也确实强壮，但我敢打赌他们肩部的健康状况都很糟糕。在关节镜下，你通常会看到他们肩膀的内部就像被狂轰滥炸过一般。大多数持续锻炼10年以上的资深举重运动员，都经受着某种肩部关节炎症。运气差的最终会有一块或更多肩袖肌肉彻底撕裂，不得不接受手术治疗。不管他们是否继续进行日常医疗，还是坚持各种物理疗法，疼痛都已成为他们生命的一部分。

# 自然的肩部动作与做作的肩部动作

许多力量训练者都认为，只有一种方式可以用来应对肩部疼痛，那就是学会与之共处。这太可悲了。在此我得告诉你，事实并非只能如此。信也好，不信也好，的确有一种方法既可以培养大块头、强劲有力以及有实用能力的三角肌，又不会伤害肩膀。但是，为了理解这种方法，你必须先明白那些人错在何处。

确实有些地方出了错。疼痛并不是训练的孪生兄弟。事实上我深信下面这种观念：如果训练不能逐渐缓解身体的疼痛，那肯定是你做错了什么。

为什么重量训练会引起这么多的肩部疼痛呢？有人可能不假思索地认为肯定与重量太大有关，实际上，这与训练中所用的重量无关。人类身体的力量可以达到非常夸张的水平，而根本不带有关节问题。其实，人类的身体在本性上就是想要变强的。问题在于所采用的练习动作，那些对人体来说不自然的动作。如果用自然的、本真的动作取而代之，那么疼痛也将随之而去。人体就像一台设计精细的机器，使用不当就会出毛病。如果使用合理，让身体做它本该做的事，就不会出问题。

让我们花点儿时间分析对肩部危害最大的两大"罪犯"：肩部推举（军体推举、颈后推举、挺举等）和仰卧推举（包括模仿这些动作的器械运动，它们同样糟糕）。做这些动作时，所谓的"正确"姿势都需要肘部外撇，从而刺激大肌肉群。尤其是在练习肩部推举时，肘部应该处于身体两侧，据说这样可以刺激三角肌中束。这就是人们发明颈后推举的原因——将杠铃置于脖子后，的确能够强迫肘部外撇。做推举动作时，要肘部保持不外撇其实非常困难，在使用宽握姿势时更是如此（这也正是宽握姿势受欢迎的原因之一）。卧推也好不到哪儿去，将重量压在胸部之上必然会迫使肘部离开身体。在健美界，肘部远离身体，几乎与锁骨成一条直线被视为举重动作的"完美"姿势，这样据说能够给胸部更多刺激。在所有推举动作中，"全动作幅度"通常是被认为是好的，这意味着横杆接触身体，然后再被推离，直到双臂伸直（或几乎伸直）。

从人体生物力学角度看，这些动作及其各种变式完全不自然，尤其是被视为"好姿势"的两个标准更是如此：

1. 肘部外撇到身体两侧。

2. 在动作最低点时，杠铃横杆接触身体。

如何证明呢？想要理解什么是人体的自然动作，最好先看看人们的本能动作。让我们找个与肩部推举类似的日常动作（比如看看父亲举起自己的孩子），你会注意到，在本能的上举动作中，肘部并不会外撇，而是保持冲前。其实，不管你让谁把某个东西举过头顶，只要空间允许，他的肘部总是会保持向前。肘部向两侧撇是完全不自然的。再来看看另一点——让杠铃接触身体之后再将其推起，我们可以想想与卧推类似的本能动作。无论是推动抛锚的汽车，还是把攻击你的人推开，你都不会让所推的东西先接触你的胸部。开始做"推"这个动作时，我们的肘部只会半弯曲。身体会很自然地选择这样的方式，因为这样会更有力、更稳定。

如果能够按照人类的本能去举重，健身房里就几乎不会有慢性伤痛了。但是俗话说聪明反被聪明误，人们往往会强迫自己做一些不自然的动作，而我们在进化中没有适应这些动作。然后我们会纳闷，训练为什么会与疼痛相伴！

上面关于自然的推举动作与做作的推举动作（肩部推举与卧推）的对比，与之前关于肩袖的描述密切相关。我说过，夸张的动作会引起肱骨在肩关节窝中急剧扭转，这时负重的肩袖尤其容易受伤。肩部推举和卧推都属于夸张的动作（肘部一直保持在身体外侧，又让杠铃下降到胸部、颈部或肩部），也就是说都会导致肱骨急剧扭转。肱骨与肩袖相连，而肩袖又承载着大重量杠铃的全部冲击力。如果你去除推举过程中的这两个因素，你就几乎去除了所有的肩部问题。

上图展示了杠铃推举中肘部的姿势。注意肘部如何被迫外撇。对肩袖来说，这是极易受伤的危险姿势。

## 解决之道

如果你曾经在肩袖正发炎、受伤时尝试过推举杠铃，那你应该已经（很痛苦地）注意到，所有疼痛或大部分疼痛都发生在动作的低处，即卧推中杠铃接近胸部时、肩部推举中杠铃接近肩部时。在健身房里，有些人肩部一出问题马上就会将动作幅度减少一半（只做动作的上半部分）以缓解疼痛。

许多人也注意到，不用杠铃而改用哑铃（即使重量仍然很大）时，肩部疼痛会有所改善。这其中有两方面不同：首先，由于肘部不必再向外撇以适应不能弯曲的横杆，所以肘部可以自由地向前运动。这样会立刻缓解疼痛。只推举一个哑铃（无论单手还是双手）会更舒服，因为这样肘部会更倾向于自然向前。其次，与使用杠铃相比，使用哑铃时实际减小了动作幅度（尽管某些"专家"有不同说法）。我们可以降低杠铃，直至横杆接触身体。但同样在动作的最低点，我们只能让哑铃的铁片边缘接触身体，这样动作幅度便会减少几厘米。通常情况下，这就足以减轻某些由推举杠铃而引起的疼痛。

你若沉迷于举重，可以尝试以上述方法减轻自己的疼痛。但如果你真的很看重双肩的话，那么我建议你把这些东西全部抛弃，改用有史以来最自然的肩部练习——倒立撑。

# 强大的倒立撑

在倒立撑中，我们的身体会本能地摆出对肩部最有益的姿势。肘部始终保持在躯干内侧，与胸肌相对，把双肘撇到外侧则会感觉非常奇怪，而且几乎无法保持平衡，因为身体在这样的姿势中会前倾。肘部自然向前的姿势，可参见下页的倒立图片。你可以将其与杠铃推举中经典的肘部外撇姿势比较一下。此外，大的动作幅度会使肱骨扭转，并刺激肩袖，但练习倒立撑时不会这样。倒立撑就如同反过来的肩部推举，但是在头部接触地板后身体就不能再下降了。即便是那些资深的倒立撑练习者（可以降低到用下巴接触地面），也不能将身体降低到对肩袖不利的位置。此外，倒立撑中手掌平放的姿势比杠铃抓握的姿势更安全，平放的手掌可以均匀分布压力，从而以健康和谐的方式强化前臂（对俯卧撑也是如此）。推举时抓握杠铃，会引起前臂和肘部出现类似网球肘的问题。只要方式正确，倒立撑相当安全。

即便只能安全健康地训练肩部，倒立撑也是一个重要的技巧，何况其益处远不止于此。先从力量说起，练习倒立撑相当于在肩部推举中推起自己的体重。若使用杠铃，你也许得花上几年时间才能达到这个力量水平（还伴随着很多伤痛）——事实上许多训练者根本就达不到这个水平，但是一般人都能在数月之内学会做倒立撑。也就是说，在很短的时间之内就能让肩部练出不可思议的力量。

倒立撑也可以让你掌握高级的平衡技巧和全身协调技巧，这都是通过重量训练无法换取的。倒立时保持身体稳定，会使前庭系统（内耳中的平衡器官）适应这种活动，并变得更有效率。在日常活动中，不管是否在倒立，这都会给你带来更好的平衡感与运动知觉。

倒立时，血液供给也是反向的，静脉与动脉要反向克服重力，并变得更有弹性、更强、更健康。消化器官也是如此。倒立时，头部充满新鲜血液，这可以滋养大脑，等完

肘部向前

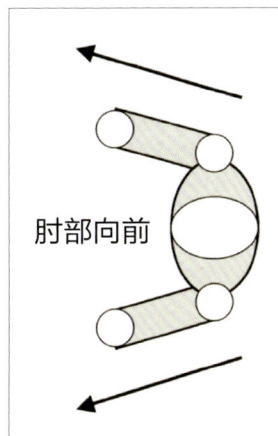

体操专家罗杰·哈瑞尔（Roger Harrell）在表演完美的自由倒立撑技巧，你可以看到他的肘部是如何自然朝前的。对肩袖来说，这是最自然、最安全的姿势。

成练习后，你会感觉精神振奋，更加清醒。

力量、肌肉、灵敏以及健康，都汇聚在一项练习中，你还要什么呢?

# 完美的姿势 = 完美的力量

倒立撑是困难的动作，你势必要养成自己独一无二的风格。最佳的练习方式就是遵从十式，稳步前进，"榨干"每个动作的"营养"，如平衡能力、肌肉控制能力、协调能力等。下面是一些技巧要点，有助于你在训练中逐步完善自己的技巧。

• 倒立撑可以靠墙做，也可以"自由"做（无任何凭靠），后者要求训练者在平衡训练上投入的精力和在力量训练上投入的一样多。本书的主要目标是发展肌肉与力量，所以这套系统将集中于有墙壁依靠的练习。如果你对自由倒立撑感兴趣，那么先掌握前几式靠墙的动作，这将带给你绰绰有余的力量，使你能够应付自由倒立撑。

- 前几式动作能够循序渐进地训练你的身体和大脑，使之适应倒立，在此过程中你还将学会如何蹬起靠墙和安全落地。切勿贸然尝试更有吸引力的高难度动作，一定要先掌握最基础的。

- 蹬起时双手不要离墙太近——约15～25厘米(有时更远)会更稳定。双手与肩同宽，重量训练者也许倾向于更宽一些，但那样会不太稳定，并使动作缺乏效率。

- 练习倒立撑时，不要像做推举那样强迫两肘分开。肘部会自然向内，或者正对着胸前，或者略微斜向外。哪种都可以，舒服即可。

- 身体不要完全伸直，要略微向前弯曲。双脚比头部更靠后（见图112），这是身体倒立时最自然的平衡方式。背部既不要过度弯曲，也不要完全伸展，保持一定的弧度。

- 刚开始练习时，你可能想把背部抵在墙上，以分担体重，这可不是好习惯。你最终要达到的是只有双脚脚跟接触墙壁的水平。其实只需遵循上面的技巧要点——双手与墙壁有一定距离，身体弯成一定的弧度——双脚脚跟自然而然就会成为身体与墙壁的唯一接触点。你无需强迫自己摆任何怪异的姿势。

- 慢慢地，双脚给墙壁的压力会非常小——仅仅用于保持平衡。如果慢慢尝试用越来越小的压力，那么在你想做自由倒立撑时也不会太困难。

- 有人发现，依靠墙壁练习倒立撑时，脚跟与墙壁之间的摩擦会增加倒立撑的难度。你可以穿一双厚袜子，并选择在平滑墙壁上练习，这样就可以减少摩擦。我见过一些训练者会在砖墙上粘上胶带，从而帮助脚跟上下滑动。你可能需要这样做，也可能不用，看你自己。

# 倒立撑系列

练习倒立撑这样的自身体重技巧是真正的挑战，但成功所带来的满足感是从练习杠铃那里得不到的，更不要说学会掌控自己的身体后极度的兴奋感了。能上翻靠墙做倒立撑是很酷的事，必定会让旁观者一见难忘。但你不要期望两手一翻就能做上几次，要知道倒立撑是非常高阶的、非常难的动作（尤其是如果你的肩部之前受过伤）。在此我建议初学者先掌握窄距俯卧撑，即俯卧撑系列的第六式（参见第五章），然后再尝试倒立撑系列的第一式，这样你的双手、前臂和上肢带肌才能适应支撑整个身体的要求。掌握偏重俯卧撑（俯卧撑系列的第七式）能够强化肩袖，并有助于恢复之前已有的肩部问题，然后你才能尝试在倒立姿势中支撑自己的全部体重。

倒立撑系列的第一式让你习惯倒立，第二式将教你把力量转换成平衡能力，之后的各式将在倒立中锻炼你的肌肉与力量。你的肌肉将接受越来越严峻的考验，直至达到最终式——单臂倒立撑。

# 第一式 靠墙顶立

## 动 作

找一堵墙，在墙根处放置一个枕头（坐垫或叠好的毛巾也可）。双手和双膝着地，将头顶在枕头上，头部距离墙壁约 15 ~ 25 厘米。双手稳稳地放在头部两侧，大约与肩同宽。抬起一条腿的膝盖，让其靠近同侧的肘部，同时伸直另一条腿，使膝盖离地（图 107）。然后，让靠近肘部的腿使劲蹬地，同时将另一条腿向上踢，从而让两条腿同时靠向墙壁。一旦双脚靠在墙壁上，就慢慢伸直双腿，把身体摆正（图 108）。嘴巴保持闭合，用鼻子平缓呼吸。坚持所需时间后，弯曲双腿，并有控制地放下它们。

## 解 析

任何想做倒立撑的人，首先都必须掌握倒立姿势。靠墙顶立是完美的入门技巧，只需稍加练习，我们的血管、内脏器官以及头部就会适应这种突然的颠倒。在这个动作中，整个身体都在头部上方，这对身体的平衡能力是一个考验。肩部要维持身体的平衡，因此也会得到一定的锻炼。

## 训练目标

- 初级标准：30 秒
- 中级标准：1 分钟
- 升级标准：2 分钟

## 稳扎稳打

在做靠墙顶立时，大多数人都能坚持几秒钟，主要问题是如何做成倒立姿势。难就难在找到上墙所需的推和蹬的正确力道。如果你觉得这有点儿困难，可以先请朋友帮忙，直到最终可以独立完成。

**图 107**

抬起一条腿的膝盖，让其靠近同侧的肘部，同时伸直另一条腿，使膝盖离地。

**图 108**

一旦双脚靠在墙壁上，就慢慢伸直双腿，把身体摆正。

## 第二式    乌鸦式

## 动 作

双膝分开，呈蹲坐姿势。双手手掌放在身体前面的地板上，与肩同宽。双臂略微弯曲，身体向前倾斜，然后让双膝稳稳地夹在两肘外侧（图 109）。身体继续前倾，一点一点把体重转移到手掌上，双脚的负重则越来越少。最终重心前移，双脚离地。双脚用力提起，保持平衡，平缓呼吸，坚持一定的时间（图 110）。然后反向运动，身体重心慢慢后倾，直到脚尖再次接触地面。

## 解 析

乌鸦式将教你结合手臂和肩部的力量使身体达到平衡，这是进入倒立撑练习的必要一步，因为你要通过手臂来平衡全身的重量。第一式已经使你在倒立时更加自在，第二式则能够帮助你发展肩部、腕部和手指的基本"平衡"力量。由于这不是倒立姿势，所以练习该动作之后，要接着练习靠墙顶立，才能获得力量训练与倒立平衡的全部效果。

## 训练目标

- 初级标准：10 秒
- 中级标准：30 秒
- 升级标准：1 分钟

## 稳扎稳打

这个动作的关键是找到独特的平衡点。在这个姿势中保持平衡的艺术在于利用微妙的手指力量阻止身体向前倾倒（在用手平衡的更高级的动作中也都一样）。如果你开始向前倾，那就要使劲下压手指。腿要抬得足够高，以防身体向后落。

**图 109**

身体向前倾斜，然后让双膝稳稳地夹在两肘外侧。

**图 110**

双脚用力提起，保持平衡，平缓呼吸，坚持一定的时间。

# 第三式  靠墙倒立

## 动 作

找一面墙，双手手掌平放在距离墙根约 15 ～ 25 厘米的地面上，双手与肩同宽。手臂伸直或近乎伸直，膝盖弯曲，撑起身体。提起一条腿的膝盖，让其靠近同侧的肘部（图111），然后使劲向下蹬地，同时让另一条腿向后上方摆。与此同时，让蹬地的腿也离地，紧随另一条腿向墙壁靠近，手臂保持伸展，双脚脚跟应同时接触墙壁。刚开始练习时，上踢的力量如果过大，你的后背和屁股会猛地撞到墙上，但久而久之你就会掌握完美的上墙技艺。最后，你的手臂应该是直的，身体摆正，背部略向内弓。这就是标准的靠墙倒立姿势（图112）。保持这一姿势一段时间，整个过程中保持正常呼吸。

## 解 析

靠墙顶立应该已经让你适应了上下颠倒，乌鸦式应该已经使你的手臂和腕部获得力量来安全地通过双手平衡全部的体重。掌握这些动作之后，接下来就需要学习蹬起靠墙成标准倒立姿势的技艺，这比蹬起成顶立姿势更难（因为手臂要完全伸展）。这个动作不仅能教你这个重要技巧，还会增加你的肩部的基础力量。

## 训练目标

- 初级标准：30 秒
- 中级标准：1 分钟
- 升级标准：2 分钟

## 稳扎稳打

如果你练过蹬起成靠墙顶立（第一式），那么这个动作对你来说应该不会太难，只不过在蹬起时需要更加用力。如果刚开始感觉这点有些困难，可以尝试将双脚踩在某个东西（比如盒子或椅子）上蹬起。

**图 111**

双手手掌平放在距离墙根约 15 ～ 25 厘米的地面上，双手与肩同宽。

**图 112**

久而久之你就会掌握完美的上墙技艺。

# 第四式 半倒立撑

## 动 作

找一堵墙，双手手掌平放在距离墙根约 15 ~ 25 厘米的地面上，双手与肩同宽。手臂尽量伸直，蹬起成靠墙倒立姿势（第三式）。你现在应该处于标准的靠墙倒立姿势——手臂伸直，身体收紧，背部略微向内弓，脚跟与墙壁轻轻接触。这是该动作的起始姿势（图 113）。然后弯曲肘部，使头部向地面方向下降一半高度。这是该动作的结束姿势（图 114）。暂停一下，然后稳稳地推起身体，回到起始姿势。整个动作的运动幅度大约只有 15 厘米。刚开始练习时不要误判距离，让身体降得太低。整组练习中保持平缓呼吸。

## 解 析

在靠墙倒立（第三式）的静止姿势中，你的肩部、肘部和躯干应该已经获得了一些力量。该动作的强度要大得多，能够强化整个上肢带肌，并培养强劲有力的肘部和肱三头肌，同时对胸肌上部也有好处。

## 训练目标

- 初级标准：1 组，5 次
- 中级标准：2 组，各 10 次
- 升级标准：2 组，各 20 次

## 稳扎稳打

通过之前几式的练习，你应该已经学会如何顺利蹬起靠墙成倒立姿势了。但是半倒立撑还要求上半身必须有极好的力量，如果上述动作对你而言太吃力，那你就要减小动作幅度。开始时只是稍微弯曲手臂——可能身体只下降了几分之一厘米，然后逐步增加次数和动作幅度，直到头部可以向地面下降一半的距离。假以时日，你会做到的。

**图 113**

你现在应该处于标准的靠墙倒立姿势。

**图 114**

弯曲肘部，使头部向地面方向下降一半高度。

# 第五式 | 标准倒立撑

## 动 作

找一面墙，双手手掌平放在距离墙根约 15 ～ 25 厘米的地面上，双手与肩同宽。双膝弯曲，蹬起靠墙成倒立姿势。如果你从前几式一路练过来，那现在对此过程必然了如指掌。如果你已经找到了适合自己的上墙技巧，那也很好。重要的是培养肌肉，而不是上墙的方式。上墙之后，只有双脚脚跟与墙壁接触，背部略微向内弯曲成弓形，双臂伸直。这是该动作的起始姿势（图 115）。弯曲肘部，直到头顶轻轻接触地板。这是该动作的结束姿势（图 116）。使用"亲亲宝贝"的方法保护头部（参见第 37 页）。暂停 1 秒钟，然后推起身体，回到起始姿势。在所有倒立动作中都要通过肌肉控制身体，同时还要集中精神，以确保安全。尽量保持平缓呼吸。

## 解 析

这是标准的"囚徒"倒立撑，它可以强化肩部、肱三头肌、肘部、斜方肌、胸肌及双手——其实整个上半身的力量都会得到发展。很多训练者都认为，倒立撑应该是"自由"的，即离开墙做。但这对平衡能力的要求极高。所有老派倒立练习者都相信，要想拥有超凡的平衡能力，首先应该培养力量。

## 训练目标

- 初级标准：1 组，5 次
- 中级标准：2 组，各 10 次
- 升级标准：2 组，各 15 次

## 稳扎稳打

最低点是该动作的最难点。如果你不能完成 5 次全幅度的倒立撑，那就不要一开始就降到最低点。等你更强壮的时候再增加动作幅度。

**图 115**

上墙之后，只有双脚脚跟与墙壁接触，背部略微向内弯曲成弓形，双臂伸直。

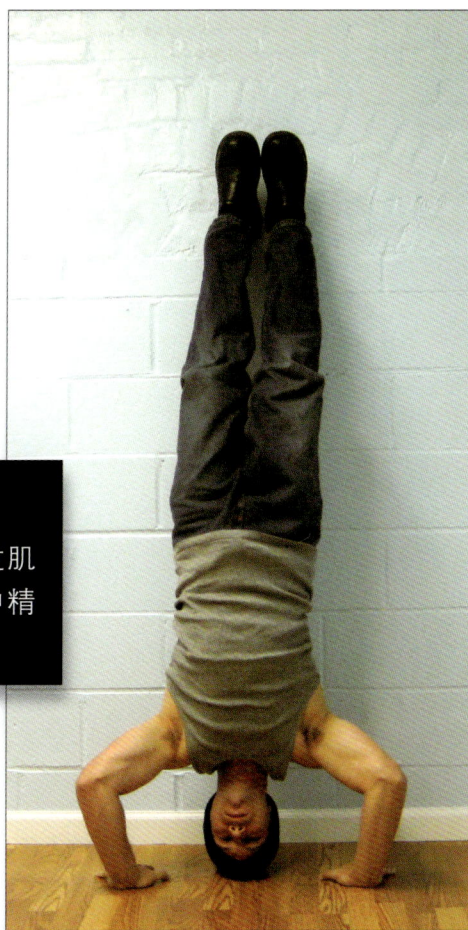

**图 116**

在所有倒立动作中都要通过肌肉控制身体，同时还要集中精神，以确保安全。

# 第六式　窄距倒立撑

## 动　作

　　找一面墙，双手手掌平放在距离墙根约 15 ～ 25 厘米的地面上，但双手（尤其是两个食指）要互相接触。蹬起成倒立姿势，双臂伸直，脚跟与墙壁接触，身体微微弯曲。这是该动作的起始姿势（图 117）。弯曲肘部，直到头部轻轻"亲吻"地板，肘部保持向前、向外的朝向（图 118）。暂停一下（此时完全在控制之中），然后推起身体，回到起始姿势。

## 解　析

　　标准倒立撑是绝佳的基本练习，可以教你有力且协调地使用最强的推力肌肉。但是，如果你想升级到非常高级的单臂倒立动作，那就需要非常强大的肌腱，尤其是肘部、前臂及腕部的肌腱。窄距倒立撑可以培养这些肌腱的力量，因为双手接近的姿势使得上肢带肌在这个动作中更难发力，而这会强迫肘部变得更加强壮。

## 训练目标

- 初级标准：1 组，5 次
- 中级标准：2 组，各 9 次
- 升级标准：2 组，各 12 次

## 稳扎稳打

　　如果你够强，在达到一个动作的升级标准后直接升级到下一式动作的初级标准，通常不会有太多问题。可是，在从标准倒立撑升级到窄距倒立撑时你最好慢慢来，以让肌腱逐步适应。掌握倒立撑之后，每次练习时（或在你觉得状态不错的时候）都让双手更靠近一点儿，在地板上做标记也许有帮助。如果做倒立撑时你的双手相距大约 45 厘米，那你要想升级到窄距倒立撑，至少要用 18 周，甚至更长的时间。

**图 117**

双手（尤其是两个食指）要互相接触。

**图 118**

弯曲肘部，直到头部轻轻"亲吻"地板，肘部保持向前、向外的朝向。

# 第七式 偏重倒立撑

## 动 作

在墙边放一个篮球，用自己觉得最容易的方式在篮球旁边蹲起成靠墙倒立，然后将一只手伸出去放在篮球上。这个动作说来简单，实际做起来却非常难，这需要你在很短时间（你的手找篮球所用的时间）内用一只锁定的手臂支撑整个体重。手在篮球上放稳之后再调整球的位置，使双手间距大约与肩同宽。支撑在地上的那只手臂要伸直，另一只手臂则是弯曲的。让双手尽量均匀地承担体重，平缓呼吸。在这时，肱三头肌、肱二头肌及肩部都需要非常卖力，否则很可能因为控制不住篮球而摔倒。这是该动作的起始姿势（图 119）。弯曲肘部，直到头部轻轻接触地板。这是该动作的结束姿势（图 120）。暂停一下，然后推起身体。

## 解 析

为了把自己推起来，必须稳住篮球。如果不能以静力控制篮球，篮球就会向外滚动，这需要有力量极大的手臂与肩部，还有冠军级的肩袖。征服这个动作，你就会拥有超级强悍的关节和山地大猩猩般的肩膀。

## 训练目标

- 初级标准：1 组，5 次（每侧）
- 中级标准：2 组，各 8 次（每侧）
- 升级标准：2 组，各 10 次（每侧）

## 稳扎稳打

使用篮球要求训练者有高度的力量与平衡能力，还有快速的反应能力。我建议所有训练者刚开始练习这个时都使用稳固的物体，而不是篮球。可以使用一块砖头来起步，到后来用三块垒起来的砖头。在监狱里，很多家伙刚开始练习时会把几本薄书摞起来，以后再逐步往上加书。等到书与篮球一样高时，再用篮球做尝试。总之，安全至上。

**图 119**

让双手尽量均匀地承担体重，平缓呼吸。

**图 120**

弯曲肘部，直到头部轻轻接触地板。

# 第八式 单臂半倒立撑

## 动 作

　　蹬起靠墙成倒立姿势，脚跟与墙壁接触，身体略微成弓形。双手与肩同宽，距离墙根约 15 ~ 25 厘米，手臂伸直。逐渐抬起一只手的手掌，将重心慢慢转移到身体的另一侧，另一侧的手掌会承受越来越多的体重。继续这种转移过程（持续几秒钟），直到略微抬起的手掌上只剩下几千克的压力。现在轻轻抬起这只手，使之离开地面，并将它伸向远处以保持平衡。现在，你就是在以一只伸直的手臂支撑整个身体。这是该动作的起始姿势（图 121）。支撑身体的手臂肘部弯曲，直到头部向地面方向下降一半高度。这是该动作的结束姿势（图 122）。暂停一下，然后推起身体。

## 解 析

　　这是以单臂推起整个体重的第一个动作，该动作不仅要求训练者有极大的肩部和手臂力量，也需要有极为强大的关节、较高的身体协调能力、出色的平衡能力以及极其熟练的倒立推举技巧。要想从单臂半倒立撑中获益，你得投入大量时间，"榨干"此前那些动作的全部"营养"——要花费至少六个月甚至更长的时间，否则连试都不要试这个，不然你很可能是在自讨苦吃。

## 训练目标

- 初级标准：1 组，4 次（每侧）
- 中级标准：2 组，各 6 次（每侧）
- 升级标准：2 组，各 8 次（每侧）

## 稳扎稳打

　　该动作很难，只有长久练习，逐渐增加动作幅度，才能掌握。试着以手掌推起身体，而不是用手指推，这样有助于推力肌肉协调发力。

**图 121**

现在，你就是在以一只伸直的手臂支撑整个身体。

**图 122**

支撑身体的手臂肘部弯曲，直到头部向地面方向下降一半高度。

# 第九式 杠杆倒立撑

## 动 作

蹬起靠墙成倒立姿势。像平常一样，双手距离与肩同宽，距离墙根约 15 ～ 25 厘米。只有双脚脚跟与墙壁接触，身体保持自然的弓形。如第八式那样，把身体的大部分重量(约90%) 慢慢转移到一只手上。然后翻转另一只手的手掌，使手背贴地，手心向上，手指朝前(视线方向为前)。将这只手臂在自己面前伸展，而这只手始终保持与地面的接触——一部分体重的压力仍然要通过这只手的手指传递。这是该动作的起始姿势（图 123）。手掌向上的那只手臂保持伸展状态，另一只手臂的肘部弯曲，完全在肌肉的控制之中放低身体，不要让身体快速下落，否则会伤到头部，甚至很可能扭伤颈部。头顶轻轻接触地板，然后暂停一下。这是该动作的结束姿势（图 124）。最后，用一只手的手掌及另一只手的手背同时推起身体，回到起始姿势。

## 解 析

前一式将使你掌握单臂倒立撑的上半部分，这个动作则能够帮你掌握更具挑战的下半部分动作。由于有一只手的手掌向上，所以那只手臂很难用太多力，只能确保在动作最低点时，给你足够的帮助以推起身体——这会让肌肉的发展最大化。

## 训练目标

- 初级标准：1 组，3 次（每侧）
- 中级标准：2 组，各 4 次（每侧）
- 升级标准：2 组，各 6 次（每侧）

## 稳扎稳打

辅助的（即手掌向上的）手臂如果略微弯曲，并更靠近身体，则能够给你更好的辅助力量。随着你不断变强，逐渐伸直辅助的手臂。

**图 123**

将一只手臂在自己面前伸展，这只手始终保持与地面的接触。

**图 124**

头顶轻轻接触地板，然后暂停一下。

# 最终式 单臂倒立撑

## 动 作

蹲起靠墙成倒立姿势，向一侧略微倾斜，直到仅用单臂支撑身体的全部重量，就像单臂半倒立撑（第八式）中那样。脚跟与墙壁接触，身体略微成弓形。这是该动作的起始姿势（图 125）。弯曲支撑身体的那只手臂，直到头顶轻轻接触地面。另一只手臂则要随时做好准备，以便失误时可以助你一臂之力。这是该动作的结束姿势（图 126）。在将身体推回到起始姿势的过程中，可能需要用些爆发力。为使身体脱离动作的最低点，你也可以向上蹬腿：双膝弯曲（脚跟依然要接触墙壁）并迅速伸直，这样可以增加一些向上的冲力。

## 解 析

单臂倒立撑是锻炼肩部和手臂的终极动作。忘掉卧推吧——它只能给你带来伤痛和不幸。谨慎练习整个倒立撑系列，直至掌握最终式，你的力量会比你碰到的所有练卧推的都大——这里说的是纯粹、有用、能把人抓起来扔出去的力量。如果有一位体重达 90千克的男子做单臂倒立撑，那就相当于他用单臂推举起了近 90千克的哑铃；如果是双臂，就是近 180 千克的杠铃！你认识几个家伙能提起（更不用说推举）180 千克的重量呢？体操会让你毫发无伤地拥有这等力量，还有一副健康的肩膀。

## 训练目标

- 初级标准：1 组，1 次（每侧）
- 中级标准：2 组，各 2 次（每侧）
- 精英标准：1 组，5 次（每侧）

## 稳扎稳打

你必须逐渐增加动作幅度。其实，唯一能真正掌握此动作的方式，就是练上几年——或许三年，或许更久。你本来就是要再老上三年的，对吧？那为什么不让自己在那时变得超级强大呢？

**图 125**

脚跟与墙壁接触，身体略微成弓形。

**图 126**

为使身体脱离动作的最低点，你也可以向上蹬腿。

# 倒立撑系列升级表

| 第一式 | 靠墙顶立<br>第 212 ~ 213 页 | 逐步做到<br>**2 分钟**<br>然后开始第二式 |
|---|---|---|
| 第二式 | 乌鸦式<br>第 214 ~ 215 页 | 逐步做到<br>**1 分钟**<br>然后开始第三式 |
| 第三式 | 靠墙倒立<br>第 216 ~ 217 页 | 逐步做到<br>**2 分钟**<br>然后开始第四式 |
| 第四式 | 半倒立撑<br>第 218 ~ 219 页 | 逐步做到<br>**2 × 20 次**<br>然后开始第五式 |
| 第五式 | 标准倒立撑<br>第 220 ~ 221 页 | 逐步做到<br>**2 × 15 次**<br>然后开始第六式 |

# 倒立撑系列升级表

| | | |
|---|---|---|
| **第六式** | **窄距倒立撑**<br>第 222 ～ 223 页 | 逐步做到<br>**2 × 12 次**<br>然后开始第七式 |
| **第七式** | **偏重倒立撑**<br>第 224 ～ 225 页 | 逐步做到<br>**2 × 10 次**<br>然后开始第八式 |
| **第八式** | **单臂半倒立撑**<br>第 226 ～ 227 页 | 逐步做到<br>**2 × 8 次**<br>然后开始第九式 |
| **第九式** | **杠杆倒立撑**<br>第 228 ～ 229 页 | 逐步做到<br>**2 × 6 次**<br>然后开始最终式 |
| **最终式** | **单臂倒立撑**<br>第 230 ～ 231 页 | 终极耐力<br>**2 × 5 次** |

# 更上一层楼

尽管非常古老，倒立撑系列仍是训练上身推力肌肉（尤其是肩部肌肉）的不可思议的高级体系。因此，我建议只有你的肩部、胸部和肘部至少强壮到足以做偏重俯卧撑（参见第 52 ～ 53 页）时，再开始倒立撑系列。一旦你能将本系列的最终式——单臂倒立撑做上几次，你的肩部和肱三头肌就实现了它们的最大潜能。你会拥有令人胆寒的力量，你的肌肉块头也会达到你的身体所能允许的自然极限。

因此，在训练力量方面，基本没有能够"超越"这个系列的动作，倒立撑已经相当高级了，你无需任何进一步的力量练习。可是，如果你有足够的天赋完成所有练习，最终达到单臂倒立撑，而且还想探索更进一步的技巧，那么我建议你致力于协调能力的训练——学习"自由"倒立（不需依靠墙面）。

如果你掌握了乌鸦式（本系列的第二式），那么开始自由倒立会相当容易。只需在动作的最高处（见图110）向前倾斜身体，然后慢慢把双腿伸展到空中，再完全伸直手臂，即成自由倒立姿势。如果你已经（至少）练到本系列的第四式，那么你应该有这种推起的力量了，尽管在没有依靠的情况下平衡身体还需要一定的适应过程。这儿的关键在于通过手指向下的压力协调身体向前的弓弯——弓弯使你容易向前倾倒，而手指压力则决定身体重心向后偏移多少。起初，这两个因素会不同步，你必须不断调整双手的位置（本质上就是用双手走路）来保持倒立。不过，一旦你精于平衡这两种力，便可以用两手自由倒立很长时间。

用不了多久，你不靠墙就能够做倒立撑了，那可是令人难忘的一幕。使用双杠还会进一步增加动作难度（见下页图片），因为你可以把身体降得更低。另外，你也可以致力于练习单臂的自由倒立，以及使用不平衡物体（如椅子或台阶）做单臂自由倒立撑。比起单调地增加杠铃片，自由倒立是绝妙的、能让你极大满足且受益无穷的技艺。

# 变式

用自身体重练习肩部的动作相对较少，因为双肩通常是用来垂直举起重物的。如果有杠铃和哑铃之类的东西，这就很容易——只需把它们向上推起来即可，比如肩部推举、颈后推举、借力推举、挺举等等。但是，如果你想真格地锻炼肩部，那基本上就只有倒立的动作可选了。你得把身体上下颠倒过来，然后垂直推起来。幸运的是，虽然基于体操的肩部练习并不多，但它们都非常有益于肩部的健康。

## 马里恩俯卧撑

马里恩俯卧撑是我在马里恩监狱中学来的，是下斜俯卧撑的高强度升级版。下斜俯卧撑需要把双脚抬起来，放在某些东西上。如果你的脚可以抬得足够高，那么该动作就

强大的举重冠军道格·赫本，正在加固的握把上练习倒立。他曾打破多项推举力量纪录，他将此都归功于他对传统的自身体重技艺的掌握。

不怎么锻炼胸部了，而是会转而锻炼肩膀前部的肌肉。在马里恩监狱，这个动作是非常流行的囚室练习。而且由于不知道倒立撑十式，所以大家都将下斜俯卧撑作为向标准倒立撑过渡的练习。最流行的训练过程是以标准俯卧撑开始。能做 50 次标准的俯卧撑之后，就把双脚放在床铺上，直到能做 40 次俯卧撑；达到这一目标之后，再把双脚抬高，放在马桶上（比床铺高一点儿）做到 30 次俯卧撑；然后把双脚放到洗脸池上，做到 20 次俯卧撑；最后把双脚卡在比洗脸盆还高的墙上，做到 10 次俯卧撑；囚徒会在双脚与墙接触的地方留个小标记，之后的每次锻炼都尝试更高的高度，但数量依然是 10 次……这样坚持下去，差不多最后就能够靠墙做倒立撑了。马里恩俯卧撑是很有趣的过渡练习，但以我的经验来看，这样训练的效果并不如结合普通俯卧撑使用倒立撑十式的效果好——后者能使你更快、更容易地锻炼出强健的肩部。

## 静力推举

直立，双手位于肩部两侧，双臂弯曲，尽量外摆，扩张胸部（就像要推起杠铃一样）。肘部尽量向后收，就像要用肩胛骨夹破一个核桃一样，然后用力紧绷双臂和躯干上的所有肌肉。呼气，同时慢慢往上推，此过程中双手紧紧攥成拳头。双臂伸直时暂停，用最大力气紧绷肌肉两秒钟。吸气，同时向下反向运动。如此反复练习。尽管该练习使用了较宽的肘部姿势，但因为并没有使用重物，所以仍然非常安全。虽然在该练习中难以衡量"进步"，但是随着双肩及其对抗肌群越来越强，相对的肌肉群的收缩力就会不断增大——你确实在进步。所有静力练习均是如此。静力推举不应该是你锻炼的主要动作，但它确实可以作为非常好的强化技巧，同时对肩袖也非常有益。慢速多次练习时，该动作真的可以让肌肉燃烧起来，使你痛快地出一身汗。

## 风车

几乎人人都尝试过这个伟大的热身练习。手臂向两侧伸展，然后开始画圈。该动作是动态的，而且所需的柔韧性也比一般人所想的更大，所以你不要一开始就疯狂摇摆，否则可能扭伤那些还没有热起来的肌肉。先以小圈开始，大约飞盘那么大的圆就行。双肩逐渐打开之后，再扩大旋转幅度，直到达到你的最大幅度。做上 50 次（即画 50 个完整的圈），再僵硬的上身也会热起来，但不要忘记要以相反方向重复相同的次数。稍微难一点的是"逆转风车"，双臂要以相反方向旋转。

## 倒立行走

如果自由倒立对你来说已经不在话下，你肯定会想试着用双手走路。倒立行走刚开始很难，不过如果你已经在倒立动作中练出了很好的力量，那么你只需再掌握一些动态平衡的技巧就可以做到了。掌握了窍门之后，你会发现不费太大力就可以用手走很久。因此，该练习并不能培养太多力量。要是你真想尝试一些折磨人的花样，可以用手走下台阶（台阶不要太长或是只从较低处开始，这样即便摔倒也不会伤到自己）。能做到这个之后，再尝试用手走上台阶，这能够培养不错的力量。

## 倒立臂屈伸

这是经典的上身力量特技，深受旧时大力士的喜爱，因为它既可以展示极好的平衡能力与协调性，又可以展示强悍的力量。先成自由倒立姿势，不要凭借墙。放低身体，直到前臂完全贴在地上，保持一会儿。这时，你的双臂就像大型猫科动物的前爪一样，因此该动作也被称作"虎立"（见下图）。如果你足够强壮，那就可以借助向上蹬腿回到标准倒立姿势，这个过程需要强大的爆发力。倒立臂屈伸可以极大地锻炼上肢带肌，但其主要影响的还是肱三头肌、肘部以及前臂外侧的肌肉。掌握这个老式的体操技巧，会让你的肘部像钛制轴承般强大。

在今天的健身房里，你见不到倒立臂屈伸这样超强的绝活。但是老派的自身体重训练大师都熟知它。下图是 20 世纪 20 年代著名大力士席格·克莱恩（Sig Klein）正在表演倒立臂屈伸。克莱恩的手臂极为强壮，单臂就能把一个普通人举过头顶，可以轻松"交替推举"45 千克的哑铃，而他的体重只有 70 千克。

这张照片拍摄于 20 世纪 30 年代,体重超过 110 千克的伯特·阿瑟拉缇在毫不费力地展示自由的单臂倒立撑。

# - 第三部分 -

# 自我指导

第二部分介绍的关于"老派"体操技巧的方方面面，足以使你受用终生。但高效的训练不仅仅是正确地完成这些动作——不管这些动作本身多么有效。

　　在监狱里你只能依靠自己，因此你要学会指导自己。要想做到这一点，除了关于动作的知识，你还需要将身体智慧、"强硬训练"的原则以及对训练计划的领会有效地结合起来。最后两章会教给你所需的全部东西。

# 第十一章 金科玉律

# 身体智慧

以上六章概述了六艺的所有内容。监狱里的健身者几乎都在他们的训练中练过这些动作——至少是其中的一部分。

但是我在狱中的从教经历使我认识到，只给那些想成为体操专家的人一张练习单是远远不够的，无论其中的动作多好都不够。就算你再另外为他们量身打造了绝佳的训练计划，其中也仍然会有疏漏。

这就是成功训练的"未知因素"。这是一种对核心要素的领会，它潜藏在所有的健身经验之中，比如知道如何完美热身、如何达到理想的训练节奏、应该怎样艰苦地施行训练，以及应该在何时"松口气"等等。

这些未知因素从来都不是非黑即白，因而其更像艺术，而不像科学。你不可能把这些东西写在纸上，并交给一个训练者。因为它们并不是简简单单的条目式的知识，而是一个训练者在经验中获得的内在的领悟。这更多的是"身体智慧"，而非死记硬背。

我确实有很多经验（包括大量失败的经验）。可是学习身体智慧并非朝夕之功，把我头脑中有用的训练智慧都拿出来塞进你的脑袋里是个非常愚蠢的做法——那样根本行不通。但我至少能给你指出正确的方向，帮助你找到属于自己的身体智慧。

让我们从头说起吧！

## 热身

想象一下，从冰箱拿出一片冷冻过的莫萨里拉奶酪，轻轻一拉它就会变成碎屑，是吧！但是，如果将其用微波炉加热几秒后再拉，奶酪就不会碎，反倒是又柔软又有弹性。人的肌肉细胞与其相似。人体温度比较低时，肌肉细胞非常纤弱，极易受伤。体温升高后肌肉细胞就会变得富有弹性、易弯曲，这就是为什么所有明智的训练者都在训练前热身的原因。热身不仅可以减少训练者受伤的危险，也可以让神经系统做好运动准备，使具有润滑功能的新鲜的滑液充满关节处，以迎接难度更大的动作。

热身应该到什么程度，要根据外界的温度、训练者的身体状况以及年龄等因素而定。相比于年轻人，年龄大的训练者需要的热身时间要略长一些。相对于拖拖拉拉的热身，我更喜欢迅速进入主题。我见过许多家伙，喜欢分阶段进行热身——先做有氧运动让心脏活动起来，然后做些拉伸动作，之后再做几组柔和的练习让肌肉热起来，最后才开始锻炼。有些家伙的热身时间甚至长达 1 小时！

在我看来，这真是小题大做。你真的不用这样。最有效的热身方式就是要练习什么动作，就以此动作的低难度版热身，做上 2 ～ 4 组高次数的、难度递增的练习。如果你很年轻，关节又没有问题，那只需做 2 组热身；如果你年龄偏大，身体状况不好或是天气寒冷，那就做 3 组，甚至 4 组；超过 4 组，只是白费力气而已。唯一的例外就是身体有伤的情况，那样的话我建议你针对受伤部位再多做一组热身练习，在不感到疼痛的情况下做多次反复（30 次或更多），之后再做些轻微拉伸，这就够了。锻炼之前做这些，就能让一些血液流入受伤部位，从而起到保护作用。

由于大家的身体差异较大，我很难给出精确的热身方案。最好的办法就是，热身时先做一组 20 次的练习，然后再来一组 15 次的练习，之后就可以开始正式锻炼了。热身时不要太卖力，两组练习中只要用一半的力量即可。换句话说，第一组热身要选择一项你至少能完成 40 次反复的动作，第二组热身要选择一项你至少能完成 30 次反复的动作。第二组动作的难度要高一些，因为次数降低了。第一组热身使你打算锻炼的肌肉充血，第二组热身时这些肌肉已经开始使劲并燃烧起来。两组热身之后，你应该感觉很兴奋，准备做更刺激的锻炼——而不是精疲力竭，想要休息。

用于热身的动作应该来自于你所要锻炼的动作系列中的前几式，无论练什么都是如此。比如，你正在练俯卧撑系列，此时你已经练到第六式窄距俯卧撑。那么，第一组热身可以使用第二式的动作，也就是做 20 次上斜俯卧撑。第二组热身可以使用第三式的动作，也就是做 15 次膝盖俯卧撑。锻炼过程可能会是这样的：

| 组次 | 练习 | 次数 |
| --- | --- | --- |
| 1. 热身组 1 | 上斜俯卧撑 | 20 次 |
| 2. 热身组 2 | 膝盖俯卧撑 | 15 次 |
| 3. 锻炼组 1 | 窄距俯卧撑 | 14 次 |
| 4. 锻炼组 2 | 窄距俯卧撑 | 12 次 |

显然，如果你正在练习该系列刚开始的几式，那就无法原封不动地使用这个热身规则。在这样的情况下，你可以将正在练习的动作做上两组作为热身——由你做主。如果由于年龄、气温等因素，需要延长热身时间，那最多也只需再做两组"热身组 2"的动作，每组 12 次。

有些训练者也推荐锻炼之后进行放松练习，或者叫"冷却"。从历史上说，"冷却"这个想法来自于维多利亚时代的训练理论家。他们认为，心跳减速太快会造成身体的内部损伤。如今大家都知道，事实并非如此。有些人还认为，冷却会防止或减轻第二天的肌肉酸痛，我从没发现有这回事，也不相信。对肌肉来说，冷却就是更多的锻炼，这怎么会反而减少肌肉的受损呢？因此，我从不做系统的冷却。高强度训练之后，我会来回走走或是坐在床铺上做几次深呼吸，我发现这样有助于快速放松身体并平静下来。如果你由于心理原因而喜欢进行冷却练习，那也可以：只需将热身的程序反过来做即可。

# 慢工出细活

许多家伙都急着从他们能做的最难的动作开始训练。努力锻炼很重要，但耐心同样重要。我总是建议新手：不管你多强，都要从第一个动作开始。没错，六艺中每个单独的系列，都应该从第一式开始。切勿直接跳到第三、第四、第五式甚至是第六式。一定要从最简单的动作开始，然后逐渐增加强度。给自己留出至少四周的时间，然后再全力以赴地锻炼——或许两个月，直到你快要开始厌烦为止。

很多人会想，这太慢了。他们都坚信，最初几式的动作太简单，不需要在上面浪费时间。但大多数训练者（尤其是年轻小伙子）都会高估自己的能力。我见到许多自以为是、没有耐心的人跳过前几式，最后或者因为各种疼痛半途而废，或者发现自己突然"碰到一堵墙"。从长远来看，从零点起步更有益处。这不仅可以强化你的关节，重启你的神经系统，提高你的协调能力、平衡能力、反应能力和节奏感，还能更好地发展你的核心区力量，激发你挑战更难动作的动力。

通过体操变得真正强壮，这不应该是几个毛头小子玩的时尚，而应该是让你受益一辈子的东西。如此来看，为了打下足以受用一生的身体基础，仅投入短短的几个月，这并不算很久吧？

当然，如果你真的够强（而不是自认为够强），那么你不必从第一式开始。但从第一式开始，从来不是、也绝不会是浪费时间。

# 训练势头

我教过的许多家伙都会问："要多久才能升级到下一式？"这根本就是个错误的问题，他们应该问："现在做的练习，能让我受益多久？"

我总是要对人不断地解释：前几式是后几式成功的关键，它们不是要被你踩在脚下的敌人，而是不会辜负你的朋友。在每一式上都花些时间，乐在其中，直到问心无愧地

每个人都需要在最初几式上花些时间。

达到升级标准。

我不可能给出一个铁打的进度表，比如"一月一式"。每个人的情况不同，而且一般说来，在十式中达到升级标准所需的时间会越来越长。你越强壮，就越难变得更强壮，这一点人人平等。我认识一些壮得令人生畏的训练者，单单为了改进某个练习的某个细微之处（比如手的姿势、动作速度），他们就可能会花几个月的时间。

为什么要如此缓慢、保守呢？这有个极好的理由，就是"训练势头"。简单地说，这意味着如果你在训练中更慢地向前推进，你实际上会比急于求成者更快达到目标。听着像悖论，但这就是事实。

健身界前辈深谙此理，因此他们常常会说"'榨干'每个动作的'营养'""蓄势待发"等话。聪明的举重教练会对毛躁的年轻选手说这样一句老话："杠铃又不会跑掉。"不要执著于数字，你的身体并不理解数字，也不在乎你做的动作是不是更高级、更酷，你的身体只理解你的努力。

可惜，现代人根本不理解这些，刚开始练，他们就想挑战极限。这部分地是当今文化的问题：我们生活在"现在就要"的社会里，今天的孩子并不把耐心当作美德——大人也一样。类固醇是现代人想要迅速见到效果的另一个例证。类固醇的确带来了"速效"（哪怕是暂时的、不健康的），而逐渐培养训练势头的古老技艺几近失传。

# 蓄势待发

简单来说，训练越努力，效果越好。因此许多训练者就以为，让自己变得结实强壮的最快方式就是尽他们所能地卖力锻炼。可是，超大强度的训练存在不少弊端——尤其是对那些普通训练者来说，它会耗尽你的能量，吞噬你的训练动力，让你的关节吃尽苦头。刚开始这样训练时，你很可能大有斩获，不过这只能持续几周，最多几个月。之后，这些收获将由于身体的抗议而慢慢停止。人体内可以用来培养肌肉和力量的能量就那么多，如果训练得真正艰苦，又不用药物，那么这些能量将很快耗尽。

适度训练的效果虽然不能和极限训练的相比，但还是有些效果，并且会在更长的时间内积少成多。几个月之后，适度训练者的肌肉和力量反倒会比早早透支的极限训练者更好。

下面是一个例子。我见过许多对六艺和十式都充满热情的新囚徒，其中有两位都开始了俯卧撑系列的练习。二人的资质与潜力相当，但耐心不同。

# 愚者之道

其中一个家伙很浮躁，只求快速见效。看了俯卧撑系列的十式之后，他认为以自己现有的能力足以完成第五式标准俯卧撑，所以他选择直接从该动作练起。在此过程中他竭尽所能，不出两周便达到了升级标准。不错吧！

接下来，他要挑战第六式窄距俯卧撑。难度似乎比他想象的大很多，因为在此之前他并没有花时间培养基础力量。但是，他受到之前成功完成标准俯卧撑的鼓舞，仍然继续竭尽所能、不遗余力地练习。由于还没有让身体花时间培养所需的能量，所以他的身体开始出现颤抖和拉伤，但他仍然坚持每周冲刺更多的次数，虽然姿势已经越来越不标准了。进行四周尝试之后，他几乎就要达到 $2\times20$ 次的升级标准。为了升级，他强迫自己多做了一次反复（其实几乎算不上一次反复），并哄骗自己说已经达到了升级标准，可以进阶到下一阶段了。尽管实际上他并没有变得更强，但他仍旧对自己的"成就"洋洋得意。因为他的关节从来没有时间去适应那些高难度的动作，所以开始疼痛——他那糟糕的作弊技巧也于事无补。

之后的一周，也就是他开始训练的第七周，他鼓足士气，向第七式偏重俯卧撑挺进。令他震惊和失望的是，他甚至连一次都做不了。他卖力地用疲软的肌肉做俯卧撑，但不管多努力，都无济于事。他的身体好像有一吨重，偏重俯卧撑（甚至只做一次）成了不可逾越的山峰。他很沮丧，因为在此之前他已经取得了了不起的进步（至少他是这样认为的），可如今无缘无故就止步不前了。他很困惑，此时他不是抱怨这种训练体系不好，就是认为自己并不是练习体操的

料。这时，他要么开始尝试另一种方法（不过必定也会一败涂地），要么完全放弃锻炼。此人的训练只持续了七周，除了疼痛的双肩和失望以外，他几乎一无所获。

# 智者之道

虽然第二个家伙也想快点儿进步，但他头脑聪明，有耐心。像第一个家伙一样，他也完全可以做几次标准俯卧撑（第五式），但他没这样做，反而是从第一式墙壁俯卧撑开始锻炼。墙壁俯卧撑对他来说易如反掌，但他仍然认真练习。他身体上的关节开始逐渐适应。他用一个月的时间坚持练习墙壁俯卧撑，慢慢增加动作次数，直到达到升级标准，然后进到第二式上斜俯卧撑。这个练习更具挑战性，他开始"感受"其中的技巧。他坚持练习一段时间，慢慢强化了肌肉和肌腱（他甚至都没有意识到）。一个月之后，他升级到了第三式膝盖俯卧撑。由于一直耐心锻炼，所以第三式做起来仍然如第一式般轻巧，尽管该动作其实难得多。

三个月后他才开始做第四式半俯卧撑。此时，他感觉自己的推力肌肉更紧致且有力，他完全清楚自己已经具备了完成第五式的能力，但他没有冒进，而是诚心诚意地把能量都集中到了半俯卧撑上。一个月之后，他才开始试水标准俯卧撑。到现在，他已经充满动力，不可阻挡。标准俯卧撑对他来说感觉就像在水下做俯卧撑一样。他全身心地投入到这个练习中，由于没有出现任何伤痛，所以他享受每一次反复，并努力让自己的动作完美。这位兄弟在不知不觉间变得更强壮了。

短短五个月内，他毫不费力就升级到了第六式窄距俯卧撑。前面那个笨蛋觉得窄距俯卧撑相当困难，但是这位聪明的训练者却不理解这个动作有什么了不起的。也许它是多了一点点挑战性，但是并没有什么。至此，他已经习惯于慢慢地增加动作标准的反复次数。不久之后，他练到了第七式偏重俯卧撑。虽然前面那个笨蛋连一次都做不了，但是我们的这位英雄做到了初级标准所要求的次数，而且毫不费力。他感觉到，如果咬牙坚持下去，他甚至能达到升级标准。但他没这么做，而是为下次练习保存了一点"势头"。

数月之后，他升级到第八式单臂半俯卧撑。到现在，事情变得更具挑战性了，但尚可接受。他不得不更加努力，但还能坚持，且信心十足。此外，他也注意到了自己身体的真正变化：胸肌更厚了，上臂有一块马蹄铁形的密实肌肉（这是此前所没有的），肩膀更加浑圆，三角肌上面的静脉也酷酷地显了出来。

当他升级到第九式杠杆俯卧撑时，在完成次数方面有点儿困难，所以他调整自己的状态，专注地练习每一个动作，感觉对的时候就增加一次反复，以此逐渐推进。甚至在他快达到升级标准时，他也没有贸然突破。当他感到自己好像不能再完成一次标准的动作时，便就此罢手——不为了凑数随便做动作，而是把下一次的完美动作"存下来"，一周甚至两周之后再兑现。你猜怎样？他做到了。

想走捷径的那个家伙仅仅在七周之后就无法进步了，他的训练最终以失败告终。而与他资质相同的这位仁兄，则持续训练近一年。在此期间，他达到了梦寐以求的俯卧撑系列的最终式，力量大增，而且由于块头的增加，他穿上了大一号的 T 恤衫，更不要说飙升的自豪感与自信心了。他决定在下一年拿下单臂倒立撑。他能行吗？当然。如此训练，岂有不成之理？

这才是真正持久受益的训练法。忘掉那些向你保证一夜就增加块头与力量的书吧！那些都是镜花水月，只会让你走向失败与沮丧。

# 动作节奏

对我的所有学生，我都建议 2 秒下、2 秒上、在结束姿势中暂停 1 秒的练习节奏。你应该在所有系列中保持这一速度，至少到第五式。

以 2-1-2 式的节奏练习，好处很多。首先，这样有助于保护关节，培养健康的软组织——只有强壮的关节才能更好地应付爆发式的动作。其次，这有助于培养训练者的控制力、协调性，还有强力的身心连接。再次，慢动作有助于你更快地变强变大，因为没有惯性捣乱，压力会完全地施加在肌肉和关节上，这会强迫它们不断发展。

最后，慢动作会使那些看起来很轻松的动作变得很难。（20 秒做 10 次俯卧撑与 1 分钟做 10 次俯卧撑，哪个更难？）这意味着你可以利用那些危险极小的治疗性动作，收获更多的健康和力量，并培养训练势头，让后面几式变得更容易。

但是，你无需永远保持这个节奏。如果你是一步步锻炼过来的，那么在第五式之后把动作做得快一点儿也不错。事实证明，在最后的几式中，要完美地保持这一节奏也几乎不再可能。

# 强度

我不建议超出自己的能力、不顾自身的安全、用邋遢的动作像白痴一样训练。但这并不是说你不应该努力训练，你应该努力。只要关节和肌肉准备就绪，你就应该全力以赴。

努力训练是实现目标的关键所在，但在自身体重训练的语境中，"努力"并不意味着精疲力竭。将注意力集中到你所能做的难度最高的动作上，但是如果你的动作开始走形，就应该立即结束该组练习。在做高难度的练习时，你可以通过使用"部分幅度"或"暂停休息"的方法（在短暂休息后再做一两次）多做几次。但不要冒进，要保证安全。在体操训练中，练到彻底"力竭"并不是好主意，你应该

让肢体保留一定的能量，以能控制自己的身体。练到力竭特别不安全，尤其是在倒立动作（如倒立撑）和悬垂动作（如举腿和引体向上）中。总要留有余力，不要"弹尽粮绝"。

大多数健美与力量训练计划都有"循环"或"周期"之类的概念。其实就是在训练期中调节强度，这就意味着训练有时容易，有时适中，有时很难。在健美与力量举训练中通常需要这样做，因为重量训练会刺激关节，损耗人体的免疫系统，但正确的自身体重训练不会如此。健美人士需要不时减少训练重量，否则就会身体就会透支甚至出问题。这种"降级"对体操高手来说并无必要。你无需调节强度，而应该一直致力于练习十式中你能做到的难度最高的动作，只要你：

- 已经遵循第 243 页"慢工出细活"中的建议。
- 动作姿势完美。
- 大病小病全无。
- 没有受伤或没有觉察到受伤的预兆。
- 已经满足初级标准所要求的反复次数。

生病了仍然努力训练会使你的免疫力下降，并有可能拖延病情。如果你觉得并无大碍还可以训练，那就练些低难度的动作（根据具体情况自己判断）。如果你有小伤或是刚刚受伤，那你总是可以继续训练——而且在大多数情况下你应该继续训练，从而把更多血液带到受伤部位，治愈伤痛——这本身就是一门艺术。

每个动作的初级标准通常大约是 5 次反复。如果你并不能在姿势正确的情况下做多次反复，但还挣扎着做，那你很可能受伤。如果你还没有达到某一式的初级标准，那就回到前一式的训练，努力让自己的姿势完美，增加反复次数，并想办法增加该练习的难度。当你感觉准备好后再尝试下一式。

# 进步

这又带来了另一个问题：如何在十式中从上一式升级到下一式。说起来很简单，先达到初级标准，然后每周或每两周（难度更高的动作可能需要三～四周）增加一次反复。如果能够一直坚持这样做，那你很快就能够在任何动作中做到一组十次；然后开始每次做两个锻炼组。

给你的两个锻炼组不断增加次数，久而久之，很快就能达到中级标准，然后再增加第三个锻炼组，但是只有当该练习的升级标准这样要求（大多数练习无此要求）时才如此。继续增加次数（保证动作标准），坚持一段时间，直到满足升级标准，再升级到该

系列的下一式。

如果能够严格遵循这个简单的升级方法，那么你最终都能做到每一艺的第十式，即梦寐以求的最终式。你可以得意片刻，因为你已经跻身于让人一见难忘的训练者之列。但是技艺无止境，强壮之路永无尽头。当你达到最终式时，你可以看看"更上一层楼"的部分，那里有关于如何进一步提高的建议。

# 排难解忧

进步说来简单——很多事都说来简单，但在现实中，生活并不这容易，总会有拦路虎。有时你的训练会停滞不前，可能时不时地，你不能增加反复次数，不过停滞最常发生在训练者达到升级标准，准备升级到该系列的下一式时。虽然以前都做得不错，但有时候他就是不能从一式跳到下一式。如果你也遇到了这样的问题，下面的四个方法会帮你渡过难关：

1. **降低体重**。动作难度越高，就越需要肌肉与体重成很好的比例。结实的肌肉当然不会阻碍你成功，但脂肪会。如果你发现自己停滞不前，很难进步，那可以集中几个月内甩掉赘肉。

2. **多休息**。干劲与刻苦都值得赞美，但是如果让身体超负荷工作，那就是自讨苦吃。尝试增加休息的天数。通常来说，如果训练过度的话，回到"渐入佳境"或"炉火纯青"（参见第 257 页和第 258 页）这样的计划，便会使你继续进步。

3. **有耐心**。这是一个常见问题，经常有训练者迷恋于进度，逼迫自己每次训练都增加很多次反复，以期迅速升级。这时他们的动作往往不标准，开始草率应付或是依靠惯性而不是力量做动作。很快，他们就会尝试远远超出他们能力的动作，他们不能理解为什么自己的进度会戛然而止。如果你也遇到了类似的问题，那就回到前几式重新开始。仔细检查动作姿势是否完美，然后再慢——慢——提——高。我保证，身体会适应、发展——按身体自己的节奏，而不是你的节奏！

4. **干净地生活**。帮助自己身体适应、发展的方式之一，就是正确对待它：让它睡足觉，别给它灌酒精和毒品，别让它透支，尊重它。

最后，要有信念。不要失望、沮丧或生气，坚持长期训练，适应它并感受它带给你的益处。信任你的身体。遵循以上建议，你会在以后的锻炼岁月里不断进步。

# 巩固训练

如果你真的在某个动作上碰到了问题，根本做不了几次，可以尝试巩固训练。这是我从一位狱友那里学来的。大多数时候，我们的训练应该集中于大约 10 ～ 25 次反复的范围内，这对关节、肌肉以及力量的发展都有好处。此外，能做更多次反复也意味着当你升级到更难的动作时，感觉会更轻松。

但是，这个规律也有例外。有时，练习某个系列很长时间之后，你很难从上一式升级到下一式。比如，你也许能够做九次偏重俯卧撑，但是一旦你升级到单臂半俯卧撑很可能能做一两次就不错了。随着训练的深入，这种情况并不罕见。

巩固训练是处理这种状况的好办法。不是一周锻炼一两次，每次都努力增加次数，而是尝试每天都练习这个新动作，有时甚至是一天练习两三回。放松，然后每回不是尽可能做更多次，而是最多只做一两次。很可能是早晨醒来做一次单臂引体向上，午饭后再做一次，熄灯前再做一次，诸如此类。动作要标准，别太卖力。重点是把训练量分散在几天时间内，每次尝试都留有余力。如果肌肉酸疼得厉害，那就停几天。

这样训练一两周之后，曾经看似不可能的动作就会慢慢变得容易了。再回到正常训练时，你会发现多次反复已经不在话下了。

我不知道为什么巩固训练会起作用，但它的的确确有用。有人告诉我说这是因为相比于一次长时锻炼，多次的短时锻炼可以更有效地"教"神经系统处理相应的动作技巧。不要在那些你已经能做多次反复的动作上使用巩固训练，只有在升级到新的、让你真正遇到挑战的高级技巧时才使用它。

# 多少锻炼组为好？

只要不是热身组，只要是你需要奋力才能完成目标次数（保证姿势标准）的练习组，都是锻炼组。

不瞒大家，我过去做过许多大运动量的训练，部分原因是我想把注意力从监狱生活中转移开。但是，你真的不需要进行几个小时不间断的训练，如果只是为了追求力量，那就更不必如此。我通常建议训练者只做寥寥的几组，而这常常令一些人感到困惑——他们视体操为一种耐力练习，而我视之为一种力量训练。能让你变得更强壮的是强度，而非运动量。当然，大运动量的训练也能慢慢地提升你的力量，使你在很长一段时间之后，能做难度更高的动作。但是不管某些自大的训练者如何宣称，强度与运动量本身就是相互排斥的。也就是说，鱼与熊掌不可兼得。如果你练习自己能做到的最难的动作，那你将只能坚持很短的时间，继续下去的话就会累倒在地。如果你可以持续练习几个小时，那说明你正在做的并不是你当前的极限动作。你应该尝试更难的练习！

如果你想找一个说明运动量与运动强度相互排斥的好例子，就去看看百米短跑选手。尽管他们的运动持续的时间很短，但百米跑选手的身体要比马拉松选手的更强壮，块头也更大。这是因为冲刺跑比马拉松的强度大。马拉松消耗的能量更多，运动量更大，但它不仅不能促进、反而会限制力量与肌肉的发展。

你真的只需做几个锻炼组。为此很多训练者觉得不踏实，尤其是那些习惯了在健身房练到精疲力竭、浑身酸痛的健美爱好者。但你需要知道，促使肌肉发展的刺激，只发生在很短的时间内，且不能累积。就是说，在刺激力量发展的方面，各组练习没有逐渐增加的效果。举个例子，如果你在一组练习中卧推 100 千克，然后再卧推 10 千克，那么你的身体并不认为它需要发展出能应付 110 千克的力量。自身体重训练也一样：如果为了适应、完善动作，三组甚至四组也可以接受；但若是为了获得力量与肌肉，那么一组就可以有很大收获——我通常建议练习两组，这样更有了"双保险"。更多的训练不仅会不必要地耗费体力，也会延长身体的恢复时间，并可能令关节不适。

努力训练，但不要"力竭"，总是至少储存一次反复的能量。一个很好的判断方法是，当你的动作开始严重走形时，就结束这一组练习。如果你感觉需要突破这一点，那应该减小动作幅度，或者短暂休息一下，再做几次高质量的、姿势完美的动作；也可以只练习反向阶段（即从结束姿势回到起始姿势的阶段）的动作，但这应该是高级训练者在特定条件下才可以考虑的。

自身体重训练更加本真，因为它锻炼人体的方式正是人类在进化中所适应的方式。因此，没那么多"微创"，也没那么多"力竭"的感觉——你无需让自己完全虚脱。如果想变得更强，那就要像短跑选手那样，而不要像马拉松选手那样。热身，然后冲刺！竭尽全力做少量的几组，不要无休止地锻炼，不要无端增加次数。

# 组间休息

至于组间休息多久，那要看你的目标。想要达到终极耐力，休息时间就要尽可能短。有些家伙会使用秒表，好让自己逐渐减少组间休息的时间。另一种监测组间休息时间的方式是数呼吸次数，这种方法虽然没有使用秒表那么准确，但好处是有助于训练者关注自己的呼吸节奏——这是学会控制呼吸的第一步。

如果你想要练出力量和肌肉，就必须有足够的休息时间，以便在做下一组练习时能够全力以赴。这没有什么规定，完全要看你的个人情况。有人认为两个锻炼组之间的休息要足够短，或许在学校里他们就是这么学的，或许他们没有像正视重量训练那样正视自身体重训练。不管什么原因，这种想法都是错的。力量体操会耗尽肌肉内的糖分，使身体乏力。尊重六艺中的技巧。如果你发现自己需要在组间休息 5 分钟才能恢复大部分气力，那就休息 5 分钟。只是要注意，如果你需要休息 5 分钟以上，那么身体就会开始冷却——这时可以在屋里走走，伸展一下正在锻炼的肌肉，从而保持肌肉内的血液循环。

组间休息时，适当拉伸，让休息时间也发挥作用。

# 训练日记

如果能直接应用以上这些关于身体智慧的原则，那么你就稳妥地走上了快速进步的大道——停滞最少、伤痛最少。但这需要你对之前的锻炼情况有清楚的了解，因为所谓进步，就是超越你在过去的成就。

可惜人的头脑是脆弱的、不完美的东西。记忆经常受时间、情绪、动机以及身体状况等因素的影响，因此训练者对每一次锻炼情况的记忆并不可靠。这是个问题，因为你需要很清楚地记住自己的表现，才能分析最近的进度，并且知道接下来需要挑战什么。

很幸运，已有一种方法可以帮助我们彻底克服以上这些问题了。

我即将要展示的神奇技术，好用得令人难以置信，所以我得在此好好地吹捧一下。作为平台，它天衣无缝地结合了文本与图像，可以为你提供最大的自由与创造空间，而且还不依赖于外接电源或内部电池。病毒、木马、电磁脉冲都无法使之瘫痪，黑客也无法在远程将其"黑掉"。此外，即使科技有新的发展，它也不会过时，不会不能用。还有，它易于上手，我敢保证，正在阅读本书的人已经成功使用该方法多年了。也许这个神奇技术最大的优点是：几乎随处可得，且只需一丁点儿钱。

你已经知道这个令人惊叹的技术是什么了，对不对？没错，就是纸和笔。

在训练之后尽快用纸和笔记录下自己的训练内容，下一次训练之前你只需简单地浏览训练记录，就知道这次需要实现或挑战什么了。

不要写在散页的纸上，既容易乱，也容易丢失。你需要一个日记本，不需要华而不实或漂亮可爱的本子，因为训练日记会被到处放，所以简单结实即可。

# 训练日记的好处

记录自己的训练内容，这种做法已经有几百年的历史了，因为这样有如下的好处：

- 把生命中重要的事情记录下来，这是人类的天性。记下自己的努力与成就，本身就是很有益的活动。训练日记会见证你的成长，在几年之后再翻看时，更会让你倍感欣慰。
- 你可以据此分析你的训练方法在短期和长期内的效果。我坚持写训练日记已经有20多年了，每当觉得锻炼方向有问题时，我就会看看几年前进展顺利时的记录。读到的内容常常让我吃惊——我对过去锻炼的记忆经常与事实迥然不同。
- 记录训练内容就是学着做自己的教练，这会迫使你思考你的训练方式，让你领会很多普遍的运动理论。
- 为了记录训练而回忆的过程本身就会发展大脑中记忆训练内容的区域。坚持写日记一段时间之后，你对训练的回忆将变得更快、更准。
- 记录自己的训练，就可以准确评价自己的表现，而这反过来也可以帮你确定之后的训练目标。

大多数随随便便的训练者都低估了最后一个好处的重要性。训练必须是有进步的，把这个过程用白纸黑字写下来肯定有助于你保持进步的势头。你不需要每次训练都有进步（等你到达高级阶段时这更是不可能的），但是在数月或数年之内，你的训练应该呈现进步的趋势，否则你就是在白费力气。

# 写训练日记

对训练的记录应该快速、有效。如果记录过程拖沓繁冗，你就不大可能坚持下去。

训练日记的内容不外乎锻炼日期、所做的练习以及相应的组数与次数等细节，必要时也可以附上一些相关的评注——当然，这不是必需的。

关于日记中的条目，下一页有很好的例子。

其实这些条目还能更简单明了，可以写成"1×20"，而不是"1组：20次"。也可以使用一些简单的符号——什么样的都行，只要你容易理解并记住就好。

有些家伙真的从写训练日记中自得其乐，他们样样不漏，包括对练习技巧的新想法、强度水平、心理感受以及饮食效果等细节。我得承认，我的训练日记有时候更像《魔戒》中的一个章节，而不像简洁的诗歌——这样做可以让我从漫长而枯燥的监狱生活中暂时

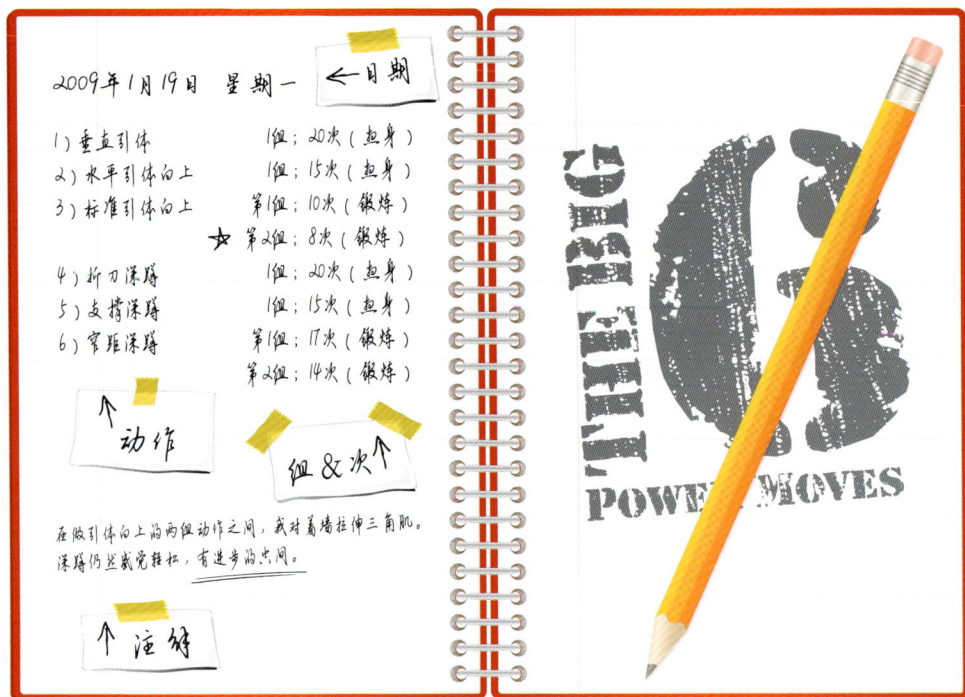

解脱出来。如果你不想这样，那大可不必浪费这么多笔墨。条目简短、整齐、准确，就非常不错了。

# 熄灯！

不管你信不信，监狱中最好的训练者并不像野兽般训练。是的，他们努力训练，全力以赴，其中很多人更是整天训练——但如果他们不控制节奏，就很难变得更强更硬。在过与不及的微妙界线上，他们尽可能地运用自己从经验中收获的身体智慧，指导自己。就像约翰尼·卡什（Johnny Cash）所说的："刀锋上前行。"

你可以从中得到启发。开始时耐心一些，了解自己正在练习的动作，领会其中的细微之处，直到爱上它们。关节一旦准备好，就努力训练，但不要让你的进取之心超过身体的适应能力和潜能。注意姿势规范，此外最重要的是，为肌肉和软组织留出它们所需的宝贵的休息时间。训练要循序渐进，不失智慧，并要在训练日记中记录自己的进步。好好热身，不要练太多组，充足地休息——如果你真想变得更强大的话。

如果能配合六艺，把这些古老的普遍原则学以致用，那么你将获得在梦中都无法获得的长远的成功。现在万事俱备，你只需再加入一些特定的训练计划就可以了。这正是下面的内容。

# 第十二章　训练计划

# 日　程

我敢肯定，有些人在草草地浏览本书后就会开始着手训练——也许是寻找自己能做的最难的动作，也许是尝试一些抓人眼球或看着很酷的技巧。这不是训练，这是玩闹。

训练要有条不紊，集中精力。这就需要训练者知道从哪开始、做些什么，并知道何时该尽力、何时该停下，这都需要规矩。

## 靠警报生活

在监狱里，你会学到所谓的规矩。吃饭、睡觉、放风、接受探视、干活都有规定的时间。每件事情都是按照时钟来，很少有你做主的余地。有人将其称之为"靠警报生活"，因为一天中特定时段的开始和结束，都会伴随着警报声。

多年按照强制的时间表生活，让我领会了时间的价值。用不了多久你的身心就会适应这种程序——这就是老囚徒都变得非常"体制化"的原因之一。如果出狱，没有了时间表，没有人告诉他们什么时间做什么，他们会非常、非常失落。其中聪明的家伙都会自创时间表并长期坚持，这帮助很多人活下来，并防止他们再出现犯罪行为。

监狱里最成功的训练者都发展出了自己的时间表。他们不是在想锻炼的时候锻炼，也不是在烦闷或孤独时锻炼，根本不是。他们会先看一下监狱的时间表，然后在其中有目的地插入训练时间——这样做会让我们在一个自己几乎无能为力的世界里体会到一点儿控制感，同时也能给我们一些属于自己的东西，一些可以期望的东西。有时（在过了艰难的一天后或只是因为懒散）在训练时间到来时，你并不想训练——就连最优秀的人也会时不时遇到这种情况。但无论如何也要开始训练，做你需要做到的事。之后，你会获得精神与身体上的兴奋和相应的成就感——本来你只会得到漫长、无聊、虚度的光阴。在培养动力和自制力方面，一个精心策划、不可动摇的时间表就是无价之宝。

## 在外面训练

如果你打算发掘出自己的最大潜力，就需要像狱中的训练者一样思考。你需要制订一份时间表，然后严格遵守。

当你生活在外面时，从某种角度上说这会更难。在监狱里，你的日程（从被叫醒到熄灯）雷打不动，日复一日、年复一年都没什么变化。可在外面就大不一样了。对普通人而言，有工作日和周末之分，日子不同，所做的事情也会不同。在轮岗或加班的情况下，工作日程也会有不同。此外，在监狱里没有什么分心的事情——好朋友不会打来电话，也不会登门拜访；你不用花时间陪女友；在工作之余你不会受到夜总会、酒吧或电影院的诱惑。总之，对狱中的训练者来说，事情远没有外界繁杂。

外面的生活虽然繁杂，但这并不意味着你不能遵守一份训练计划，你只是需要更加自制。在选择计划前，好好想想该如何使用自己的时间，哪几天锻炼，白天还是晚上？能挤出多少时间？有哪些杂事或任务可以调换一下，以腾出时间训练？如果认真想，每个人都能找到时间锻炼。那些认为自己真的负担不起时间来锻炼的人没有搞清楚孰轻孰重。考虑到锻炼对健康、力量与生命的益处，你需要问问自己，"不锻炼"你负担得起吗？

# 训练计划

好了，该说细节了。多久训练一次，一次训练多久？这主要取决于三个因素：可用的时间、身体状况、目标。时间这个问题很简单，我知道监狱里很多家伙一天锻炼好几个小时。如果你需要长时间工作，那你很难有这个时间；如果你为人夫、为人父，有不少家务，那你几乎不可能有这个时间。身体状况也很重要，只有达到了某个水平，频繁而持续的训练才会有效果；如果你的身体欠佳，过度训练会超出身体的恢复能力，会拖垮而非提高你——不管你的干劲多么大。训练目标也许是决定训练长短以及频率的最主要因素。持续时间很久的大运动量训练，会造就体力和耐力，但不会打造肌肉和力量。肌肉和力量的真正发展靠的是高强度而非长时间的训练。质高于量，是力量的奥义。

力量是我现在训练的动机，这也是我一般不赞成长时间训练的原因。我建议先好好热身（参见第 241 ~ 243 页的内容），然后做二~三个锻炼组，这时要在每个单项练习中都全力以赴。如果你要的也是力量，那么更多的组数就是浪费时间——你只是在耗费精力、原地踏步。一旦你真正付出全力，再多做一点儿就只会损害身体的恢复能力，让你更长时间地感到酸痛，这又意味着你必须等更长时间，才能重新练这个动作。

考虑到这三个要素，我制订了五个基本训练计划。第一个是"初试身手"，一周训练两次，对初学者比较理想。第二个是"渐入佳境"，一周训练三次，几乎能帮助任何人实际地获得力量和肌肉。第三个是"炉火纯青"，每周训练六次，非常适合那些体能不错的人。第四个称为"闭关修炼"，只适合恢复能力特别好的高级训练者。最后一个计划是"登峰造极"，是为专攻耐力而非力量的精英训练者设计的。

# 初试身手

对任何新手来说，这都是非常好的计划。对所有想打好基础，并长期、深入运用本书内容的训练者，我都强烈推荐这套计划。此计划只有四种最基本的练习，一周训练 2 次。

| 周一 | 周二 | 周三 | 周四 | 周五 | 周六 | 周日 |
|---|---|---|---|---|---|---|
| 俯卧撑 2 ～ 3 组 | 无 | 无 | 无 | 引体向上 2 ～ 3 组 | 无 | 无 |
| 举腿 2 ～ 3 组 | | | | 深蹲 2 ～ 3 组 | | |

- 刚开始训练时，身体还不太适应，酸痛的肌肉会非常妨碍你。该计划为训练者提供了很长的恢复时间。
- 这个计划只包括六艺中的四艺。只有在这些基本动作对你而言已是驾轻就熟之时，你才可以尝试桥和倒立撑——它们对肌肉和关节的要求更高一些。
- 肌肉比关节适应得快。对刚接触这些动作的软组织而言，该计划给它们留下了充足的发展时间。
- 在十式的前期阶段使用该计划或相似的计划。等这四艺都练到第六式之后，就可以移步下一个计划了。

# 渐入佳境

这也许是最好的基础训练计划，它包括六艺的全部动作，一周训练 3 次。这个计划的运动量比"初试身手"的大，但也为一般锻炼者留出了很多休息时间，让身体增长和变强。就此而言，该计划很适合中级训练者，不过如果高级训练者按此计划长期练习，也会获益匪浅。如果你真的致力于自身体重锻炼，无论你的水平有多高，都应该偶尔回到这个计划锻炼一番，以便夯实基础，扎实功底。

- "渐入佳境"计划几乎可以插在任何大忙人的时间表中。
- 不管你现在多厉害，都可以（并且应该）使用该计划获得扎实的力量。
- 对恢复能力很好的人来说，这个计划在训练量上可能有点过于谨慎了。不过对那些同时还要进行其他运动（如跑步、武术）的人来说，额外的休息时间很有必要。

| 周一 | 周二 | 周三 | 周四 | 周五 | 周六 | 周日 |
|---|---|---|---|---|---|---|
| 俯卧撑 2 组 | 无 | 引体向上 2 组 | 无 | 倒立撑 2 组 | 无 | 无 |
| 举腿 2 组 | | 深蹲 2 组 | | 桥 2 组 | | |

# 炉火纯青

这套计划引人入胜，而且很有讲究。按本书内容锻炼几个月以上的人，都可以使用它。一周训练六天（而非两天或三天），但每天只集中练习六艺中的一艺，第七天休息。

- 这套计划非常适合闲暇时间不多的人。每天通常只需六七分钟即可完成锻炼。
- 由于不会连续两天锻炼上身或下身，所以身体会恢复得很快。六艺以最有效率的方式轮流上场。
- 想获得力量并征服六艺十式的训练者，使用这套计划会立竿见影。由于一天只练一种动作，因而训练者可以心无旁骛，全力以赴。
- 你可以灵活地使用这个计划。如果觉得训练太频繁，可以在觉得必要的时候，额外休息一天，别受"一周七天"这个人为概念的限制。不过要记住，不管你的状态有多好，不管按照什么计划训练，都要保证每周至少有一天的休息时间。

| 周一 | 周二 | 周三 | 周四 | 周五 | 周六 | 周日 |
|------|------|------|------|------|------|------|
| 引体向上 2～3组 | 桥 2～3组 | 倒立撑 2～3组 | 举腿 2～3组 | 深蹲 2～3组 | 俯卧撑 2～3组 | 无 |

# 闭关修炼

这是一个严酷的计划。尽管由于该计划中缺少休息，力量的发展多少有点儿打折，但专注其中的话，你的全身都会得到绝好的锻炼。何况在力量的问题上，并非越多越好。该计划中，六艺会在三天中练完，在一周内循环两次。这套密集计划还给受虐狂增加了一些补充练习。只有苦练体操一年以上、恢复能力超好的人才可尝试。每周至少需要空出六七个小时才能完成这套计划。另外，不要一整年都这么折腾自己。

| 周一 | 周二 | 周三 | 周四 | 周五 | 周六 | 周日 |
|------|------|------|------|------|------|------|
| 引体向上 3～5组 | 俯卧撑 3～5组 | 倒立撑 3～5组 | 引体向上 3～5组 | 俯卧撑 3～5组 | 倒立撑 3～5组 | |
| 深蹲 3～5组 | 举腿 3～5组 | 桥 3～5组 | 深蹲 3～5组 | 举腿 3～5组 | 桥 3～5组 | 无 |
| 抓握训练 任选 | 小腿训练 3～5组 | 颈部训练 2～4组 | 抓握训练 任选 | 小腿训练 3～5组 | 颈部训练 2～4组 | |

• 这套计划包括训练抓握力、颈部和小腿的额外练习。如果你喜欢尝试它们，但又不能承受天天训练，可以在每两次训练之间（或者你觉得需要时）休息一天。

• 这套计划很严苛。除非你的体格很好，生活又健康（饮食规律、睡眠充足等等），否则你就准备好受罪吧！

# 登峰造极

登峰造极是我长期使用的大运动量训练计划，尤其是在安哥拉监狱时。想要坚持这个计划，你需要完全投入。与其他基本的健身计划（比如前面所列举的四种）相比，这套计划可以给你超人般的耐力和体能。然而它对你的力量或爆发力没有任何提升作用，所以在把大量时间投入到这套计划之前，你一定要确保自己已经完成所有动作的十式。除非你已经苦练数年，否则不要尝试它。

• 你可以一口气做完所有练习组，也可以把它们拆开，在一天中的不同时间段内分别完成，后者更容易坚持一些。将两种动作一组一组地交替锻炼，则是另一种坚持下去的方式。

• 为了快速做完许多组动作，我通常只在两组练习间喘几口气，就算休息了，有时这相当于把 20 或 30 组变成了断断续续的一大组！

• 开始时，每种练习做 10 组，每组 10 次，直到达到每天每种练习 50 组的目标。如果每天做两种练习，就等于每天 100 组，那每月就接近 2500 组。如果你还想练得更多，那就增加每组的次数。

| 周一 | 周二 | 周三 | 周四 | 周五 | 周六 | 周日 |
|---|---|---|---|---|---|---|
| 引体向上<br>10 ~ 50 组 | 俯卧撑<br>10 ~ 50 组 | 倒立撑<br>10 ~ 50 组 | 引体向上<br>10 ~ 50 组 | 俯卧撑<br>10 ~ 50 组 | 倒立撑<br>10 ~ 50 组 | 无 |
| 深蹲<br>10 ~ 50 组 | 举腿<br>10 ~ 50 组 | 桥<br>10 ~ 50 组 | 深蹲<br>10 ~ 50 组 | 举腿<br>10 ~ 50 组 | 桥<br>10 ~ 50 组 | |

# 混合训练

整本书中，我都在强调以自身体重训练代替重量训练、器械训练及其他形式的阻力训练，这是因为我爱老派体操。而且从个人经历以及训练他人的经验中，我感受到老派体操真的是有史以来最伟大的力量训练法，其他方法我都不需要。

但我也不傻，我知道本书的许多读者早已喜欢上了各种形式的重量训练，如健美、

有许多混合训练的方式，比如把沉重的壶铃用到单腿深蹲中。唯有强者才需要这样！

力量型举重、奥林匹克举重、壶铃练习等等。很多人根本不想扔掉哑铃，不过是想找点儿新东西丰富一下自己的训练而已。

我不是纳粹，如果迫不得已，我也会通融。（看出我是个好人了吧？）你只要稍微发挥一下创造力，就会找到很多方法把自身体重训练融合到你所喜欢的任何训练计划中。下页就是可以考虑的三个例子。

# 弹性与自由

本章一开始，我就谈到规律训练的巨大好处。但是，计划应该是为使用计划的人服务的。如果颠倒过来，把计划放在人之上，可就大错特错了。

一定要有规律和自制，建立训练时间表之后，就要尽量坚持遵守——但也应该给自己留有回旋余地。限制太严的话，难免会让人感到无聊、泄气。如果你正面临这种情况，那就来点儿不一样的。尝试一下新花样，不必一丝不苟地坚持事先制订的计划。混合搭配，制订属于你自己的日程表：偶尔使用一些"变式"部分介绍的动作；试验不同的次数范围；在自己喜爱的练习中尝试不同的手脚间距；在几周时间内减少强度，增加运动量；

# 混合训练计划

## 三天分化训练：

　　每周有三天去健身房？现在大多数健身房都有瑜伽垫或拉伸练习区，在重量训练的间隙，你可以在那里进行自身体重训练。为什么不在重量练习的那三天中每天增加一种传统的体操练习，而在周末完成剩下的三种呢？比如：

周一：　　**俯卧撑**、胸部练习、肩部练习、肱三头肌练习

周三：　　**举腿**、腿部练习、腘绳肌练习、小腿练习

周五：　　**引体向上**、背部练习、肱二头肌练习、前臂练习

周六：　　**深蹲**（自身体重深蹲，非杠铃深蹲）、**桥**、**倒立撑**

## 家庭训练日：

　　也可以选择前两天在健身房集中锻炼大肌肉群，第三天在家用自身体重练习锻炼小肌肉群。比如：

周一（健身房）：　深蹲、硬拉、腿弯举、腿举等

周三（在家）：　　**举腿、桥、提踵、倒立撑**

周五（健身房）：　卧推、俯身杠铃划船、弯举、肱三头肌练习等

## 用自身体重训练冲破平台期：

　　某些肌肉群的发展进入了平台期？继续进行重量训练，但要为拖后腿的身体部位增加自身体重训练——给股四头肌增加单腿深蹲动作，给背部增加引体向上动作，给胸部增加俯卧撑动作等。

　　探索不同的练习节奏，从超级慢的动作到极具爆发力的动作；尝试不同的角度；尝试只做每个动作的部分动作幅度；也可以挑战自己，在每次锻炼结束时增加一个"终结组"，即挑一个对你来说比较容易的动作，然后能做多少次就做多少次；通过交叉训练感受自己的身体所发生的变化；尝试一下跑步、拳击、徒步、武术、瑜伽等运动……

　　在监狱里，我从没想过要停止训练，因为实在没什么事情能让我分心。而在外面，有成千上万的事情在吸引着人们，使其难以专注于哪怕最基础、最有益的训练。别放弃。如果你开始厌烦，那么有很多方法可以让你的训练变得更有趣味。

# 熄灯！

在监狱里，训练是非常严肃的事情。它帮助我保持清醒的头脑，我知道很多家伙也有同感。这是很现实的、大家都想要的东西。不管一天里的其他时间有多荒唐，训练都像一块磐石，让你能在一个疯狂的世界中稳住双脚。无论牢狱生活让我失去了多少东西，在训练时我都会有莫大的收获——不仅有健康和强壮，还有自尊。你的姿势更标准了，你能多做一次反复了，你能升级到更难的动作上了：这都是有逻辑、有意义的。你一直在进步，一切都在掌控中。对我而言，这是一件极其特殊的、强大无比的事情——你必须真的投入其中才能理解我的意思。很多专注训练的人会赞同这点。你会懂的。

所以，认真对待你自己的训练。无论身在何处，尊重你的训练时间。从训练开始的那一秒起，你就要改变心态，调整到新的精神状态，将一切趣事、杂事、坏事都丢在身后。专注训练，把你的目标（更标准的动作、更多的反复或其他什么）放在心头，然后提起心气，努力做到。不要像许多健美者那样在训练时歇斯底里、大呼小叫，那只是在浪费精力。要有激情，但要稳住它，并学会引导它。你需要培养专注的、可控的激情。真正致力于养成这样的心态，你将有极大的收获。

找个可以独处的地方（至少不会受到干扰）完成训练。如今，大多数人都建议找个训练伙伴，我不会。独立训练会让你更专注，更少分心，这对你的心灵也有好处。相信我。

这个观点可能并不流行或新潮，但我更喜欢锻炼而非社交，每一天都如此。锻炼给我的远比任何一位"朋友"给我的多。在以前的岁月里，我遇到过几百（甚至几千）个想掠夺我、攻击我、欺负我、侮辱我、甚至杀我的人，但锻炼带给我的只有好处。我在上面获得的回报远超过付出。我在很多人身上浪费了大把大把的时间，我甚至希望从没遇见过其中的某些人。但锻炼呢？我花在上面的每一秒钟我都不后悔。

每一刻的努力，每一滴的汗水，都值得。

# 致　谢

如果没有约翰·杜·凯恩无尽的理解与支持，本书就根本不会问世。谢谢你，约翰！本书中以及我教学时的很多方法与技巧都来自乔·哈提根的无私传授。安息吧，乔！

吉姆现居华盛顿，从事私教工作。

非常感谢本书的主要模特吉姆·巴瑟斯特（Jim Bathurst）。吉姆研究体操和杂技已逾10年。他充满热情，经验丰富，还创办了网站BeastSkills.com，以传播利用自身体重的力量技艺。该网站在健身界颇有口碑，吉姆也曾应邀主持国际研讨会。此外，他还是美国国家体能协会(NSCA)认证的体能训练专家(CSCS)。为了给读者提供完美的照片，吉姆花费了大量时间。没有他的付出，本书将大为失色。

有俄式壶铃大师布雷特·琼斯（Brett Jones）为本书做技术审阅，实属荣幸。布雷特的知识令人惊叹。本书错误之处，均由我负责，但任何出色之处，都是布雷特的功劳！去布雷特的顶尖训练博客看看吧：www.appliedstrength.com。

我也要向本书设计者德里克·布里格姆（Derek Brigham）致以敬意。德里克接过我一大堆着实潦草的涂鸦和文字，居然使丑小鸭变成了白天鹅。他还以优雅的耐心忍受了我古里古怪的态度（还有硬塞给他的数以百计的即时贴）。他的杰作在这里：www.dbrigham.com。谢谢你，兄弟！

书中第209页的完美的自由倒立撑的照片是由体操专家罗杰·哈瑞尔（Roger Harrell）慷慨提供的。大家可以浏览www.crossfitmarin.com网站看到他更多的精彩照片。他也在维护www.drillsandskills.com网站，那里有大量关于体操训练的资源。

本书大多数监狱照片（包括第203、205页的图片），均由美国政府摄制或提供。感谢所有允许我使用各种公共场所的照片的人！

本书中的大部分照片都是在位于卡罗拉马（毗邻华盛顿特区）的"平衡健身房"及其周遭拍摄的。感谢其慷慨提供设施。